Lorenz Hübner

Beschreibung des Erzstiftes und Reichsfürstenthums Salzburg

in Hinsicht auf Topographie und Statistik - 3. Band

Lorenz Hübner

Beschreibung des Erzstiftes und Reichsfürstenthums Salzburg
in Hinsicht auf Topographie und Statistik - 3. Band

ISBN/EAN: 9783743477025

Hergestellt in Europa, USA, Kanada, Australien, Japan

Cover: Foto ©ninafisch / pixelio.de

Weitere Bücher finden Sie auf **www.hansebooks.com**

Beschreibung

des

Erzstiftes und Reichsfürstenthums

Salzburg

in Hinsicht auf

Topographie und Statistik.

Dritter Band.

Die übrigen Gebirgsortschaften, und die ausländischen
Herrschaften des Erzstiftes nebst dessen Beschreibung
im Allgemeinen.

Von

L. Hübner.

Salzburg 1796.
Im Verlage des Verfassers.
Gedruckt bey J. X. Oberer.

I. Das Pfleg- und Landgericht Windischmatrey.

Ebenfalls eine Seitengegend des Gebirglandes zwischen Pinzgau und Tyrol. Man kommt aus dem Pinzgau von Mittersill nur allein über den hohen Felber-Tauern in dieses Thal, nachdem man zwischen, und über Gletschern eine beträchtliche Strecke von mehreren Stunden (eine eben so fürchterliche, als beschwerliche Reise) zurückgelegt hat. Das Pfleggericht selbst gränzet gegen Osten, Süden und Westen an Tyrol, nämlich gegen Osten an das Kalser Thal, gegen Westen an Virgen, und gegen Süden an das Lienzer Thal; gegen Norden aber an das Pinzgau, und mißt in gerader Länge von Westen gegen Osten ungefähr 9 Stunden; in der größten Breite aber nur eine Stunde. Einen Bestandtheil davon macht das Thal Tesserecken aus, welches aber an zwey Orten von Tyrolischen Ortschaften unterbrochen ist; folglich nicht ganz in einer Linie mit Windischmatrey zusammen hängt.

Dieses Thal hatte einst seine eigenen Besitzer, die Grafen von Lechsgemunde und Matrey. Erzbischof Conrad I. kam aber mit Grafen Heinrich übereins, daß er alle seine Besitzungen in diesem Thale dem Erzstifte, doch gegen lebenslänglichen Genuß derselben, und noch einiger anderen hierzu verliehenen Lehen, überließ. Sogar diesen lebenslänglichen Genuß lösete Conrads Nachfolger Eberhard II. mit barem Gelde ab; und so blieb das Erzstift von jener Zeit an immer im Besitze dieses Bezirkes. Als das Domstift zu Salzburg entmönchet wurde, machte sich im nämlichen Jahre 1514 Erzbischof Matthäus verbind-

Yy 2

lich,

dem Dompropſte jährlich 1000 fl. von den erzbiſchöflichen
Tafelgeldern zu überlaſſen. Anſtatt des baren Geldes
räumte er dem Domkapitel in einer ſchriftlichen Urkunde
von 1524 das Schloß und Amt zu Windiſchmatrey „ens
halb der Tauren in die Landſchaft und fürſtl. Obrigkeit
des Erzſtifts gehörig ſammt den Landgericht, allen Obrigs
keiten, hoch und niederen Gerichten, Herrlichkeiten, Leus
ten, Gütern, Zehenten, Zinnſen, Gülten, Dienſten,
Vogteyen, Robbaten, Wildbann, Fiſchwayd, Hölzern,
Wun- und Waid Pönen, Straffen, Buſſen, Grund und
Boden, beſucht und unbeſucht“ ein; behielt ſich aber vor
„alle fürſtliche Obrigkeiten und Regalien der oberſten Gerichts Bänn und Acht, ſammt den hoch und ſchwarzwäl-
dern, und allen ihren rechtlichen Zugehörden, Rotwild
und Gambsgejaid, geiſtlichen und weltlichen Lehen, geleit,
Weyhſteuer, Land und Reiß-Steuer, aufbot, Muſterung
und andere Nachfolg, die Appellation, und was auſſer
obbeſagten der fürſtlichen Obrigkeit von Rechts oder Gewohnheit wegen anhängt, wie auch das Schloß Ruenburg,
mit allem, was dazu gehört.“ Uebrigens ſollte das
Kapitel befugt ſeyn, einen Pfleger und einen Amtmann
aufzuſtellen und abzuſetzen; doch ſollen ſie dem Erzbiſchofe in deſſen Geſchäfften mit Pflicht und Gehorſam
verbunden ſeyn. Ueber alles dieſes behielt ſich der Erzbiſchof die Wiedereinlöſung für andere, 1000 fl. eintra-
gende Güter nach 24 Jahren vor. Es geſchah keine
Wiedereinlöſung, und das Domcapitel verpflichtete jeden neuen Erzbiſchof in der Wahlcapitulation, auf alle
Wiedereinlöſung Verzicht zu thun. So blieb es bis auf Erzb.
Paris. Eine Art von Aufſtand unter den Unterthanen brach
plötzlich gegen die Beamten aus; der Erzbiſchof ſchickte
eine Unterſuchungs-Commiſſion dahin, und traf die Veränderung

änderung damit, daß er die Herrschaft Windischmatrey, so viel davon dem Dompropste zugehört, als Stiftgeld, Küchendienst, Anleit, Mauth, Strafen, Zehenden ꝛc. seiner Kammer in Pacht übergab, und dafür demselben jährlich 4300 fl. bezahlte. Dieser Vertrag wurde Anfangs alle 3 Jahre von Neuem bestätiget; endlich verglich man sich dahin, daß eine halbjährige Auffündung des Bestandes jedem Theile zu statten kommen, hingegen der Dompropst jährlich nur 4000 fl. erhalten sollte. Als sich im J. 1746 der Dompropst mit dieser Summe nicht mehr begnügen wollte, ließ sich Erzb. Jakob Ernst, nachdem einige Geäußerungen, und selbst Aufgebothe geschehen waren, darauf ein, dieselbe mit 500 Gulden zu vermehren, doch ohne seine Nachfolger zu verbinden, welche ohnedieß nach aufgehobenen Wahlcapitulationen nicht mehr dazu verbunden werden; sondern die ganze Herrschaft ohne weitere Anfrage unmittelbar an sich ziehen können.

Das ganze Pfleggericht ist in Rotten eingetheilet, wovon die Windischmatrey 22, und Tesserecken 12 enthält; nach folgender Benennung:

Windischmatrey 1) Pichl, 2) Weyer, 3) Gänz, 4) Zedlach, 5) Hintereck, 6) Berg, 7) Gruben, 8) Räneburg, 9) Proßeck, 10) Stein, 11) Kaltenhaus, 12) Hinterburg, 13) Glanz, 14) Klaunz, 15) Schweinach, 16) Seblaß, 17) Klausen, 18) Mätersberg, 19) Huben, 20) Moos, 21) Döllach, 22) Ratzell, Ober= und Unter=Pätergassen und Markt.

Tesserecken, das jenseits des Gebirges gegen Mittag liegt, öfter von Tyrol durchschnitten ist, und von Osten gegen Westen 7 Stunden in die Länge mißt: 1) Hopfgarten, 2) Ranach, 3) Hof, 4) Plan, 5) Lerch, 6) Moos und Bergl, 7) Gsaritzen, 8) Gritzen, ßen, 9) Sternberg, 10) Gassen, 11) Brucken, Feld, und Raut, 12) die große Rotte.

Alle Rotten zusammen enthalten einige und 80 ganze Höfe, und gegen 40 Söldner = Häuschen, wovon der größte Theil in die Windischmatrey gehört.

Beamte sind hier: 1) der Pfleger, (itzt Hr. Wolfgang Adam Ignaz Lasser von Zollheim, *) 2) ein hochfürstl. Gerichtsschreiber, 3) ein Pflegamtsschreiber, welchen der Pfleger selbst anzustellen und zu besolden hat, und 4) ein Forstbeamter, in der Person des k. k., auch hochfürstl. Salzburgischen Bergrichters und Waldmeisters, (alle 4 wohnen im Markte Matrey.)

Geistliche sind

1 — 3. der Pfarrer zum h. Alban zu Windischmatrey nebst einem Cooperator und Coadjutor.

4 — 5. der Vikar zu st. Veit in Tefferecken nebst einem Coadjutor.

6. der Vikar zum h. Joh. von Nepomuk zu Hopfgarten in Tefferecken.

(Alle sind dem Archidiakonate Gmundt untergeordnet; stehen aber, was den Salzb. Antheil betrifft, unmittelbar unter dem erzbischöfl. Consistorium. Patron ist der Dompropst.)

Schullehrer sind 1) der Organist im Markte Hopfgarten, 2) 1½ Stunde vom Markte unter dem Klauß=

*) Dieser Hr. Pfleger behauptet das Recht einer Erbpflege zu besitzen, wovon man im übrigen Erzstifte seit den längst verflossenen Zeiten der Ministerialen kein Beyspiel mehr hat. Er wohnt im Markte Matrey in einem von seinen Vorältern erbauten Hause.

Klaußwalde einer; aber nur zur Winterszeit, 3) der
Meßner zu st. Veit.

Ortschaften sind hier eigentlich nur drey

1) Der Markt Windischmatrey.

Er kommt erst im J. 1551 in der Landtafel vor;
gleicht aber auch wirklich mehr einem Dorfe, als Markte.

Das Wappen dieses Marktes enthält den heiligen
Athanasius mit dem Kopfe im rechten Arme, auf goldenem
Felde. Der Magistrat besteht aus 4 Personen, nämlich
dem Marktrichter, und 3 Ausschüssen. Man zählt 34
Bürger=, und 42 Söllhäuser; und in Allen, ohne Kinder,
gegen 500 Bürger und Einwohner.

2) Die Dörfer St. Veit, und Hopfgarten in Tefferecken.

Merkwürdige Gebäude befinden sich hier keine.

Kirchen und Kapellen sind a) in Matrey 1) die
ganz neu erbaute Pfarrkirche im Markte, 2) die Filial=
kirche zum h. Niklas, eine halbe Stunde vom Markte,
3) die Kapelle zum h. Lorenz im Schloße Weißenstein,
4) die Kapelle zum h. Florian am Bache, 5) die Ma=
ria=Hilf=Kapelle am Klaunz, 6) die h. Dreyfaltigkeits=
Kapelle zu Zedlach, 7) die Kapelle auf der unteren Trat=
ten= b) in Tefferecken, 8) die Vikariatskirche zum h.
Veit, 9) die Vikariatskirche zum h. Johann von Nepo=
muk zu Hopfgarten.

Eine kleine halbe Stunde hinter dem Markte steht
auf einem Felsen das alte feste Schloß Weißenstein *),
welches

*) Wer dessen Erbauer war, hiervon hat man keine Nach=
richt.

welches in den Zeiten der Faustkriege gute Dienste geleistet
haben mag. Die Mauern sind noch in gutem Stande,
und das Ganze ist so ziemlich wohl erhalten. Man bewahret hier noch ein metallenes Feldstück, einige Doppel-
hacken, uralte Schießgewehre, steinerne Schleuderkugeln,
Lunten, einige Stücke Soldaten-Bettgewande u. dgl. Es
wird gegenwärtig von einem armen Einwohner bewohnt *).

Die **Volkszahl** in der Pfarre, und im Thale
Windischmatrey beläuft sich auf 2500, und im Thale
Tesserecken auf 2245 Seelen.

Im ganzen Pfleggerichte sind folgende **Gewerbsfüh-**
rer: 7 Weinwirthe, 7 Fragner, 2 Bierbrauer, 3 Bäcker,
2 Bader, (eine dieser Realgerechtigkeiten wird ist nicht
betrieben) 16 Schneidermeister, 10 Schuhmacher, 16
Webermeister, 1 Rothgerber, 4 Tischler, 5 Zimmermei-
ster, 7 Schmiede, 2 Schlosser, 1 Kupferschmied, 1 Glaserer, 1 Huterer, 1 Kirschner, 1 Sattler, und 1 Fleisch-
hacker.

Mit **Waldungen** sind beyde Thäler sehr reichlich besetzt, welche größten Theils aus Fichten und Lerchen bestehen. Matrey hat besonders viele Eschbäume, und Frucht-
bäume in Menge. Windischmatrey sowohl als Tesserecken haben untermischte Salzburgische und Tyrolische Gehölze, über welche ein Gesammt-Waldmeister von f. f.
und erzstiftischer Seite zugleich aufgestellt ist.

Die

---

*) Nahe an der Tyrolischen Gränze gegen Lienz stand einst
das Schloß Künburg, wovon man aber ist nichts mehr
als einige bemoste Mauerstücke sieht. Das Meyerhaus
ist aber noch in gutem Stande, und bewohnt.

Die Alpen im Thale Matrey befinden sich beynahe auf ebenem Lande, und zu den Alpenhütten gelangt man ohne einige Mühe; sie sind sehr fruchtbar, und für das Melkvieh vorzüglich gedeihlich; sie erstrecken sich weit über den Windisch=Tauern, auf dessen Anhöhe, so wie auf jener des Felber=Tauerns gegen Mittersill nur 2 Tauernhäuser, das ist Tafernen für die Wanderer stehen, wovon aber die gegen Pinzgau eine im Matreyer Gerichte an Reinlich= keit, und guter Bedienung weit hinter sich läßt. Auch Tefferecken hat viele, und gute Alpen, welche aber auf den Bergen sich befinden, und von vermengten inlän= dischen und ausländischen Besitzern benützet werden.

Von Gewässern hat man hier nur Wildbäche; und unter diesen vorzüglich die Ache, welche auf der Alpe Innerschöß aus einem Käse (Gletscher) entspringt, verschiedene kleine Bäche aufnimmt, am Markte vorbey= fließt, und daselbst einen Bach, die Isl, der in Tyrol ent= springt, aufnimmt, und sich dann unter diesem Nahmen bis in die Drau in Kärnthen fortwälzt. Auf der Räneburger Alpe befindet sich in einem von hohen Gebirgen gestalteten Kessel ein tiefer See, und noch andere kleinere zwischen den verschiedenen Gebirgen, womit beyde Thäler eingeschlos= sen sind.

Es befindet sich hier nur eine einzige gute fahrbare Strasse, die gegen Lienz in Tyrol; jene vom Markte über den Tauern nach Mittersill ist nicht mit Wägen zu befahren: man muß sich der Saumpferde, oder seiner eige= nen Füsse bedienen. Die Wegmauth wird von dem Ge= richtschreiber in dessen Hause eingenommen; die Einnahme ist aber von sehr geringem Betrage.

Sitte,

Sitte, Kleidung, Koſt, und Sprechart unterſcheiden ſich ganz von jenen der Pinzgauer jenſeits des Felber: Tauerns, von denen ſie unglaublich verſchieden ſind. Sie nähern ſich ganz dem angränzenden Tyrol; leben, ſpre: chen, und handeln eben ſo rauh und roh, wie jene. Doch unterſcheiden ſich hiervon zu ihrem Vortheile ſehr merklich die Teſferecker, welche mit Teppichen, die ſie zu Nördlingen in Schwaben, oder zu Wellsberg in Tyrol kau: fen, und dann in verſchiedene, auch ferne Gegenden zum Verkaufe tragen, auch mit anderen Waaren einen guten Handel treiben. Jährlich ziehen davon 80 — 90 auf dieſe Handelſchaft aus, und bringen dann bey ihrer Zurückkunft nebſt einigem Gelde auch eine reinere Ausſpräche, und feinere Sitten aus dem Auslande mit. Sie bringen mei: ſtens nur den Winter in ihrer Heimath zu, und beginnen mit Anfange des Frühjahres ihre Wanderung wieder.

Beluſtigungen ſieht man hier allenthalben wenig: denn der Bauer iſt dürftig, und ernährt ſich kümmerlich. Außer Hochzeiten und Kirchweihfeſten wird an keinen Tanz gedacht. Die ſonſt üblichen Spiele ſind Scheibenſchießen, Kegelſchieben, und Kartenſpiele. Gewiſſe alberne Gebräuche, die man ſonſt unter geſitteten Gemeinden noch geduldet, hat man hier ganz verbothen, weil ſie gar leicht in Unordnun: gen ausarteten, z. B. das Klauſenmachen bey Hochzei: ten, das Scheibenſchlagen bey Sonnewendfeuern, die Platzmeiſter oder Vortänzer bey Hochzeiten, u. dgl.

Bergbau iſt hier keiner; der Ackerbau iſt aber auf flachen Gründen ſehr geſegnet; ſelbſt auf den Berganhöhen gut: man bauet Weitzen, Roggen, Gerſte, Haber, Boh: nen, Erbſen, Rüben, und Heidekorn. Doch kann der hieſige Landbauer nichts davon entbehren. In ſchlechten
Jah:

Jahren muß er das Getreide sogar aus Kärnthen, Tyrol und anderen Orten mit großen Kosten herbeyschaffen. Die Viehzucht ist ebenfalls nicht unbeträchtlich. Die letzte Viehbeschreibung geschah hier im J. 1765: man fand damahls in den beyden Thälern Matrey und Tefferecken 124 Ochsen, 521 Terzen, 31 Stiere, 2005 Kühe, 169 junge Stiere, 441 Kälber, 1052 Spinner, 3697 Schafe, 259 Böcke, 1032 Geißen, 53 Schweine, 24 Pferde von 3 bis 6 Jahren, 10 Pferde von 2 Jahren, 16 Pferde von 7 — 10 Jahren, 12 von 11 Jahren, tragende Stuten 47, alte Stuten und Hengste 44 — in allen 153 Pferde. Der gegenwärtige Viehstand, die Böcke und Geißen ausgenommen, welche sich seit jener Zeit sehr vermindert haben, wird beynahe jener älteren gleich kommen.

In beyden Thälern sind in allen 26 Grundherrschaften vorhanden.

II. Das Pfleggericht, und die freye Herrschaft Lengberg.

Dieses Gericht *) liegt zwischen Oberkärnthen und Tyrol im Drau- oder Draathale, von welchen beyden es nach allen Seiten eingeschlossen ist, nämlich von Kärnthen nach Osten, Süden und Norden, und von Tyrol gegen Westen. Ungeachtet es von dem Erzstifte ganz getrennt ist, so steht es dennoch ohne alle Ausnahme und Beschränkung unter erzstiftischer Landeshoheit. Die ihm zunächst gelegenen Salzb. Gränzen sind der Gasteiner, Rauriser, und Fuscher Tauern, wohin man aber nur durch eine gute Strecke des k. k. Gebiethes kommen kann.

Leng-

*) Dieser Bezirk ist in der Homannischen Karte von Salzburg ganz falsch gezeichnet, und colorirt.

Lengberg (Lengenberch in alten Urkunden) gehörte einst den Grafen von Lechsgemunde und Matrey. Graf Heinrich dieses Geschlechts trat aber alle seine Besitzungen an Erzb. Konrad I. ab, und behielt sich Lengberg, das Schloß, und dessen Zugehörde rc. zum lebenslänglichen Genuße. Nach seinem Tode kam es ganz an das Erzstift, welches sich schon in Mitte des XIIIten Jahrhunderts in dessen Besitze befand.

Der ganze Bezirk ist in 7 Rotten, und diese sind wieder in Huben abgetheilet, wie folgt:

1) Die Lengberger Rotte mit 1 Doppelhube, 1 Fünfviertelhube, 2 Dreyviertelhuben, 2 halben Huben, 1 Viertelhube, und 3 Geuschen, wovon 8 auf 1 Hube gerechnet werden.

2) Die Trattenberger Rotte mit 1 ganzer, 3 Dreyviertel:, 2 halben, 1 Viertelhube und 1 Geusche.

3) Die Lindsberger Rotte mit 1 ganzer, 1 Dreyviertel:, und 2 Halbhuben.

4) Die Michelsberger Rotte mit 2 ganzen, 1 Dreyviertel:, und 2 Halbhuben.

5) Die Planer und Dämmerer Rotte mit 1 ganzer, 1 Dreyviertel:, 6 halben, und 2 Viertelhuben.

6) Die Mörsächer Rotte, mit 4 ganzen, 1 Dreyviertel:, 1 Zweydrittel:, 3 halben:, 1 Drittel:, 1 Viertelhube und 5 Geuschen.

7) Die Nickelsdorfer Rotte mit 3 ganzen, 1 Dreyviertel:, 10 halben:, 7 Viertelhuben, und 19 Geuschen.

Sum=

Summe aller dieser Huben:

1 Doppelhube, 1¾ Hube, 12 ganze, 9¾ Huben, 27 halbe, 1⅓ Hube, 1⅓ Hube, 12 Viertelhuben und 28 Geuschen — in Allen 92 Feuerstätten, deren eine jede mit einer besonderen Familie besetzt ist, wovon sich der Seelenstand auf

Communicirende	688
Nichtcommunicirende	107
	795 Menschen

beläuft.

Gewerbe führen folgende: 1 Krämmer, der mit Tuch-schnitt und kurzen Waaren zugleich handelt, 2 Huf-und Waffenschmiede, 2 Wagner oder Rademeister, 3 Schnei-der, 3 Schuhmacher, 3 Loden-und Leinweber, 1 Drechs-ler, 1 Bierbrauer, 1 Bäcker, und 3 Weinwirthe und Gast-geber.

Ortschaften sind hier keine anderen als die 2 Dörfer Nörsach, und Nickelsdorf.

In diesen Dörfern befinden sich 2 Kirchen, die eine, zum h. Chrysanth genannt, zu Nörsach (ein Wallfahrts-ort, der von den benachbarten Kärnthnern und Tyrolern häufige Besuche am Tage des Kirchenheiligen, und der Kirchweihe erhält) und die zweyte zum h. Niklas, zu Ni-ckelsdorf, wobey ein Vikar, nebst einem Helfpriester als Frühmesser, sich befindet, welcher keiner Pfarre, sondern dem erzstiftischen Consistorium, das ihn zu ernennen und zu bestätigen hat, unmittelbar untergeben ist. Das Vi-kariatshaus hat die Gemeinde zu unterhalten. Hier ist auch ein deutscher Schullehrer. In der Lengber-ger Rotte befindet sich das hochfürstl. Schloß Lengberg
auf

auf einem hohen, mit Frucht- und anderen Bäumen bewachsenen Hügel, mit einer Ringmauer umgeben. Man
kommt über eine 88 Fuß lange Brücke dahin. Es hat im 2ten
Stockwerke einige schöne Zimmer mit Decken von Stuck.
Hier wohnt der hochfürstl. Pflegscommissär (Hr. Johann
Franz Götzinger) der einzige Beamte dieses Bezirkes
nebst einem Schreiber, und unferne davon der Gerichtsamt-
mann. In diesem Schloße befindet sich auch eine zu Eh-
ren der hh. Niklas und Sebastian im J. 1485 eingeweih-
te Kapelle, in welcher der Vikar zu Nickelsdorf oder dessen
Gehülfe am Christtage die Frühmesse, und an den Tagen der hh. Sebastian, Ursula, Niklas, und Markus ein
Hochamt, und wöchentlich an den Donnerstagen eine Messe zu lesen verbunden ist. Am Markustage wird auch in
diesem Schloße von den Beamten das gewöhnliche Landrecht gehalten.

Unterhalb dem Schloße an der Landstraße ist ein hochf.
Zollhaus nebst einem Schrankbaume, wo ein hierzu auf-
gestellter Mauthschreiber den Wegzoll einzunehmen hat.

Am Dorfe Nörsach steht ein sogenanntes Wach-
oder Contagionshäuschen, das nur in jenen Zeiten,
wo ansteckende Krankheiten aus der Nachbarschaft drohen,
Dienste zu leisten hat.

Uebrigens sind die Süd- und Nordseite dieses Gerichtes mit sehr hohen Felsengebirgen besetzt; die Südseite ist
ganz unbewohnt; liefert auch sogar sehr magere Viehweide, und enthält einen sehr unbeträchtlichen Holzwuchs.
Die Nordseite aber hat viele Bergbewohner, schöne Wiesen und Aecker, worauf Weitzen, Korn, Gerste, Haber,
Bohnen und zum Theile auch Heideforn, türfischer Weitzen, Hirse, Erbsen ꝛc. erzeuget werden; doch immer nicht
mehr

mehr, als zum eigenen Gerichts-Consumo erfordert wird. Außer Landes wird beynahe nichts, als etwas Vieh, Flachs, Kalk, welcher hier häufig gebrannt wird, und saures Heu verkauft, von welchem letzteren jährlich viele hundert Centner in das Tyrol ausgeführt werden.

Die Viehzucht ist im Ganzen sehr unbeträchtlich. Zum Küh- und Ochsenviehe ist gar keine Alpe vorhanden, und was davon aufgetrieben wird, das geht gegen Alpenzins auf die Kärnthnerischen oder Tyrollischen Alpen. Nur für Schafe und Ziegen ist eine Alpe, die Dämmerer-Alpe genannt, vorhanden. Der ganze Viehstand beläuft sich auf 1085 Stücke Hornvieh; an Schafen und Ziegen auf 1587, an Schweinen auf 297, und an Pferden auf 57 Stücke. Von Waldungen ist beynahe nichts merkwürdig, als der Plochwald auf der Nordseite. Von Wildbret gibt es Gemsen, Hasen, Rehe, und Füchse; Hirsche, Wölfe und Bären sehr selten; vom Federwilde Auer-Spiel, Stein-Hasel-und Schneehühner, nebst Waldschnepfen zur Herbstzeit.

Der Draufluß durchströhmt dieses Gericht von Westen gegen Osten, aus welchem ein anderer kleinerer Fluß, die Laven, austritt. Die Drau enthält Huchen, Forellen, Aeschen, Alten ꝛc. Man zählt sonst noch 7 Wildbäche, welche dem Lande bey ihren Ergießungen großen Schaden zufügen. Ein See ist nicht vorhanden.

Man hat hier nur eine einzige Hauptstrasse, die Haupt-Commercial-und Poststrosse, welche von Triest, Krain, Steyermark, Oestereich und Kärnthen nach Tyrol, und Italien, oder in die Reichslande mit Handelsgütern und von vielen Reisenden befahren wird.

Der

Der **Charakter** des hiesigen Volkes ist wie beynahe aller Gebirgbewohner, welche die Natur von der übrigen Menschheit abgesondert hat: es ist abergläubisch, hängt an Volkssagen und Vorurtheilen, ist andächtig, und träge. An Kleidung und Kost nähert es sich mehr dem Kärnthner als Tyroler; die Gesichtsfarbe der meisten ist bräunlicht.

Uebrigens sind diese **Lengberger** Unterthanen sowohl von der Steuerabgabe, als von militärischen Einquartierungen und Vorspannen, doch nicht von der inländischen Rekrutenstellung befreyt.

Grundherrschaften, beynahe alle aus Kärnthen und Tyrol, zählt man hier, ohne die Freyeigenen, und Hofurbarischen, 21, wovon die Hälfte der Güter und Iteme Besitzern von Lienz zugehört. Die Hofurbarischen sind aber bey Weitem die beträchtlichsten.

Ein kärnthnerischer Gewerke bauet hier auf Antimonium.

III. Das Zillerthal.

Dieses ist die äußerste Gegend des Erzstiftes an der Tyroler Gränze, und enthält zwey Pfleggerichte 1) Zell und 2) Fügen, welche beyde aber gegenwärtig von einem, und demselbigen Pfleger verwaltet werden.

Diese beyden Gerichte, wovon **Zell** insgemein **Kropfsberg,** von einem gleichnahmigen Schloße (dessen Beschreibung unten folgt) genannt wird, sind die westlichsten Gränzorte des Erzstiftes; gränzen gegen Osten an die Salzb. Pfleggerichte **Zopfgarten** und **Mittersill,** gegen Süden an die Tyrolischen Gerichte

Tau

Taufers und Sterzing, gegen Norden und Westen ebenfalls an Tyrol, so daß es nur von Einer Seite, nämlich gegen Hopfgarten und Mittersill mit dem Erzstifte zusammenhängt *). Es hat Polhöhe 47 °, 14′, 42 ″, nach Profess. Zallingers Berechnung, und ist etwas über 1548 Fuß über die Meeresfläche erhaben; folglich 451 Fuß höher, als die Stadt Salzburg. Der ganze Bezirk Zillerthal besteht aus einem Hauptthale, das der Bach, die Ziller durchströmt, und aus 8 Seitenthälern, nämlich Ochsenthal, Finsingthal, Merzenthal, Gerlos, Zillergrund, Stiluppe, Dornau, und Tur. Seine gerade Länge von Nord gegen Südwest mißt 12 Stunden: gegen Süd und West sind hohe Felsengebirge. Der ganze Umfang dieses Pfleggerichtes (ohne Fügen) beträgt 14 $\frac{1}{10}$ Quadratmeilen.

Das Erzstift ist schon seit den Zeiten der Karolinger im Besitze dieses Thales, wie es aus einer Urkunde Kaisers Arnulphi vom Jahre 889 erhellet, worin er das ganze *Cilarestale* dem Erzstifte übergibt **). Das feste Schloß Kropfsberg an der nördlichsten Spitze des Pfleggerichts gelegen, war ehmahls die Wohnung des hochfürstlichen Beamten, der zur Besorgung der grundherrlichen Gefälle Pröpste (Camerarios) zu Schwendau jenseits, und zu Haslach, nachher zu Zell, dießseits der Ziller unter sich hatte. In folgenden Zeiten, als die Beamten die Pflege mit den Propsteyen zugleich versahen, zogen sie in den Mittelpunkt des ganzen Bezirkes, wozu auch Fügen gehörte; indem das ganze Gericht in die zwey

Z z   Schra

---

*) Eine sehr schöne Charte des ganzen Zillerthales von C. Reider im J. 1789 gezeichnet findet man in Hacquets Reise durch die norischen Alpen II. Th.

**) S. Nachr. von Juvav. S. 352.

Schranen Zell und Fügen abgetheilt war. Erst nach 1650 kam ein eigener Beamter nach Fügen, welcher bald Verwalter, bald Landrichter hieß, und eine von Kropfsberg ganz getrennte Gerichtsbarkeit hatte. Jtzt ist dieses Gericht wieder dem Zeller einverleibt.

Die politische Eintheilung dieser beyden Pfleggerichte ist folgende:

Das Pfleggericht Zell ist in zwey Aemter a) Zell b) Schwendau, und in den Burgfrieden Kropfsberg abgetheilt. Die 2 Aemter begreifen in sich die Hauptmannschaften 1) Zell, 2) Hainzenberg, 3) Distelberg, 4) Zellberg, 5) Laimach, 6) Schwendau, 7) Schwendberg, 8) Ramsberg, 9) Brandberg, 10) Gerlos, 11) Rohrberg, 12) Gerlosberg, 13) Aschau, 14) Kaltenbach, 15) Finkenberg, 16) Hofmark Lannersbach im Tur, 17) Lemperbühel, 18) Arnbach, und diese werden abgetheilt in 505½ Lägeln (Höfe).

Das Pfleggericht Fügen begreift in sich die Hauptmannschaften 1) Kapfing, 2) Fügen, 3) Fügenberg, 4) Pankrazenberg, 5) Helfenstein, 6) Holdernach am Hartberge — und in diesen 216 Lägeln.

Beamte sind 1) der hochfürstl. Pfleger, welcher die beyden Pfleggerichte Zell und Fügen zusammen versieht (itzt Herr Joseph von Pichl seit 1795) 2) ein Gerichtschreiber und Ungelder zu Zell, 3) ein Amtschreiber zu Fügen, 4) ein Oberschreiber, ein Mitterschreiber, und 3 Accessisten, wovon sich einer bey dem Amtschreiber zu Fügen befindet.

Im Zillerthale sind zweyerley Kirchsprengel; der östliche Theil jenseits des Zillerbaches ist Salzburgisch, der westliche Brixnerisch nach folgender Tabelle:

Salz-

Salzburgisch		Brixnerisch	
Ortsnahmen	Geistliche	Ortsnahmen	Geistliche
Zell	1 Dechant u. 2 Coadjut.	Fügen	1 Dechant 2 Coadj.
Mayrhofen	1 Vikar	Hippach	1 Kurat. 1 Coadj.
Brandberg	1 Vikar	Finkenberg	1 Vikar
Gerlos	1 Vikar	Tux	1 Vikar 1 Coadj.
Stum	1 Vikar 1 Coadjutor		
Hart	1 Vikar 1 Coadjutor		

Es befinden sich also im Zillerthale 10 inländische, oder erzstiftische, und 8 ausländische oder Brixnerische Geistliche; die erstere haben 7, die letzteren 9 Kirchen zu versehen. Zu Ried ist ein tyrolischer Geistlicher, und ein Coadjutor, zu Uterns ebenfalls ein tyrolischer Geistlicher. Die Salzburgischen Vicariate Mayrhofen und Gerlos hat Erzb. Max Gandolph errichtet. Unter das Dekanat Zell, also in den Salzb. Metropolitan-Kirchsprengel gehören noch die Pfarren in Tyrol 1) Ebbs nebst den Vicariaten Kuffstein, und Walchsee 2) Erl nebst dem Vikariate Nußdorf, 3) Kirchbühel nebst den Vikariaten Schwoich, Wergl, und dem inländischen Vikariate Ytter, 4) Kundl, nebst dem Vikariate Oberwildschenau, 5) Reit, nebst den Vikariaten Albach und Rattenberg, 6) der Tyrolische Antheil des Vikariats Stumm in der Pfarre zu Zell, 7) das Kloster der Augustiner zu Rattenberg, 8) das Superiorat der Augustiner zu Kuffstein.

Die ganze Volksmenge des Zillerthales beläuft sich nicht ganz auf 14000 Seelen, worunter sich ungefähr 6000 Salzburg. Diözesanen befinden. Man klagt vielfältig über Mangel an männlichen Dienstbothen. Die Ehen sind sehr fruchtbar, gewöhnlich zu 8 — 10 Kindern von einer Ehe.

Schullehrer sind im ganzen Zillerthale nur 4, zu Zell, Fügen, Mayrhofen und Zippach, welche zugleich Meßners- und Cantorsdienste versehen. Die Schulhaltung in den übrigen kleinen Seelsorger-Bezirken versehen die Geistlichen, z. B. der Vikar zu Brandberg.

Ortschaften. Da im ganzen Thale kein Markt sich befindet, so kommen nur jene Ortschaften unter dem Nahmen Dörfer vor, in denen eine größere Anzahl von Höfen sich beysammen befindet. Ostwärts, am Ausflusse der Ziller in den Innstrohm, liegt auf einem Hügel das alte Schloß Kropfsberg, welches einst die Wohnung des hochfürstl. Pflegers war, nun aber zur Hälfte eingestürzt ist, und nur noch eine Schloßkapelle, und einige bewohnbare Zimmer für die hierher kommenden hochf. Beamten, einen commandirten Soldaten, und einen Amtsdiener übrig hat. Alle Jahre ist hier am Tage vor St. Gertraud ein großer Rind- und Pferdemarkt, der von dem Schloße herab durch Böller angekündiget wird. Von hier südwärts sind folgende Dörfer: Schlitters, (hier ist seit einigen Jahren ein k. k. Gränzzollamt) Fügering, (wo seit einem

Vertrage

Vertrage von 1690 die Grundstücke dem Erzstifte, und
die Häuser dem Lande Tyrol einverleibt sind) Fügen,
(hier wohnt der Salzburgische Amtsschreiber, und ein Brix-
nerischer Dechant; auch ist hier ein k. k. Eisenhandel, der
vor Zeiten den Grafen von Fügen gehörte, und dessen
Hammerwerke eine Viertelmeile von hier entfernt sind;
ferner ein schönes Rittergut, das itzt ein Graf von Taxis
besitzt); Rapfing die gräflich-Tannenbergischen Dörfer
Finsing, Uterns, und Ried; Kaltenbäch; die gräfl.
Bissingische, einst Schiedenhofensche, Herrschaft
Stumm; Aschau, Mitterndorf und Zell, (3 Stunden
von Fügen) Im letzteren ist die schöne und bequeme Behau-
sung des Hrn. Pflegers; der Salzb. Dechantshof; eine im
J. 1782 neu aufgebaute sehr artige Kirche zum h. Veit,
und ein Armen-oder Heiligenhaus, einst Hospitale san-
cti Joannis genannt, für Arme, welches ein Vermögen
von 15220 fl. besitzt, und, da die Armenordnung von 1754
von den hiesigen Bauern nicht angenommen worden ist,
eine Aenderung verdiente. Die Armenausgaben der
Gemeinde belaufen sich jährlich zu Zell auf 1200, zu Fügen auf 120 fl.: viele Arme müssen sich noch dabey mit
Betteln ernähren. Zu Rohr und Klamm, eine starke Viertelstunde am Osten dieses Dorfes, sind die Poch-und Waschwerke der Rohrberg-und Hainzenbergischen Goldbergwerke.

Real-und Personal Gewerbe werden im ganzen Pfleggerichte folgende betrieben:

a) Im Pfleggerichte Zell. 12 Wirthe, 11 Bierzapfler,
9 Krämmer, 5 Bäcker, 16 Müller, 11 Schmiede, 4
Kälberlieferanten, 1 Bräuer, 1 Bader, 3 Metzger, 1
Färber, 4 Sägemüller, 5 Rothgerber, 2 Schlosser,
9 Schneider, 12 Schuhmacher, 24 Weber, 1 Glaserer,
2 Sattler, 4 Tischler, 2 Fragner, 2 Mithridathändler,

1 Mahl-

1 Mahler, 1 Kupferschmied, 1 Binder, 1 Maurermeister, 1 Seilerer, 1 Huterer, 1 Kirschner.

b) Im **Pfleggerichte Fügen** sind 46 **Realgewerbe,** als in der Hauptmannschaft Kapfing 3, Fügen 25, Fügenberg 1, Pankrazenberg 2, Haltenstein 10, Holdernach 5; und überhaupt 30 Personalgewerbe.

Berge, Alpen, Wälder, Gewässer, Strassen.

Berge, zwar nicht isolirte, sondern bloß mit mehr oder minder hohen Kuppen emporragende Gebirge aus der hohen norischen Tauern-Kette gibt es hier eben so steile, als hohe: die meisten sind bis an die Hälfte fruchtbar, mit Waldungen und Bergwiesen besäet, und schließen die gesegnetsten Alpenthäler ein. Sehr viele haben ewigen Schnee, und hohe Käse (Gletscher) in ihren von der Sonne undurchdringlichen Schluchten. Die ungeheuren Granitblöcke der sogenannten Berge Floite und Runkel waren beynahe bis an die Hälfte unsers Jahrhunderts der Lieblingsaufenthalt der Steinböcke, welche aber gar bald der Glaube an ihre verborgenen Heilkräfte ganz ausgerottet hat. *)

Auf den gedachten Bergen, dann auf den Bergen Ziller, Zem, Stilupe, Gerlos ꝛc. gibt es Gemsen, deren Anzahl aber einst um ein Beträchtliches größer war. Im Dornauberg findet man Vipern, was hierorts höchst selten ist. Die merkwürdigsten aus den Zillerthaler Bergen sind der Rohr- und Hainzenberg: ersterer liegt dem Dorfe Zell östlich, der zweyte südlich, beyde eine kleine Viertelstunde davon entfernt. Hier sind Goldbergwerke, welche von Salzburg, und Tyrol gemeinschaft-

lich

lich gebauet werden, und worüber ein in Zell wohnender
Schichtenmeister die Aufsicht hat, der von beyden Theilen abwechselnd aufgestellt wird. Beyde Bergbaue liegen
am Fuße genannter Berge, und werden — der Rohrberg seit
1630 und der Hainzenberg seit 1635 ehemahls mit abwech-
selndem Gewinn und Verlust, itzt immer mit guter Ausbeute betrieben, nachdem verschiedene andere Bergbaue auf
Silber, Kupfer, Bley, Eisen, und Kobalt wieder
aufgelassen werden mußten, so daß man im größten Theile der hiesigen Berge Spuren von alten Bergbauen ent-
decket.

Die Gebirgsart der zwey gemeinschaftlichen Goldberge ist Quarzschiefer, dessen vorwaltende Bestandtheile bald
Thon, bald Quarz sind. Die Erze sitzen in Lagern auf, welche aus Morgen gegen Abend streichen, und sich unter sehr
spitzigen Winkeln gegen Mittag verflächen: ihre Mächtigkeit beträgt oft nur wenige Zoll, selten über 2 Fuß.
Die Gangarten der Erzlager bestehen meistens aus Quarz,
hin und wieder aus Quarzschiefer, oder Ocker. Das Gold
bricht hier in kleinen Körnern, sehr gewöhnlich staubför-
mig, einiges auch angeflogen. Arsenikkies, und Schwefelkies sind die einzig einbrechenden Erze, und fast immer
nur eingesprenkt. Beyde Werke haben nahe an den Gruben eigene Poch- und Waschwerke. Die Kiesschliche, woraus alles Gold, so genau als möglich, und nun auch vermittelst des Bornischen Amalgamationsprozesses gezogen worden ist, geben bey dem Verschmelzen, wegen Armuth an
goldischem Silber, nur einen geringen Ueberschuß: auch werden sie in zu kleiner Menge aufgebracht, als daß sie im
Zillerthale die Kosten einer eigenen Schmelzhütte abwer-
fen würden. Das k. k. Bergwerksdirectorium zu Schwatz
in Tyrol läßt also seinen halben Antheil nach Brixlek, dem
vornehm-

vornehmsten Tyrolischen Schmelzwerke, 4 Meilen von
Zell; und Salzburg seinen Theil in das Schmelzwerk am
Mühlbach in Pinzgau, 5 Meilen von Zell bringen, wo
er zu Rohstein geschmolzen, und dann zur Schmelzhütte
Lend 6 Meilen von Mühlbach abgeführt wird. Die Ausbeute ist hier übrigens nicht so viel werth, als der Unterhalt, welcher mehreren bey dem Bergbaue beschäftigten
Menschen dadurch verschaffet wird. Die Appellations-
Fälle und die Art, sie beyzulegen, sind in einem Receesse
von 1648 zwischen Tyrol und dem Erzstifte festgesetzt
worden.

Unweit Fügen bauet die sogenannte Wiener Kobalt-
gewerkschaft ein Kobaltbergwerk.

Alpen sind in diesem gebirgigen Lande sehr viele,
wie leicht zu vermuthen ist. Die Voralpen werden Aesten genannt, und werden nicht bloß als Weiden, sondern
auch zum Theile als Wiesen benützt. Da die Voralpen
um das Pankrazenfest aus dem Thale vor den noch be-
schneyten höheren Weidgängen bezogen werden, so werden sie
Anfangs abgeweidet; dann, nachdem das Vieh um St. Veit
die Alpen bezogen hat, um Jakobi gemähet, und endlich,
wenn das Vieh die stürmisch werdenden Alpen um St. Bartholomäi verläßt, wieder abgeweidet, worauf sie in der
ersten Woche des Octobers verlassen werden. Die Alpen
werden in Brod- und Grundalpen getheilt: jene liegen
auf dem Abhange eines Berges, diese in Thälern; auf ersteren geben die Kühe weniger Milch; aber ihre Milch
gibt mehr Butter, als auf den letzteren, wo man mehr Käse und Schotten erhält. Die Alpen werden in verschiedene Läger getheilt, das ist, in höhere oder niederere Weid-
plätze, auf welche das Vieh allmählig getrieben wird, um

immer

immer neue Nahrung zu finden. Es gibt aber auch Alpen, die nur einen Lager oder Weideplatz haben. Es
werden Kühe, einige Stiere, Schafe, (Böcke, worunter die
geschnittenen hier Mönche genannt werden), Ziegen,
und Schweine aufgetrieben. Es gibt Bauern, welche mehr als 40 Rinder, ohne das Kleinvieh zu rechnen,
auf die Alpe treiben, wovon sie aber nur etwa ein Drittel
oder die Hälfte überwintern, nachdem sie die übrigen verkaufet haben. Wer zu wenig eigenes Vieh hat, eine Alpe
damit abzuweiden, nimmt auch Zins- oder Miethkühe gegen gewisse Miethcontracte auf. Man hat hier, wie im
Oberpinzgau, und in der Schweiz Melker, und keine
Sendinnen, welche das Alpenvieh besorgen; auch findet
man hier bey weitem die Reinlichkeit des Alpengeräthes
nicht, wie im Pinzgau, und Pangau. Der Melker muß
sogar zum Beweise seiner Unflätigkeit bey der Heimkehre
von der Alpe ein kohlschwarzes Hemd (das nämliche, das
er mit sich nach der Alpe nahm) zurückbringen, wenn er
die Ehre eines wackeren Melkers, und den Minnesold bey
seinem Trautchen verdienen will. Der Melker hat meistentheils einen Hüter, und zuweilen noch einen oder gar zwey
Gehülfen bey sich, wenn die Alpe sehr groß und mit vielen
Stücken besetzt ist. Von der eigentlichen Alpenwirthschaft,
von Erzeugung der Butter, welche hier in Kugeln verkaufet wird, des Käses und der Schotten, wovon der Landmann aus Mangel eines guten Brodes beynahe das meiste
selbst genießt, kann man sich in des Hrn. von Moll, eines
gebohrnen Zillerthalers, Naturhistor. Briefen II. B.
des Näheren belehren, denen wir gar nichts beyzusetzen
haben. Die Tage, an denen die Alpen bezogen werden, sind
auch hier ländliche Feste. Die ansehnlichsten Kühe sind
mit Blumenkränzen, Pfauenschweifen, Bändern, und

Glocken

Glocken (hier Duschläfen) geziert. In Pinzgau wird auf jede 10te Kuh eine Glocke gerechnet; hier sind die Glocken Pracht des Besitzers, der sie also willkührlich in größerer Anzahl unter seine Herde theilt. Die besseren oder übernapsigen Kühe auf den Alpen geben jede 2 Napfen oder 8 Pfund Milch, die gewöhnlichen, oder napsigen, 4 Pfund des Tages; aus einer der ersteren erhält man gemeiniglich 50, aus einer der letzteren 30 — 40 Pfund Butter während der gewöhnlichen Alpenzeit. Doch ist hierin nichts Genaues zu bestimmen; indem sehr vieles von Witterung, Beschaffenheit der Alpengräser (Weiden) und der Kenntniß des Melkers abhängt. Die Schafe werden nicht gemolken; sondern bloß ihre Wolle, wovon jedes 1, auch 1 1/2 Pfund gibt, zur Kleidung benützt. Die Ziegenmilch wird unter die Kühmilch gegossen, und zugleich bearbeitet. Nur auf einigen wenigen Voralpen gibt es sogenannte Geisleute, welche kleine aber sehr schmackhafte Ziegenkäse aus Ziegenmilch machen. Man hat auch eigene Schafweiden (Schafberge, welche insgemein die höchsten sind) wohin kein Rind gebracht werden kann, und da werden eigene und fremde Schafe zu mehreren Hunderten von dem Besitzer der Alpe geweidet. Die Schweine sind ein beträchtlicher Handelszweig; sie kosten nur das Bißchen Gras um die Sendhütte, und die Molke, und werden dennoch mit 12 bis 15 fl. bezahlt. Auf den größeren Alpen gibt es eine Art Ställe, die man Mulzen nennt, welche von dem Viehe bey äußerst stürmischem Wetter bezogen werden. Jede der hiesigen Alpen hat ihre eigenen Spott- oder Ehrenreime, je nachdem sie gesegneter, mehr oder weniger fruchtbar ist, wie in Hrn. von Molls Naturhistor. Briefen zu lesen ist.

Wälder

Wälder sind hier in sehr großer Menge; aber ihre Cultur, da die meisten mit Tyrol gemeinschaftlich betrieben, oder gegen ein sehr geringes Stockrecht von 12 Kr. vom Klafter laut Recesses vom J. 1699 von den tyrollischen Nachbarn benützet werden, kann wegen fortwährender Zwistigkeiten nicht durchaus die beste seyn. Durch Ueberschwemmungen, Lähnbrüche, Verschüttungen, Losreißung des fruchtbaren Bodens an den Bergabhängen (Abplaißungen) geht auch von Zeit zu Zeit sehr viel Holz zu Grunde, so daß nach einer mäßigen Berechnung des vorletzten Hrn. Pflegers Freyh. von Moll im Gerichte Zell nur allein von 1670 bis 1769 ein Schade von 300000 fl., und im Gerichte Fügen von 16298 fl. erwachsen ist. Man trifft hier größtentheils Lerchen, Fichten, Erlen, nur sehr selten Eichen an; weniger selten sind die Ahorne, Eschen, Birken und Zirme (Pinus Cembra; in den höheren Gebirggenden, wo man auch die verkümmerte Zwergfichte, Pinaster pumilio, hier Latsche genannt, findet). Von Büchen, Tannen, und den übrigen Holzgattungen wird nur sehr wenig angetroffen. Unter den wildwachsenden Stauden gibt es hier auch auf den hohen Gebirgen Johannisbeeren, aber von größerer und herberer Art, als die gleichnahmigen Gartenstauden. In den nämlichen Gegenden trifft man hier und da Kirschenbäume an. Das Brennholz wird gemeiniglich nach den Tausenden gehackt und verkauft. Das sind denn tausend Drählinge, wovon ein jeder über 5 Fuß lang ist, und wenigstens 15 Zoll im kleinsten Durchschnitte hat, und ganzspännig genannt wird. 10 Zoll ist halbspännig, 6 Zoll drittelspännig, und 4 Zoll viertelspännig. Das Holz, dessen Gehalt zwischen diesen Zahlen ist wird Zweißler genannt. Man rechnet, daß ein Knecht im Sommer 1500 bis 2000 sol-

che

che Drählinge hacket, und accordirt für das Tausend 40
bis 50 fl. Hackerlohn.

Die Jagd sowohl als die Fischerey sind hier wegen
getheilter Ausübung mit Tyrol in einem weniger vortheil-
haften Zustande. Ein Oberjäger, welcher 5 Jäger unter
sich hat, bestellt das Ganze. Die Kirche zu Zell hat ebenfalls das Recht zu jagen und zu fischen im Stiluppentha-
le, wo sie auch einen Jäger und einen Fischer hält.

Seen befinden sich in den Niederungen keine, wenige
in einigen hohen Bergklüften oder Thälern, worunter Hr.
Baron von Moll (in seinen Naturhistorischen Briefen
I. B. S. 105.) einen Eißsee fand. Ströhme oder reißende Bäche, welche von Zeit zu Zeit große Verwüstungen anrichten, gibt es hier sehr viele. Der Hauptstrohm
ist die Ziller, die das ganze Hauptthal durchläuft, und
sich endlich bey dem Schloße Kropfsberg in den Innstrohm ergießt; sie wird bey anhaltendem Regenwetter, und
schnell aufthauendem Schnee sehr verheerend, und zeichnet
sich beynahe alljährig durch neue Verwüstungen aus. 44
Seitenbäche nebst ihren fremden Zuflüssen stürzen sich in
diesen Bach, nachdem sie verschiedene Seitenthäler des
Zillerthales durchirret haben.

Hauptstrasse ist im ganzen Zillerthale keine: keine
Post geht hier durch; auch bedarf man keiner Handelsstrasse.
Nur schmahle, sogenannte Bauernwege, und Nebenstras-
sen, die gerade die Durchfahrt eines enggeleisigen
Wagens begünstigen, werden überall von den benachbarten
Ortschaften unterhalten. Inländische Zölle und Mau-
then kennt man also auch keine; und die einzige Brücke,
welche diesen Nahmen verdient, und über die Ziller führt,
wird von gemeinen Anlagen unterhalten.

Volks-

Volkscharakter.

Der Zillerthaler hat alle guten und bösen Eigenschaften der Gebirgbewohner. Er ist lebhaft, arbeitsam, erfinderisch, und unverdrossen; doch dabey etwas starrsinnig, hasset blinden Gehorsam, und handelt äußerst ungern wider eigene Ueberzeugung. Er bedarf daher einer bescheidenen klugen Behandlung von Seite der Beamten, und eines bidern gesundenkenden Volkslehrers von Seite der Religion. Ersterer findet ohne die nöthige Behutsamkeit gar leicht Widerstand; und ein ungeschickter Seelsorger wird ausgelacht, oder er verfehlt seinen Zweck ganz. Der hiesige Landmann ist nichts weniger als Andächtler, einige angeerbte Aberglauben ausgenommen, auf denen er, so lange er nicht handgreiflich vom Gegentheile überzeugt wird, steif hält. Der Gottesdienst an Sonn- und Feyertagen muß kurz, die Predigt nicht über eine halbe Stunde lang seyn, wenn der Prediger nicht tauben Stühlen predigen, oder sich den Spott seiner Zuhörer zuziehen will. Es gibt sogar Bauern, die sich ein eigenes Hausreligiönchen zusammen schmieden, das natürlich weder lutherisch noch katholisch ist, und das ihnen nur ein sehr gewandter Menschenkenner aus den Köpfen demonstriren wird. Der Zillerthaler bedarf also vorzüglich geschickter Beamten und kluger Geistlichen und Erzieher; und nur unter einer solchen Leitung ist er ein gehorsamer, friedfertiger Unterthan. Gesunden, natürlichen Witz trifft man vielfältig hier an; und es gibt mehrere unter diesem Volke, welche unter der Miene von traulicher Dummheit die trockensten Wahrheiten, in Scherz gekleidet, einem ins Gesicht sagen. Ueberhaupt ist er Liebhaber von Neckerey und Bespöttelung. Da er eine große Neigung zur Ungebundenheit äußert, die manchmahl durch häufiges Branntweintrinken befördert wird; so muß er immer gelinde behandelt werden, wenn er nicht zu tumultuatischen Auftritten gereitzet werden soll. Man hat dieß in einer Rebellion dieses Gebirgsvolkes vom J. 1645 erfahren *). Er hat eine gewisse, bis zur Ausschwei-

*) Es geht hier noch eine gereimte Threnodie aus jenen Zeiten in den Händen des Landmannes herum, wel-
che

schweifung getriebene Vorliebe für eine Art von eigenem Gesetzbuche, das er sein Landrecht nennet, und wonach er

che diese Neigung zur Genüge bezeugt, und die wir ihres naiven Inhaltes wegen wörtlich hierher setzen:

Ach Gott! ach Gott! laß dich erbarmen!
Das Zillerthal ist worden arm
Durch Leibsteuer und Geld Aufschlag,
Da führt man jetzt gar ein' große Klag,
Und auch andre Anlagen und Beschweren,
So jetzt täglich zunehmen auf der Erden,
Das jetzt der arme Bauersmann
Schier gar nimmer erschwingen kann.
Die Leibsteuer hat gewährt 8 ganze Jahr,
Der Aufschlag lang zuvor da war,
Die Kriegs Musterung auch dessgleich
Die thät auch Niemand machen reich,
Dieweil es schon so lang hat gewährt,
So ist dem Beutl das Untere obenzu gekehrt.
Der Hunger war bey vielen groß.
Der Leib war an der Kleidung bloß.
Noch wollts den Herren all's nicht erklecken
Sie nähmen etlichen die Leibsteur aus den Bettelsäcken:
Sie thäten so noch weiter wagen,
Und oft ain in die Eisen und Schellen schlagen.
Das geschah etlichen Männern
Zu Fügen in der untern Schranen.
Da wollt sich schier der Handl rühren
So thaten ain Schörgen und ain Schreiber schmiern,
Das thäten so gar unbesonnen,
Ain Prokuratá ist ihnen noch entrunnen,
Der wollt das Trinkgeld nicht erbeiten,
Er thät bald auf sein Bräunl davon reiten.
Das geschah im 16 hundertisten Jahr,
Und in 45 gißen, das ist wahr.

Den

gerichtet seyn will *). Von Bestanderrichtungen (Pachten)
will besonders der Turer, bey weitem der roheste aus diesem
Ges

Den 19ten Tag im Mayen,
Da thäten sö gar wenig freuen.
Es hätt schier geben ein grobes Koch,
Daran man hätt zu lecken noch,
Wenn nicht Gott mit seinen Gnaden,
Uns hätt bewahrt vor solchen Schaden.
Es war schon allbereits alls in Gewehr,
Die Bauern und Gemein, ein zimliches Heer,
Sie laufen zu der Rüstkammer mit Hauf,
Dieselbig muß man machen auf.
Die Kriegs-Rüstung nimmt man heraus,
Es war fürwahr ein grober Straus.
Durch das Pinzger wollt man gezogen seyn:
Da kommt der Herr von Stachlburg herein,
Und noch damit zween andre Herren;
Der mehrere Theil hat sie gesehen gern.
Sie haben das Volk dahin bewegt,
Daß man die Rüstung von ihm hat gelegt.
Der Herr Stachlburger macht ein Beschluß,
Es soll mit ihm ein kleiner Ausschuß,
Hinaus auf Salzburg in die Stadt,
Und zu Ihro Hochfürstl. Gnaden,
Da möcht man noch Gnad erwerben,
Und das Zillerthal nicht gar verderben.
Der Herr Ueberäcker sollt dieweil da bleiben,
Es thät ihm aber sein Bruder schreiben,
Er sollt hinüber in das Pinzgäu
Da wär er mehrer Sorgen frey;
Dann Unser gnädigster Fürst und Herr
Schickt in das Pinzger gar viel Kriegsvolk her,
Die sollten zu denselbigen Mahlen
Das Zillerthal bald überfallen,
Das haben die Zillerthaler bald vernommen,

Seind

Gebirgsvolke, nichts hören; und bey Forderungen von Ro-
bathen, selbst bey jenen, welche zur Verbesserung der Wege
und

Seind mehr als 6000 zusammen kommen,
Gar eilends und bald.
Sie zogen hinein in Pinzger Wald,
Daselbsten wollten sie so wöhren;
Wiewohl sie hätten nit viel zu zöhren;
Etliche wollten schier fliehen davon,
Doch waren die mehreren tapfere Mann.
Zu Ranach die Salzburgischen lagen,
Und thaten sich mit einer Schanz verhagen,
Und thaten dort auf die Bauern losen,
Es haben ihnen auch oft gezittert die Hosen,
Und gedachten auch oft in den Herzen,
Mit den Lappen ist nicht gut scherzen.
Da hat man noch andre Mittl vorgenommen,
Damit man zu einem Vergleich ist gekommen.
Es mußte auch dasselbe mal
Ein Ausschuß aus dem Zillerthal
Gar eilends und gar schnell
Hinunter ins Pinzger und Mittersill.
Da hat man sich verglichen zu gleicher Zeit,
Mit einander zu beyder Seit.
Und wann nur Gott den Herrn bäth
Daß man diesen Vergleich halten thät.
Die Reichen sowohl als die armen,
Gott wolle sich unser noch erbarmen,
Gott hat uns dadurch zu verstehen wollen geben,
Daß wir hinfür sollen anderst leben,
Die Oberkeit soll merken dabey,
Daß sie nicht so tyrannisch sey.
Tyranney ist ein Mutter der Rebellion,
Das ist fürwahr ein grober Stam:
Es ist aber nicht anderst beschaffen,
Nicht so gar unterdrucken die armen,

Sondern

Wege und ihrer Unterhaltung nöthig sind, muß er sehr behutsam behandelt werden. Die Lieferung des Wildprets nach

Sondern sollt sich über sie erbarmen.
Gott thut halt ain mit dem andren strafen.
Ein jeder sucht zeitlich Gut und Ehr,
Verachtet dadurch Gottes Geboth und Lehr,
Und wann wir thäten wie wir sollten,
So thät Gott auch wie wir wollten.
Es hat aber ein solche Gestalt.
Wenn oft einer hätt der Obrigkeit Gewalt,
So möcht ich wohl sagen rund,
So wär er der allergröste Hund.
Zu dem Nehmen wär er nicht zu faul.
Er riß ain andern das Brod aus dem Maul,
Darum wills gar langsam besser werden,
Dieweil wir leben auf der Erden.
Hilf Gott, daß wir uns bald bekehren,
Und alsdann wird es besser werden;
Und wird die Obrigkeit und Unterthanen
Ganz freundlich miteinander wohnen,
So werden sie sicher seyn vor der Rebellion;
Das wünscht von Herzen ein alter Mann,
Der dieses kurz in Reim verfasst
Der hat allzeit den Unfried gehasst.
Herentgegen hat er geliebt den Fried,
Die Rebellerey gefällt ihm nit.

*) Es ist dieses ein von Erzb. Johann III. am Sonntage Cantate im J. 1487 erhaltener Landbrief, wovon folgendes der summarische Inhalt ist:

Der Eingang ..., daß dieser Landbrief die Rechte Zillerthals und Herkommen nach den Aussagen der alten Unterthanen enthält.

Aaa

Diese

nach Salzburg ist beynahe der einzige bestimmte Frohndienst. Den Zehenten und zwar nur den großen besitzen 1) Se. hochfürstl.

Diese Aussagen werden in formalibus angeführt: Wir öffnen Unserm gnädigsten Herrn von Salzburg 2c. 1) Landesgränzen. 2) Allen Grund und Fund besonders an Erzt. 3) Alle Fischweide. 4) Alle Wildbahn. 5) Alle Waldung.

Was für einen Pfleger gehört.

1) Ueberantwortung der Uebelthäter zum Tode, auf dem Dingbichl von Fügen aus, und auf die Zillerbrucke von Zell aus, denen, die alldorten die Gewaltigen sind. 2) Mord, Aufruhr, Nothzucht, Raub, Diebstall, Frevel, Schädigung, Betrug. 3) Wer sich an fremde Herrschaft wendet. 4) Ein Pfleger soll keinen Urbarsmann fangen, er habe dann den Tod verdient. 5) Soll seinen Richter halten, und kein Richter soll ohne genugsame Dünkleute richten. 6) Alles Kaufrecht. 7) Foit Futter. 8) Weinmaß, das Inspruggerische hält nach Salzburgischem Fuß die Maß Kanne Cubic 152′828″691‴. 9) Getreid Metzen ein rigner per 4 Strich Maß hat nach Salzburg. Fuß 2329 2/5 Zoll. 10) Ellen die Münchner. 11) Wag, das Haller Gewicht. Das alte Haller Gewicht soll 5 p. C. schwerer, als das dermalige Wiener Gewicht seyn. 12) Die Landschaft soll jährlich 3 Amtsleute aus ihnen erwählen, die Urbarzinse und Gilten treulich einbringen sollen zu St. Waldburgen Tag.

Nebst diesem enthält der Landbrief, und bestättiget den Befehl Erzbischofs Ort   ; Salzburg am St. Bartholomäi Abend Ao. 1354.

„Ein Pfleger soll richten um alles Geld, so das Urbar nicht betrift, um Haar rauffen, Schelten mit verbothenen Worten, Schwert zucken, Wunden, genis-

hochfürstl. Gnaden, 2) der Bischof zu Chiemsee, 3) der Graf von Taxis, 4) die Augustiner zu Rattenberg, und 5) die Pfarrer und Vikarien meistens nur ein Dritttheil: kleiner wird keiner gegeben. Die Erhebungsart hängt von der Willkühr des Zehendempfängers ab; aber nicht die Abänderung von einer in die andere Art, z. B. in Sackzehend ꝛc.

Grundherrschaften sind in beyden Gerichten 43; aber darunter viele sehr unbeträchtlich.

Das Heimwehe (die Heimsucht) eine gewöhnliche Krankheit der Gebirgsbewohner ist dem Zillerthaler in einem hohen Grade eigen, worin die Eigenheit in Kost, Kleidung, und Lebensart Ursache ist. Nichts ist übrigens auffallender, als die charakteristische Verschiedenheit dieser

A a a 2　　　　　Gebirgs-

fig oder ungenissig, Lem, Pfeil, Todschlag, triff rechten falsch, und Nachtetze mit Gefährd, und wer den den andern sein Vieh todt schlägt, oder einen Fuß abschlägt, und was rechter Frefel ist.

Aber bis anderer Herren Leuten soll der Pfleger oder sein Richter alle Sachen richten.

Ein Propst soll richten

An das Erb. Ueberbauen. Ueberzäunen. Uebermähen. Uebermaißen. Wer auch ein Markstein ausbricht oder aufsteckt, Zaunrecht, oder wer die Viehbrücht kehrt ab dem Urbar, oder dem andern sein Holz breunt oder niederschlägt, oder wer den Wehren beym Wasser nicht wehrt, und um Anlait.

Inhalt des alten Urbars.

Man fragt (hier werden die Special-Fälle vorgetragen) spricht man recht (hier folgt die Verhaltuugsregel) Die Special Fälle sind wegen Bestand-Veräußerung der Güter. Abschleipfen. Ueberfehren. Anboth beym kaufen. Verboth Holz zu verkaufen aus den eignen Hölzern.

Gebirgsbewohner unter sich selbst. Der Tuxer ist der roheste, und von jeder Art ländlichen Luxus der entfernteste; hingegen auch der arbeitsamste, stärkste, und unverdorbenste. Der Zillerthaler ist mehr verfeinert: seine Brust ist geschlossen, seine Hosen sind von Leder, sein Brustfleck mit Borden besetzt; dagegen ist er ärmer, tückischer, und weichlicher; worin ihn aber noch der Lügner, besonders in seinem größeren Hange nach Andächtelen, übertrifft. Ein Beweis von dem Spottgeiste, der hier zu Hause ist, mag das seyn, daß beynahe jede Familie ihren eigenen Spottnahmen hat. Das Verklagen, oder Ansagen bey Gerichte ist aber allgemein unter der Würde des Zillerthalers.

Der Tanz ist seine Lieblings-Leidenschaft; er ist insgemein sehr wohllüstig, auf engen Plätzen, wo es an Rippenstößen nicht fehlt. Der grobe Tuxer-Tanz war noch vor Kurzem der beliebteste. Uebermäßiges Saufen, und Raufhändel werden immer seltener: letztere waren stäts von grausamer, barbarischer Art: man fuhr mit den Köpfen gegen einander wie grimmige Stiere, und ohne Blut und gefährliche Wunden lief es selten ab. Jede Rauferey beginnt beynahe immer mit Stichreden, Geld zählen, Häckeln, oder Ziehen an den mittleren Fingern, und endet mit blutigen Handgemengen. Die Wildschützen vermindern sich itzt aus Furcht vor dem Soldatenstande, wovon der Gebirgsbewohner nicht so sehr aus Feigheit, als aus Furcht vor Mangel der geliebten, gewohnten Schmalzkost ein abgesagter Feind ist. Spielen und Pferderennen hat beynahe ganz aufgehört.

Die Kleidung des Zillerthalers ist seinen Bergarbeiten ganz angemessen, und besteht größtentheils aus eigenen Produkten von Flachs und Wolle. Die Männer tragen weite Beinkleider mit Hosenträgern ganz locker um den Leib, welche sie Gesäß oder Birghosen nennen, und kurze weite Röcke von Loden. Der Hals ist bloß, oder mit einem schwarzen Flore oder Tuche ganz locker umwunden: nichts hindert den freyen Umlauf des Geblütes. Die meisten tragen breite lederne B..... um den Leib. Das Weibsvolk hat kurze Röcke, die aber rückwärts bis auf die Schultern aufgezogen sind. Die Brustflecke sind kurz, und oben, wahr oder falsch, sehr stark gefüttert. Die körperliche Bildung beyder Geschlechter ist überhaupt schön,

nervicht,

nervicht, und von Gesundheit strotzend. Ihre gewöhnlichsten Speisen sind Gerstenmus, Erdäpfel, gedörrte Steckrüben, Türkenkoch, oder Mus von türkischem Weitzen:
Jute, oder Molke ist ihre gewöhnliche Zuspeise; sie nennen dieß Zujauf. Käse wird mehr als Brod gegessen;
denn letzteres ist sehr schlecht; und viel vom Gerstenmehle.
Magschaden, oder Kuchen von Mohnsamen, Honig und
Milchrahm sind ihre Leckerbissen. Das Kauen des weichen
Peches von Fichten ist eine gemeine Sitte, wodurch die blen-
dendweißen Zähne vieler Zillerthaler erhalten werden. Aber
noch häufiger und beliebter ist das Tabakkauen: Männer kauen oft in einer Woche eine halbe Rolle Tabak, und
es gibt Knechte, welche ihren Jahrlohn damit versplittern.
Augsburg schickt dem Zillerthaler Aelpler diese übelriechen-
de Waare zu; und Zillerthal allein nimmt dem Kaufman-
ne Delafont, und einem gewissen Krämmer, der im Bür-
gerspitale zu Zell   hnet, jährlich gegen 150 Centner Kau-
tabak ab, wovon t   Centner zwischen 10 und 12 fl. kostet,
welches eine Summe   1800 fl. jährlich für Zillerthal
allein ausmacht *).

Die Aussprache der Ziller er ist etwas hart, und
energisch; aber dabey singend: t   sten Endungen gehen bey ihnen in al, ar, und e   ; z. B. Miedal,
Miral (Anna Maria) Joral (Gregor) Biglar (Schenkel) Ugle (Ursula); in Tux besonders ist diese Art von
Verkleinerung sehr gewöhnlich, z. B. Josle für Joseph;
und es ist wirklich lächerlich, wenn man einen baumstarken
Kerl darüber weheklagen hört, daß ihm seine Armelar
(Arme) schmerzen. **).

Der

*) Im Pinzgau und Brixenthale, auch im nahen Tyrol
herrscht diese Gewohnheit ebenfalls; doch nimmt sie allmählig ab, da ehedem jeder kleine Bube schon seine Ros-
idtel haben mußte.

**) Folgendes ist ein Zillerthalerisches Gassengeher-Lied:

Der Abentheurer bin ich's genannt,
Zeug den Fürsten durch's Kaiserliche Land,
Den oan Berg auf den oan Berg wieder,

Das

Der Zillerthaler hat auch seine eigenen Gewohn-
heiten. Die merkwürdigsten sind die Cerimonien bey
Hochzeiten. Die Rangordnung bey dem Kirchgange der
Brautleute ist folgende: 1) die Junggesellen, 2) die Män-
telträger, das ist, diejenigen, welche die Beyständer der
Braut sind, 3) die Jungfrauen, 4) der Bräutigam mit
dem Hochzeitlader, welcher eine brennende Kerze trägt,
5) die Männer, 6) die Braut vom Wirthe geführt, 7)
die Altmutter mit einer Kerze, 8) die Weiber. Der Bräutigam geht wie ein armer Sünder mit gefalteten Händen,
um welche ein Rosenkranz gewunden ist, untergeschlagenen
Augen, und mit einem Kranze auf dem Kopfe einher, und
darf

Das Bettelbrod verkauf i wieder,
Aft roas i über a kühls Tau,
Begegnet mir a wunderschöne Jungfrau,
Die wunderschöne Jungfrau ganz auserwählt.
Die dir ach ganz wohl gefällt;
Sie will a mein Voterns Garten,
Blümler und Rößler thun sein;
So viel mehr an Madler Madlen thut mahen,
So viel a Samerin Körnlen thut saan,
So viel Fischler on Wasserlein thän fliesen,
So oft und vielmahl laßt sie di grüßen,
Von Brüder und Schwester,
Von Aenel und von Anel,
Schüssel voll Planel
Von Stuhl und Bank
Slaperlens Dienel,
Wär do seyn Enl.
Kum i her von Zelle,
Ists Wetter schön und helle,
Aft steigs ich holt aufi
Nach den Schroad,
Und sieh ein Hafen voll Koath,
Und an Löffel dabey
Dinal mögstu nöt kostn,
Obs g'salzen sey.

darf den ganzen Tag über nicht lustig seyn. Den Tanz
im Wirthshause beginnen die Braut und der Bräutigam,
dann folget der Altertanz, des Altvaters mit der Altmutter. Hierauf ist der Mantelträger-Tanz, wobey
diese, die Hände mit dem Hute bedeckt, um die Braut und
Altmutter umher hüpfen, und erstere plötzlich gefangen
nehmen, worauf sie der Bräutigam wieder loskaufen muß.
Nach vollendeter Hochzeit ist der Dank, womit der Hochzeitlader der Gesellschaft für ihre Gegenwart danket, und
die etwa eingeschlichenen Fehler entschuldiget.

Die Wöchnerinnen werden mit einer Menge abergläubischer Possen gequält, sie müssen beynahe Tag und
Nacht fort essen. Täglich geht ein Weib dreymahl mit einer brennenden Kerze um ihre Bettstätte herum, und bleibt
in der Mitte stehen, worauf die Anwesenden immer die Kerze
auslöschen müssen. Der Glaube an Hexerey, Gespenster,
Schatzgräberkünste, und den dazu gehörigen Unsinn ist hier
sehr stark und ausgebreitet. Das im Pinzgau gewöhnliche
Berchtenlaufen ist hier ebenfalls üblich. So wie des
Aelplers Gnomon (Uhr) bey Tag und Nacht der gestirnte
Himmel, und die Bergspitzen sind; so hat er sich auch seine eigene Zählungsart erfunden. Ein — bedeutet 30,
○ einen Gulden, ⊕ 100 Gulden (oder Rateln), ∧
50 Gulden, × bedeutet zehen; diese Zeichen setzt er zusammen, und bedient sich derselben als Ziffern. Man rechnet
übrigens gewöhnlich nach Pfunden; das Pfund ist so viel
als vier Groschen, so daß etwas, was 48 Kr. kostet, auf
4 Pfunde berechnet wird. Maß und Gewicht sind Salzburgisch; die Preise der Lebensmittel aber richten sich nach
dem nahen Tyrol.

Ertrágniß im Allgemeinen.

Da der Zillerthaler eben so arbeitsam und unermüdet,
als erfinderisch ist, jeden Unfall von Seite der Witterung,
oder durch eine Ueberschwemmung (z. B. vermittelst des
auch in Tyrol gewöhnlichen Umwendens, Umstürzens des
Erdreichs) zu verbessern weiß, so wächst auch der Werth
der meisten Güter von Zeit zu Zeit. Der Ackerbau wird
hier ganz vorzüglich gut betrieben: auf den Ebenen wird
mit Pferden, wovon immer vier zugleich vor einen doppelten Pflug gespannet werden, geackert; wo man mit dem

Pfluge

Pfluge nicht arbeiten kann, z. B. auf den Bergabhän:
gen 2c. wird der Grund mit starken, schweren Hauen, oder
krummen Dreyzacken aufgelockert, hierauf die Erdschollen
(Retzer) zerschlagen, und dann wird gesäet, welche Verrich:
tung meistens das Weibsvolk über sich nimmt.

Man bauet hier Weitzen, Roggen, Gerste, Haber,
Heide, Türken (Mays, türkisches Korn, Zea Mays L.)
Flachs, Hanf, Erdäpfel, runde Rüben, Steckrüben,
Mohn, Bohnen, und Mangold (Beta cicla L., Biessen in
der Sprache des Zillerthalers, eine Art Zugemüse für
ihn).

Die Bestellung der Felder geschieht meistentheils so,
daß ein Theil mit Wintergetreide, ein Theil mit Sommer:
früchten angebauet, und 4 bis 5 Theile zur Gräserey benü:
tzet werden. Von Brache weiß man hier nichts. Wei:
tzen wird wenig, und meistens nur im Hauptthale, Rog:
gen etwas mehr; Gerste aber am häufigsten gebaut, indem
diese fast die einzige Speise des Zillerthalers ausmacht, ab:
wechselnd Klötze, und Mus vom Gerstenmehle. Haber
wird ebenfalls nicht viel mehr gebaut, als man etwa zur
eigenen Pferdezucht nöthig hat, die nicht sehr beträchtlich
ist. Der Mays wird am häufigsten in der Gegend von
Stumm und des nördlichen Zillerthales gebauet. Aber
der Mohn (Papav. somniferum L., hier Magn genannt)
wird überall sehr stark gebaut, und, wie die Erdäp:
fel, und der Hanf, wohl gedüngt. Der Mohn ist ein Le:
ckerbissen des Zillerthalers; das Gericht heißt ihm Mag:
schaden, und besteht aus Semmelschnitten in Milch, wor:
über Honig gegossen, und Mohnsame gestreut wird.

Die Fruchtbarkeit des Getreides ist hier sehr groß;
gewöhnlich 10 — 15 facher Same, von der Gerste sogar 19 —
20 facher. Die Ackerländer und Wiesen sind durchgehends
in Tagbaue abgetheilt, wovon einer so viel enthält, als
man mit 4 Pferden des Tages umackern, eggen, und be:
säen kann. Da es hier auf Stärke und Munterkeit der
Pferde, so wie auf Fleiß und Geschicklichkeit der Arbeiter
sehr viel ankommt, so sieht man leicht, daß das geometri:
sche Maß der Tagbaue hier nicht gleich seyn kann: es gibt
deren zu 55000 ☐ Schuh, und auch einige, welche mehr
als 70000 ☐ Schuh messen. Man säet im ersten Jahre
Weitzen

Weißen, im zweyten Roggen, und nach der Aernte Rüs
ben, im dritten Gerste, und dann wird das nämliche Feld
zwey Jahre auf Heu benützet, welches man Ebgart nes
net. Die Frucht wird mit Sicheln abgeschnitten, und
dann geschobert, oder auf hohen Haufen in der Luft ge=
trocknet. Man hat hier auch eine eigene Art zu dre=
schen. Das Werkzeug hierzu ist eine Walze von Ahorn=
holz, die Dremmel heißt, und am vorderen Ende ein
Loch hat, wodurch ein krummer Stab (nicht wie sonst der
Dreschflegel mit Riemen beweglich) gesteckt wird. Wenn
von dem Drescher jeder nach der Ordnung seinen eigenen
Streich führt, so wird das Bengeln; wenn aber nur die
Hälfte zugleich abwechselt, so daß ein 2/4 Tact daraus ent=
steht, so wird das Trotten genannt. Mehrere Bauern
zusammen besitzen eine Gemachmühle, worauf sie ihre
Frucht mahlen. Die Güter sind hier nicht so groß, als
in Pinzgau; dafür aber auch besser cultivirt *).

Nach dem Ackerbaue, oder in einigen Gegenden
auch vor diesem geht des Zillerthalers größte Sorge auf die
Viehzucht, welche sein Hauptnahrungszweig ist. Ochsen
sieht man wenige, weil der Feldbau mit Pferden bestellt
wird, und man für größeren Gewinn von Butter und
Schmalz besorgt ist. Das Vieh in den Winterställen wird
sehr unreinlich gehalten; weder dieß wird geputzt, noch
werden jene öfter als einmahl des Jahres ausgemistet, wo=
durch der Dünger zwar mehr Güte, und die Ställe mehr
Wärme erhalten; allein vielleicht auch dem Wuchse des
Viehes Abbruch gethan wird. Nach dem Rindviehe ziehen
die Pferde (die Tuxerischen waren einst wegen ihrer Grö=
ße und Stärke berühmt) und dann die Schafe, Ziegen,
und Schweine des Landmannes häusliches Besorgniß an
sich, aus denen nebst dem eigenen Bedürfniß auch
manches schöne Stück Geld erworben wird.

Nach

---

*) Man lese hierüber Hrn. von Molls Naturhistor. Brief.
II. B. S. 437 und folgende, wo auch die Vergleichung
des Gesindes eines großen Bauers im Pinzgau mit dem
Gesinde eines großen Bauers im Zillerthale angeführt
ist.

Nach einigen sehr genauen Berechnungen übertrifft der Activhandel des Zillerthalers dessen Passivhandel im Durchschnitte um mehr als 47600 fl. Der Zillerthaler verdient sich Geld, 1) durch Holzarbeit 10000 fl. von 100000 Klaftern, an Tyrol, das nach Verträgen das bearbeitete Holz ausführt; 2) durch den Bergbau, von 30 Mark Goldes, 3) durch Verkauf des Hornviehes, der Pferde, Kälber, Schweine, und des übrigen Kleinviehes, und der rohen Häute; durch erstere eine Summe von wenigstens 53800, durch letztere von 1500 Gulden, 4) durch Verkauf des Schmalzes, wovon jährlich gegen 2600 Centner, jeder zu 18 fl., also ein Werth von 46800 fl. ausgeführt werden; 5) durch Verkauf des Käses, obgleich die Hälfte im Lande selbst verbraucht wird, dennoch von ungefähr 1000 Centnern, 5000 fl. am Werthe, 6) an Oehl- und Mithridatwaaren; hiervon werden jährlich für 10000 fl. am Werthe durch ungefähr 250 Träger außer Landes getragen, welches, ein Drittheil für Gläser und Materialwaaren abgerechnet, eine Summe von 7000 fl. abwirft, 7) durch Wurzengraben, und Branntweinbrennen (gegen 60 Familien nähren sich damit, und bringen, jede jährlich 50 bis 60 fl. Gewinnst aus Steyermark, Kärnthen, dem Venetianischen und Tridentinischen ꝛc. nach Hause, welches eine Summe von ungefähr 2400 fl. gibt. 8) durch Verkauf des Lodens, von ungefähr 500 fl., 9) des Leinöhles, von ungefähr 1200 fl., und 10) der Leinwand, auf 3200 fl. angeschlagen, so daß die Summe des Activhandels sich auf 124077 fl. beläuft. Dagegen wird 1) an Getreide und Hopfen für 33220 fl. 2) an Wein und Branntwein für 16000 3) Salz für 5700 4) Tabak für 12000 5) Eisen für 4540 fl. 6) Tuch und Zeugwaaren für 2000 7) übrigen Materialwaaren für 3000 fl. — also für eine Summe von 76460 fl. eingeführt, woraus sich das oben angeführte Resultat ergibt.

IV. Das Pfleg=und Landgericht Hopfgarten oder Ytter.

Hopfgarten.

Eine Seitengegend des Erzstiftes zwischen Pinzgau und dem Zillerthale gegen Tyrol. Es ist hier nur ein einziges Pfleggericht.

Dieses in dem sogenannten Brixenthale liegende Pfleggericht wird gegen Westen und Norden von Tyrol, dessen Gränzstadt Kitzbühel ihm sehr nahe liegt, gegen Süden von dem Erzstiftischen Zillerthale und gegen Osten von dem Pinzgau begränzt.

Es ist im J. 1380 durch Kauf an das Erzstift gekommen. Erzb. Pilgrim II. erkaufte nämlich von dem Bischofe Conrad, und dem Capitel zu Regensburg die Veste Ytter, den Thurn zu Engelsperg, und die Gült zu Partschins an der Etsch nebst allem Zugehörigen für 18000 ungarische Gulden auf Wiederkauf. Allein im J. 1385 traten Bischof Johann und sein Capitel zu Regensburg dieselben auf ewig, und unwiederruflich an das Erzstift ab. Partschins hat das Erzstift nachher wieder verkauft. Zu Ytter waren ehemahls 2 Beamte, ein Pfleger auf dem Schloße, und ein Propst; jener hatte die landgerichtlichen, dieser die Urbar=Geschäfte zu besorgen.

Dieses Pfleggericht wird in folgende 5 Kreutztrachten (Kirchspiele) abgetheilt: Ytter, Hopfgarten, Westendorf, Brixen, und Kirchberg: und diese Kreutztrachten wieder in Viertel, wovon Ytter nur eines, Hopfgarten 4, das Peningberger, Grafenweyer, Glandersberger, und Salfenberger Westendorf 4, das

Ebmer,

a

Ebiner, Wiedauer, Schwaiger, und Salfenberger, Brixen ebenfalls 4, das Hofer, Sonnberger, Buschschwendner, und Lauterbacher, endlich Kirchberg 2, das Sonnberger, und Spertner in sich begreifen.

Beamter ist ein hochfürstl. Pfleger, der zugleich Land- und Bergrichter, auch Ungelder im Brixenthale ist (itzt Hr. Andreas Lasser von Zollheim, des h. R. R. Ritter, Rath und Landmann) nebst dem untergeordneten Kanzley- und Gerichts-Personale.

Zu Kirchberg befindet sich ein Verwalter des dasigen Bergwerkes.

Geistliche sind hier 15, wovon aber nur der Vikar zu Ytter in den Salzburgischen, alle übrigen in den Chiemseeischen Kirchsprengel gehören.

1 — 2. Der Vikar zu Ytter nebst 1 Helfpriester, der auch zugleich Frühmesser ist,

3 — 6. der Vikar in Hopfgarten nebst einem Frühmesser und 2 Helfpriestern;

7 — 9. der Pfarrer zu Brixen nebst 2 Helfpriestern;

10 — 12. der Vikar zu Kirchberg, nebst 2 Helfpriestern;

13 — 14. der Vikar zu Westendorf, nebst dessen Helfpriester;

15 ein Beneficiat zu Aschau.

Schullehrer sind hier 5, zu Hopfgarten, Westendorf, Brixen, Kirchberg, und Ytter. Im ersten Orte versieht die Schule der Organist; in den übrigen der Meßner. (Nur zu Hopfgarten dauert sie das ganze Jahr, in den
übrigen

übrigen Orten nur den Winter über, zu welcher Zeit
auch an den Bergen zu Pening, Westendorf, Kelchs=
au und Sperten die Jugend meistens von Bauersleuten
unterrichtet wird. Zu Hopfgarten werden die Schüler
alle Monathe an einem Sonntage von ihrem Kateche=
ten, einem Coadjutor, öffentlich von der Kanzel geprü=
fet: der nämliche läßt sich auch sonst die Aufsicht über
die Schule sehr eifrig angelegen seyn.

Ortschaften sind in diesem Pfleggerichte

1) der Markt Hopfgarten.

Er ist der XII. in der Reihe der inländischen Märk=
te. Die Zahl der Bürger ist unbestimmt; indem keiner
sich einzukaufen verbunden ist, um dafür angesehen zu
seyn, und die bürgerlichen Freyheiten zu genießen. Dieser
Eingekauften, oder Bürger zählt man gegenwärtig 43.
Sie haben keinen Marktrichter; sondern stehen ganz unter
dem Pfleggerichte, welches die Rechnungen prüft, und be=
stätiget. Ihre Oberen sind der Ober = und Unterführer
nebst 6 Ausschüssen, einem Fleischschätzer, und Schmalz=
Abwäger, welche gewöhnlich nach dem Alter alle 2 Jahre
abgewechselt werden. Der Unterführer hat besonders das
Bürger = oder Landholz zu besorgen und zu verrechnen; das
übrige liegt dem Oberführer ob. Am Dienstage nach
Pfingsten wird die Bürgerrechnung gelegt, und mit einer
Mahlzeit gefeyert, wobey die 2 Führer und 6 Ausschüsse
nebst dem sich einkaufenden Bürger, auf dessen Kosten
(nach Verhältniß des Gewerbes von 15 bis 40 fl.) erschei=
nen. Diejenigen, welche im Markte oder Burgfrieden zur
Miethe wohnen, oder auch ein Haus, doch ohne Gewerb
besitzen, müssen der Bürgerschaft jährlich 60 Pfennige,
oder 15 Kreutzer bezahlen, und werden deßhalb 60pfen=
niger, d. i. Kleinhäusler genannt.

Die

Die Bürgerschaft genießt nur noch das einzige Vor-
recht, daß sie jedes Pfund Butterschmalz um 4 Kr. wohl-
feiler erhält, als es in Salzburg von der Stadtwage bezahlt wird, wohin jährlich nebst 40 Centnern Dienstschmalz
noch 90 Centner abgeliefert werden müssen. Die Alpenbe-
sitzer von Hopfgarten und Westendorf müssen jährlich 81
Centner 45 Pfund Butterschmalz an die Bürgerschaft für
gedachten Preis liefern. Die Bürgerschaft steckt an den 3
Freymärkten, zu Herbst- und Fasten-Ruperti, und am
Thomastage durch den Bürgerbothen ihre Freyheitsfahne
aus, und genießt noch von anderen 7 kleinen Märkten das
halbe Standgeld. Ferner hat sie einen eigenen Blumbesuch, nebst einer eigenen Waldung: von dem ersteren zie-
het sie den Graszins, vom Pferde 20, von der Kuh 15
und von dem Schweine 3 Kr.; endlich von den Strafen
der Graben- und Feuerbeschau zwey Drittel, wovon sie
aber die Beschaukosten allein trägt.

Hier ist 1) eine alte, ländliche Pfarrkirche zu den hh.
Jakob und Leonhard, nebst dem Pfarrhofe:

2) das hochfürstl. Pfleghaus von 3 Geschoßen und
ganz gemeiner Bauart. Hier sind die Registraturen, und
die Wohnung des Pflegers. Es wird nun aber ehestens
ganz neu aufgeführt werden.

Gewerbe sind in diesem Markte folgende: 6 Wirthe,
2 Großkrämmer, 3 Kleinkrämmer, 3 Bäcker, 2 Bierbrauer, 1 Bier-und Branntweinzapfler, 1 Bader, 2 Metzger, 1 Lederer, 1 Weißgerber, 1 Kirschner, 1 Tischler,
1 Seilerer, 2 Sattler, 1 Maurermeister, 1 Kupferschmied,
1 Huterer, 1 Glaserer, 1 Schloßer, 2 Schmiede, (worunter die Johann-Angerischen Erben zugleich Sensen-
schmiede sind), 2 Maulhmüller, 1 Nagelschmied, 1 Färber.   Das

Das Wappen dieses Marktes enthält den h. Leonhard mit einer Kette in der Hand im silbernen Felde.

2) Folgende Dörfer, Ytter, Westendorf, Brixen, Kirchberg, Schwendt, Pening, Pesendorf, Kelchsau, Feichten, Holzham, Hof, Lauterbach, Pockern, Spertendorf, und Klausen.

In diesen sind behauste Höfe, mit 355 Anschlägen.

in der Kreuztracht Ytter	43
— — — — Hopfgarten	189
— — — — Westendorf	153
— — — — Brixen	53
— — — — Kirchberg	93½
	531½

und Kleinhäuschen

im Burgfrieden Ytter	5
— — — Hopfgarten	41
in der Kreuztracht Hopfgarten	63
— — — — Westendorf	53
— — — — Brixen	63
— — — — Kirchberg	82
	307

Ueberhaupt zählt man im ganzen Pfleggerichte 5089½ Tagbaue.

In allen diesen Kreuztrachten werden außer den obengenannten des Marktes Hopfgarten noch folgende Gewerbe ausgeübet:

Im

Im Burgfrieden Ytter sind. 2 Mauthmüller, 1 Sägeschmied, 1 Schmied, 2 Wirthe, 1 Schneider.

In der Kreutztracht Hopfgarten 6 Mauthmüller, 3 Sägemüller, 1 Walkmüller, 1 Wirth, 6 Schneider, 6 Schuster, 8 Weber.

In der Kreutztracht Westendorf 6 Mauthmüller, 1 Sägemüller, 1 Lederer, 2 Schmiede, 2 Wirthe, 2 Bier- und Branntweinzapfler, 3 Krämmer, 1 Bader, 2 Schneider, 1 Schuster, 1 Tischler, 1 Wagner, 4 Weber.

In der Kreutztracht Brixen 6 Mauthmüller, 3 Sägemüller, 2 Lederer, 3 Wirthe, 2 Schmiede, 1 Bier- und Branntweinzapfler, 4 Krämmer, 1 Bader, 3 Schneider, 2 Schuster, 4 Weber.

In der Kreutztracht Kirchberg 6 Mauthmüller, 2 Sägemüller, 4 Wirthe, 1 Bierbrauer und Weinwirth, 1 Bader, 3 Krämmer, 3 Schmiede, 1 Schlosser, 1 Metzger, 2 Bäcker, 2 Faßbinder, 3 Hafner, 1 Kupferschmied, 4 Schneider, 3 Schuster, 1 Tischler, 1 Wagner, 5 Weber.

Kirchen sind nebst der im Märkte Hopfgarten

1) zum h. Peter zu Ytter

2) zum h. Niklas zu Westendorf

3) zum h. Martin zu Brixen

4) zum h. Ulrich zu Kirchberg

5) zum h. Kreutz zu Aschau

8) zum h. Johann B. auf der hohen Salfen

in allen 7 Kirchen.

Alte

Alte Schlösser befinden sich in diesem Bezirke zwey, das Schloß Engelsberg, welches die rebellischen Pinzgauer im 16ten Jahrhundert zerstörten *), und wovon nur noch Ruinen vorhanden sind, und das Schloß Ytter, wo sich der pfleggerichtliche Getreidkasten befindet, und welcher ebenfalls sehr baufällig ist. Hier wohnen der hochfürstl. Oberjäger und Unterwaldmeister und der Meßner von Ytter.

Die Volkszahl des ganzen Pfleggerichts beläuft sich auf 6352 Seelen, nach folgendem Verzeichniß

	Comm.	Nichtcomm.
In Vikariat Ytter	370	58
— — — Hopfgarten	1920	290
— — — Westendorf	1083	221
— — — Brixen	786	131
— — — Kirchberg, wohin auch Aschau eingepfarrt ist	1359	134
	6352	

Da unter diese Zahl vermuthlich auch einige ausländisch Eingepfarrte gezählet sind, so kann man zu Folge eines gerichtlichen Verzeichnißes die ganze inländische Volkszahl auf 5705 zuverläßig annehmen.

Daß es in diesem gebirgigen Lande an hohen Gebirgen nicht ermangle, läßt sich denken. Die vorzüglichsten sind die Berge Brunnalpe, Foissenkarr und Götsche, welche Kupfer und Silber in ihrem Schose verbergen.

Kirch-

---

*) S. Beschreibung von Salzburg II. B. S. 52.

Kirchberg, ein Dorf im Brixenthale, das von dem Ty-rolischen Bergstädtchen Kitzbühel nur eine Stunde entfernt ist, leiht den Nahmen einem Kupferbergwerke, das nur erst Hoffnung zu einer künftigen reichen Ausbeute gibt. Man sieht hier die Ruinen einer Schmelzhütte, welche einst den Gewerken, worunter die Herren von Werthi waren, zugehört hatte; aber vor etlichen und 30 Jahren abgebrannt, und seitdem nicht wieder aufgebauet wor-den ist. Im Thale selbst sieht man noch die Spuren sehr vieler aufgelassener Bergwerke, deren Ausbeute in Kupfer, Silber und Bley bestand, und die sich erst gegen die Hälfte dieses Jahrhunderts, aus Unwissenheit oder Trägheit der Ge-werke, verloren hat. Es sind nun erst ungefähr 12 Jahre, seit dem man wieder auf den Entschluß kam, die Bergwerke des Brixenthales zu bauen. Auf den ebengenannten 3 Bergen lebte der Bergbau seitdem wirklich auf. Die Brunnalpe ist ein hohes Gebirge gegen Osten des Sperten-Thales, in welchem man vor ungefähr 40 Jahren noch 300 Berghalden zählte, welche itzt zu Rasenhügeln verwachsen sind. Man baut auf einem gar nicht steilen Abhange, eine Meile von Kirchberg, einen der niedrigsten und tiefsten Stollen, durch dessen Aufgewältigung man hinterlassene Erze zu erschrot-ten, und das Wasser der höheren Stollen zu lösen hoffet. Die Erze brechen hier in Lagern von gemeinem Kalkstein, und Kalkspat, worin Kupferfahlerz, mit Kupfergrün und Kupferblau, am häufigsten; Kupferkies aber, spätiger Ei-senstein, und Zinnober seltner zum Vorscheine kommen. Der Centner Fahlerz enthält 5 bis 7 Loth Silber. Foist senkarr ist ein Gebirge auf der Westseite des Sperten-Thales, 2 Stunden von Kirchberg gegen Süden. Das alte Bergwerk ist in der mittleren Höhe desselben: itzt be-treibt man hier einen Schürstollen, um die über Tage aus-

chenden

brechenden Erzlager abzukreutzen, und dann auszulängen.
Im J. 1785 wurde auch ein neuer Erbstollen angefangen,
um die alten Gruben zu untertäufen. Quarz ist die Stein-
art der Erzlager, und die Erze sind Kupfer und etwas
Schwefelkies. Die Götsche liegt auf der Südseite des
Brixenthales, eine Stunde von Kirchberg westlich, unweit
von der Kirche zu Brixen. Man kreutzet nun hier Theils
die alten Erzlager ab; Theils verfolgt man sie weiter ins
Feld. Gebirgs-Gang-und Erzarten sind die nämlichen,
wie im Foissenkarrer Bergwerke: hier hat man sich bereits
in den Besitz einiger Erze gesetzt, und hoffet noch weitere
Fortschritte zu machen. Indessen sind noch keine Poch-und
Waschwerke hier, weil die Hoffnung noch immer den Ge-
winn übertrifft. Das k. k. Bergwerksdirectorium zu
Schwaz in Tyrol steht bey diesen Bergwerken zum vierten
Theile mit dem Erzstifte in Gesellschaft.

Die hohe Salfe, oder der Salfenberg ein sehr
steiler Berg, der sich nahe am Markte Hopfgarten erhebt,
verdient nicht minder angeführt zu werden. Bis auf 1 1/2
Stunden Höhe ist er mit Lehen und Bauernhöfen besetzt.
Dann beginnt das sogenannte Kälbelgebirge, wohin man
nach einer kleinen Stunde emporkommt, und auf dessen
Gipfel das Vieh weidet. Dieser Gipfel heißt eigentlich die
hohe Salfe. Hier steht auf einer schönen Ebene eine
kleine Wallfahrtskirche zum h. Johann dem Taufer mit einem sogenannten Herrenhause, eine Wohnung für den Hüter, der zugleich Frätschler ist, und die Sommerzeit hier
zubringt, ein großes Wetterkreuz, und ein Blitzstrahlablei-
ter, so daß dem Donner geistliche und weltliche Mittel zugleich Trotz biethen. Letzteren hat Hr. Meyrle voriger Dechant zu St. Johanns in Tyrol errichtet. Die Kirche
selbst ist aus einer hölzernen Hütte, welche zwey Mahle der

Blitz-

Blitzstrahl verzehrt hatte, zu einem genauerten Gebäude erhoben, und von einem Chiemseer Bischofe feyerlich eingeweihet worden. Die Wallfahrter haben gar bald so reichlich geopfert, daß man nun vom Dreyeinigkeits-Sonntage bis Ende Octobers alle Samstage eine Messe lesen kann, welche Verrichtung dem Cooperator zu Brixen obliegt, und daß selbst der neue Kirchenbau zu Brixen dadurch unterstützet werden konnte. An den Hauptfesten, als der Enthauptung des h. Johannes, und des h. Bartholomä, wallen die diesgerichtlichen Einwohner, so wie die Tyroler aus der benachbarten Pfarre Söll in großer Menge hierher. Der Kälberhüter hat gegen eine gewisse Ungeldsabgabe Erlaubniß Bier und Branntwein zu schenken, und Brod, Meth, Früchte, Würste u. dgl. werden in Menge verkauft, so daß es die Gestalt eines Marktes hat. Die ganze Andacht endigt sich insgemein mit Raufhändeln zwischen den beyderley Nachbarn, worauf man gewöhnlich schon zum Voraus gefaßt ist. Die Söller Melker, insgemein Söllländer genannt, erscheinen mit ihren von Koty und Schmuß ganz schwarzen Hemden, welche sie manches Mahl sogar mit Goldspitzen zieren. Die Aussicht von dieser Bergspitze ist über allen Ausdruck reitzend: das Auge verliert sich in den Flächen des fernen Bayerns, in den Krümmungen des schönen Innthales, und in den fruchtbaren Bergen des Brixenthales.

Wälder sind hier sehr viele: sie enthalten Fichten, Tannen, Büchen, Erlen, mittelmäßige Eichen, in geringer Anzahl, einige Zirme. Man zählt in allen 81 hochfürstl. Freywälder, welche nach einer Beschreibung von 1779 im brauchbaren und Hoffnungszustande (von 20 bis 90 Jahren) 9070 Pfannen Holzes enthalten. Die Jagdbarkeit ist hochfürstlich: diese wird von 3 Jägern besorgt, wovon

wovon jeder einen Knecht hat. Das Wildpret wird nach Salzburg geschickt.

Alpen sind auf der hohen Salfe 5 für Melkvieh, oder Kühe, und 3 für Kälber, oder Galtvieh; im kurzen Grunde sind für die ersteren 9, u. eine Pferdeweide, die dem Landesherrn zugehört, und wozu 6 Viertel von der Kuffsteiner Herrschaft berechtiget sind: der Inländer zahlt für 1 Pferd 3, und der Ausländer 4 Kr. Graszins. Im langen Grunde sind 20 dießgerichtliche Küh-und 1 Galtvieh-Alpe, ferner 9 ausländische; im Windauer Grunde 21 dießgerichtliche Küh-und 2 Galtvieh-Alpen; in der Brixner Kreußtracht 3, und im Spertner Grunde 24 Kühalpen. Alle diese Alpen enthalten 5817 inländische, und 16 ausländische Küh-und 184 Galtvieh-Gräser. Der Viehstand ist demnach sehr beträchtlich. Man zählt gewöhnlich vom Hornviehe über Winter 8267, und im Sommer 1510 Stücke, vom Klo- oder Kleinviehe über Winter 4458, im Sommer 431, vom Pferden 366 Stücke.

In diesem Bezirke gibt es keine Flüsse, wohl aber sehr reißende Wildbäche, welche bey langen Regengüssen, oder plötzlichem Aufthauen sehr zerstörend sind: sie führen alle den Nahmen Achen, z. B. Spertner, Brixenthaler, Windauer, Kelchsauer ꝛc. Ache. Die Fischerey ist landesherrlich und an die Jäger verpachtet.

Strasse ist hier nur eine einzige durch das Brixenthal, welche von Wergl in Tyrol nach Kitzbühel ins östlichere Tyrol führt. Ihre Unterhaltung liegt den Gemeinden ob. Das nach Tyrol ausgeführte Schmalz, und Vieh, wozu die Unterthanen Pässe von hoher Stelle erhalten, wird Theils bey dem Pfleggerichte zu Hopfgarten, Theils zu Kirchberg, wo ein Schrankbaum sich befindet, und worüber

worüber der dortige Amtmann die Aufsicht hat, vermau-
thet.

Die Mauthabgabe ist, wie folgt:	fl.	kr.
Vom Centner Kau- und Rauchtabak	2	—
— — (hierzu Almosengeld)	—	30
— — ausgelassenem Schmalz	—	12
— — Butterschmalz	—	10
von 1 Pferd	—	45
— Kuh sammt Kalb	—	9
— ordin. Rind	—	7
— Schwein	—	7
— Kalb, Schaf, Lamm, Geiße	—	2

Was aber in das Erzstift verkauft wird, hiervon wird von		
1 Pferde	—	5
— Rinde	—	5
— Schweine	—	5
— Kalbe, Schafe ꝛc.	—	1 1/2

bezahlt. Die Schmalzmauth betrug noch vor Kurzem im
Durchschnitte über 200 und die Viehmauth gegen 160 fl.
jährlich. Tyrolische Zollämter befinden sich zu Einöden
am Eingange ins Brixenthal eine halbe Stunde von Hopfgarten gegen Wergl, u. zu Klausenbach am Ausgange desselben
gegen Kitzbühel eine halbe Stunde vom Dorfe Kirchberg.

Das hiesige Volk ist im Allgemeinen dem angränzenden Tyrolischen sehr ähnlich. Die Leute beyderley Geschlechts sind von starkem, aber meistentheils wohlgeord-
netem Gliederbaue, und gesund, wozu das frische Wasser,
und die stäts von Norden gegen Süden bewegliche rauhe
Luft sehr viel beytragen. Man hört höchst selten von einer
Seuche unter Menschen oder Vieh. Ihr Anzug ist ganz
einfach

einfach: loderne Röcke, und wollene Strümpfe (hier Beinhosen genannt) werden von Männern und Weibern getragen; letztere sind fast bis zur Hälfte in Falten gelegt, so
daß sie ausgedehnt mehr als ein Klafter lang sind, und
ungefähr 1 bis 1 1/2 Pfund Wolle brauchen. Ihre Kost
ist schlecht, Käse ihre gewöhnliche Speise. Schmalz, welches der Brixenthaler sich, so zu sagen, vom Munde er-
spart, und Vieh sind ihre einzigen Erwerbe, wodurch sie
sich in den Stand setzen, ihre Abgaben zu bestreiten. Das
ganze Volk ist übrigens sehr gut katholisch, und freygebig
in milden Stiftungen. Der Chiemseeische Kirchsprengel ge-
stattet ihm Ruhe an abgebrachten Feyertagen, und das
heißt hier andächtiger seyn, als die erzstiftische Nachbarschaft. Zu Raufhändeln ist die junge Mannschaft
sehr geneigt: nur hält sie die Furcht vor dem Soldatenstande etwas im Zaume. Ohne Zeugen ist es unsicher,
Käufe zu schließen, besonders da die meisten bey dem Trun-
ke verhandelt werden. Unter den Bauern findet man viele
natürlich-vernünftige Köpfe. Die gewöhnlichen Spiele
sind Kartenspiele und Kegelschieben; die einzige Belustigung
der Tanz. Der Junge, welcher auf das Gäßchen geht,
welches auch hier sehr im Schwunge ist, bringt seinem Lieb-
chen Branntewein, das Lieblingsgetränke dieses Landes.
Tanzlieder sind nicht sehr gewöhnlich: dafür hört man in
den Wirthshäusern Wildschützenlieder, und in den Häusern
und Kirchen einige selbstverfertigte, höchst alberne Mutter-
Gottes-Gesänge. Die Sprechart ist langsam, nicht so
gut, wie die der Zillerthaler, aber besser als die der Pinzgauer und Pangauer. Die letzte Sylbe geht gewöhnlich
auf a aus, z. B. anstatt Windau, Erlach — Windā
Erlā ꝛc. Die kleinen Buben heißen Poder und die Mädchen Melzen; das Pfleghaus Mußhaus.

Bey

Bey Hochzeiten läßt sich jedes der beyden Brautleute von einem Geistlichen, dem ein Kranz um den Arm
gebunden ist, in die Kirche begleiten. Bey Begräb-
nissen wird in der Kirche zum Opfer gegangen. War der
Verstorbene ein vermöglicher Gutsbesitzer, so werden 1 Maß
Wein, für 8 Kr. Brod, und auf einer Schüssel Butter,
Mehl und Eyer zum Troste des verzehrenden Geistlichen
auf den Altar geopfert; außer dem nur Wein und Brod,
welches man Weiset nennet; so wie überhaupt der alte
Unfug mit dem Palmesel, und seines Gleichen noch immer
fleißig fortgetrieben wird. Bey Inventur ist es ein Herkommen, daß der überlebende Theil zweyer Eheleute das beste
Gewand des Verstorbenen nebst dessen Bette als Bräut-
gewand beziehet. Das Tabackkauen ist seit 30 Jahren
ebenfalls hier eingeführt; man kann annehmen, daß ein
Knecht für diesen sowohl als den Rauchtaback jährlich 10 fl.
Ausgabe hat, wodurch also die Liedlohne um ein Beträchtliches gestiegen sind. Alle Belehrung von Seite der Obrigkeit wider diesen verderblichen Mißbrauch hat nichts gefruch-
tet.

Der Ackerbau wird zum größten Theile mit Pferden
betrieben; in den höheren Gegenden spannen sich Menschen vor den Pflug. Die Getreidarten sind Roggen, Weitzen, Haber, etwas Gerste, Bohnen, Erbsen, Rüben,
Flachs sehr wenig, Hanf noch weniger. Das Meiste genügt bloß zur eigenen Hausnothdurft. Obst gibt es hier
viel, und beynahe alle Gattungen desselben. Man zählt
hier 12 inländische, und 17 ausländische Grundherrschaften. Uebrigens gibt es hier noch eine Art von Leibeigenschaft, womit es folgende Beschaffenheit hat. Als die rebellischen Pinzgauer das hiesige Schloß Engelsberg zerstörten, befanden sich 72 Hopfgartner Bauern unter ihnen

nen, welche sammt ihren Nachkömmlingen zur Strafe mit Leibzinsen belegt, und Leibzinser genannt wurden. Die Beschreibung davon, vom J. 1715, lautet, wie folgt: „Wann und so oft von denen Leibzinsern in den ehelichen oder unehelichen Stande ein Sohn erzeugt wird, müssen selbige neben Erlegung 3 Kreutzer für jeden Sohn alsobald angesagt, und eingeschrieben werden; den Leibzins aber sind dergleichen Söhne erst mit 25 jährigen Alter, oder wann sie sich eher verheurathen, oder sonst ein eigenes Hauswesen führen, zu bezahlen schuldig. Wann ein Leib-zinser verstirbt, so hat die hochfürstl. Salzburgische Pflege Ytter ein Todfall-Rind (welches das nächste nach dem besten seyn soll) zu ziehen, oder hiefür das Geld abzufor-dern: wann aber ein dergleichen Leibzinser ein hofurbarisches Gut inne gehabt, gebührt gemeldter Pfleg Ytter wiederum absonderlich eines, also zwey Todfall-Rinder, von der Leibzinser erzeugenden Töchtern aber hat man weder eine Leibzinser, noch eine Todfall-Kuh zu prätendiren". Die gewöhnliche Schuldigkeit dieser 72 Leibzinser besteht also darin, daß sie jährlich am Leonardstage 2 Kr. Leibzins, und so oft ihnen ein Sohn gebohren wird, 3 Kr. Ein-schreibgeld bezahlen.

In Abgebung des Getränkes hat das Pfleggericht Yt-ter die Regensburger oder bayrische Mäßerey, welche das Verhältniß hat, daß 3 Salzburger Mäßl ein Ytterisches Maß geben.

Von dem Pfleggerichte müssen jährlich altem Herkom-men gemäß 7 Sperber nach Innsbruck geliefert werden, wo-für jeder der hiesigen 3 Unterwaldmeister (zu Ytter, Windau, und Kirchberg) 5 Metzen Roggen aus dem hochfürstl. Getreid-kasten erhält, welches man das Sperber-Getreid nennt.

Aus-

Auswärtige Herrschaften.

Unter dieser Benennung werden diejenigen innerösterreichischen Immediat-Herrschaften des Erzstiftes
verstanden, wovon das Erzstift zwar noch das Grund-
Eigenthum gerettet; aber die Landeshoheit verloren
hat. Ueber alle diese ist eine eigene, unmittelbar von dem
Landesherrn ernannte, und aus den ausländischen
Kassen besoldete Deputation aufgestellt, welche aus
dem Oberstkämmerer, dem Hofkanzler, einem Hofkammerrathe, und 3 oder 4 Kanzleyverwandten besteht.
Diese Deputation führt die Oberdirection im Kammeral-
Justiz-Polizey- und Kirchenwesen, so weit das letztere
den hochfürstlichen Besitzungen im Auslande nach Vog-
tey- und Patronats-Rechten zukommt. Die Behandlung dieser Geschäffte geschieht nach den besonderen Län-
der-Verfassungen, und die Einkünfte von den liegenden
Realitäten sowohl, als von den besonderen Rechten,
und Hoheiten werden zu den landesfürstlichen Steuer-
kassen nach dem Steuerfuße eines jeden Landes versteuert.

Der Geschäfftsgang ist der gewöhnliche ganz einfache.
Alles was von den auswärtigen Aemtern an die Deputation
gelangt, wird von dem Referenten gehörig erörtert, in
dem wöchentlich versammelten Rathe vorgetragen, die
Beschlüsse dem Landesfürsten zur Genehmigung vorge-
legt, und dann nach erfolgter höchster Entschließung
durch Dekrete weiter befördert. Der Referent, welcher
zugleich Rechnungs-Revisor ist, und nicht nur mit den
besonderen Länderverfassungen und Gesetzen, sondern
auch mit den einzelnen Verhältnissen des Locals, nebst
den Rechten und Hoheiten einer jeden Herrschaft genau
vertraut seyn muß, besorgt zugleich die Kanzleydirection,
die

die Registratur, das sämmtliche Kammeral-Steuer-
und Rechnungswesen, und die benöthigte Amts-Corre-
spondenz mit Hülfe des untergeordneten Kanzley-Per-
sonals. Da diese Besitzungen nicht zur inländischen
Ortsbeschreibung gehören, so beschreiben wir sie bloß
oberflächlich, und in so weit, als sie zur Landes-Sta-
tistik geeignet sind.

Die hochfürstl. unter die Direction dieser Deputation gehörigen Besitzungen und Herrschaften theilen
sich nach jenen Ländern, in welchen sie gelegen sind, in
3 Abtheilungen, in jene des Landes Kärnthen, in jene des Landes Steyermark, und in jene von Nieder-
österreich.

I. Besitzungen in Kärnthen.

Ueber die hochfürstl. Besitzungen in Kärnthen ist zu
Friesach ein eigenes *Vicedominat*, dessen Haupt gemeiniglich der von Sr. hochfürstl. Gnaden ernannte Fürst-
Bischof von Lavant ist, welcher auch Se. hochfürstl.
Gnaden als ersten geistlichen Landstand von Kärnthen
auf den Landtagen zu vertreten hat. Die Geschäffte des
Vizedom-Amtes aber, welches unter Direction dieser
Deputation die Oberaufsicht über die gesammten hochfürstl. kärnthnerischen Herrschaften und Besitzungen in
allen Geschäffts-Fächern zu führen hat, besorgt ein eigener Vizedom-Amts-Verweser, welcher zugleich
auch die Hauptkasse von allen kärnthnerischen Aemtern
unter Beyhülfe eines Kassirers, eines Registrators, und
eines Kanzellisten zu besorgen hat. Die unter die Oberaufsicht des Vizedom-Amtes gehörigen Kärnthnerischen
Herrschaften und Aemter sind folgende:

a) Die

a) Die zwey hochfürſtl. Städte Frieſach *) und St. Andre im Lavantthale.   Die erſtere iſt der Siz des Vizedom-Amtes; die letztere aber der Siz des Fürſt-Biſchofes von Lavant.

b) Die 4 Märkte — Althofen bey Frieſach, Guttaring, Hüttenberg, und Sachſenburg.

Die Städte ſowohl, als die Märkte haben ihre ordentlichen Magiſtrate, an deren Spitze jederzeit ein im politiſchen und Juſtiz-Fache geprüfter Syndikus ſtehen muß. —Die Stadt-und Markt-Richter, und die Magiſtratsglieder nebſt dem Syndikus werden von den Bürgerſchaften gewählet, und der erſtere und letztere jederzeit von dem Vizedom-Amte beſtätiget.   Auch ſind dieſe Städte und Märkte in allen Amts-und Gerichtsſachen, wie auch in ihrem Oekonomie-Weſen der Aufſicht der ſie betreffenden hochfürſtl. Aemter, und der Oberaufſicht des Vizedom-Amtes unterworfen.

Unter eben dieſes gehören auch nachſtehende Herrſchafts-Aemter, als

c) Das Hofkaſtenamt Frieſach, welchem der Vizedom-Amts-Kaſſirer als Hofkaſtner-vorſteht.   Die Hauptzweige dieſer ämtlichen Einkünfte ſind Geldgefälle von den Unterthanen, Getreidzehende, und einige Meyerſchafts-Erträgniſſe.   Die hierher gehörigen Unterthanen und Zehendholden ſind in Kärnthen und Steyermark allenthalben hin zerſtreut.

d) Das

---

*) Dieſe iſt die älteſte Stadt in Kärnthen; hatte einſt ein feſtes Schloß, welches im J. 1083 durch Erzbiſchof Gebhard neu erbaut wurde, und andere Befeſtigungen, wie auch ein hochfürſtliches Münzamt. Sie iſt im Jahre 1289 unter Erzbiſchofe Rudolph von des Herzogs Adalbert Truppen auf allen 4 Seiten angezündet, und eingeäſchert worden.

d) **Das Mauthamt Friesach.** Die Stelle des Mauthners besorgt zugleich der ebengenannte Hofkaſtner, und Kaſſirer mit Beyhülfe zweyer Mauth-Aufſeher. Dieſe Mauth iſt eine uralte Stücke-Mauth; mußte aber vor einiger Zeit mit Aufopferung von wenigſtens drey Viertheilen ihrer Einkünfte zu einer Viehmauth nicht ohne Beſchwerde des Erzſtiftes herabgeſetzt worden.

e) **Das Pflegamt Althofen.** Der Vizedom-Amtsverweſer zu Friesach iſt zugleich Pfleger zu Alt-hofen. Die Amtspflege ſelbſt aber nebſt dem dabey befindlichen groſſen Landgerichte beſorgt ein Pflegverwal-ter mit einem Amtſchreiber. Die Gefälle dieſes Amtes beſtehen in Geld- und Getreidabgaben der Unterthanen und in Getreidzehenden.

f) **Das Pflegamt Hüttenberg** *). Hier hatte das hohe Erzſtift von jeher die Jurisdiction im Bergwe-ſen, und einen eigenen Bergrichter, welcher die Gerichts-barkeit über die dießortigen Eiſenwerke ausübte. Die-ſer Bergrichter war zugleich Pflegverwalter der Herr-ſchaft Althaus zu Hüttenberg. Nun aber wird die gedachte Gerichtsbarkeit, nebſt einigen beträchtlichen Eiſenzinſungen, ob ſich gleich beyde auf uralte Gerecht-ſamen gründen, dem Erzſtifte mit Gewalt ſtreitig ge-macht. Die übrigen Gefälle dieſes Pflegamtes beſte-hen in unbeträchtlichen Meyerſchafts-Forſt- und einigen Getreid-Gefällen. Es hat noch ſeinen hochfürſtlichen Berggerichts- und Pflegverwalter.

g) **Das Pflegr.**

---

*) Hüttenberg iſt wegen ſeines Alters, und der vorzüglichen Güte des Eiſenbaues bekannt.

g) Das **Pflegamt Taggenbrunn** *). und **Landgericht Maria-Saal** **). Dieses Amt hat einen eigenen Pfleger und Landrichter, nebst einem Amts- und
Landgerichtsschreiber; wie auch einen eigenen Bannrich-
ter, welcher die gesammten hochfürstl. freyen Landgerichte in Criminalsachen vertritt.   Das hierher gehörige
Landgericht **Zool** ***) oder Saal ist eines der größten.
Auch werden aus den übrigen hochfürstlich-Kärntneri-
schen Landgerichten und Burgfrieden alle Criminalver-
brecher zum Bannrichteramte hierher geliefert.

Dazu gehört auch das hochfürstl. **Hofhaus** in
Klagenfurt, dessen unterer und mittlerer Theil dem
Vizedom und Vizedom-Amtsverweser, wie auch dem
Pfleger von Maria-Saal zum Absteigquartier einge-
räumt ist; der obere Theil dient zum Getreidkasten.
Die Einkünfte dieses Amtes bestehen größten Theils in
Getreid-

---

*) Das hochfürstliche feste Schloß Taggenbrunn nächst St.
Veit, wovon dieses Pflegamt den Nahmen führt, ist
erst vor wenigen Jahren ganz eingegangen.

**) In dem in diesem Landgerichte gelegenen Dorfe Plaß-
sendorf befinden sich noch die Nachkömmlinge des bekannten Bauers, welcher einst die Herzoge von Kärnthen auf dem steinernen Kaiserstuhle am Zoolfelde nächst
Maria-Saal einzusetzen pflegte.   Sie nennen sich noch
heutiges Tages auf dem Gute, das sie besitzen, Herzoge, genießen wirklich noch dieses Gut steuerfrey, und
zugleich auch das besondere Privilegium, einige Fu-
der Wein ganz frey aus Italien ins Kärnthen einzu-
führen.

***) Auf dem unweit Maria-Saal liegenden Zoolfelde soll
einst, wie es mehrere in älteren und neueren Zeiten
ausgegrabene Denkmähler, Statuen, Münzen, u. dgl.
wie auch die unter der Erde vielfältig entdeckten Ge-
wölbe zeugen — Tiburnia gestanden haben.

Getreidzehenden, zum Theile aber auch in einigen Geld=
und Getreid=, wie auch in einigen Landgerichtsgefällen.

h) Das Pflegamt St. Andre im Lavantthale
mit den Burgfrieden, und Aemtern Stein, Lichten=
berg, und Reysberg *). Der Sitz dieses Pflegamtes
ist in der hochfürstl. Stadt St. Andre, welche zugleich
desselben Inspection untergeordnet ist. Das Amt hat ei=
nen Pfleger, und zwey Amtsschreiber. Die vorzüglich=
sten Gefälle sind Geld= und Getreiddienste der Untertha=
nen, Getreid= und einige Weinzehende von Lavantthaler
Weinen, und die Forstgefälle von den großen zur Herr=
schaft Stein gehörigen Waldungen.

i) Das Pflegamt Sachsenburg in Oberkärnthen
Villacher Kreises, an der Drave zwischen Oberdrau=
burg, und Spital. Diese Herrschaft, und die
Burgfrieden Sachsenburg und Feldsberg versieht ein
Pflegverwalter mit einem Amtsschreiber. Der Markt=
flecken gleiches Nahmens steht unter der Inspection des
Pflegamtes. Die Gefälle derselben sind Meyerschaft=
und Unterthans = Geld= und Getreid=Einkünfte, auch
Zehend=Getreide.

k) Das Pflegamt Stall mit einem Landgerichte,
ebenfalls in Oberkärnthen, Villacher Kreises, liegt ganz
im Schose der höheren Gebirge, und wird von einem
Pflegverwalter, und einem Amtsschreiber versehen. Die
beträchtlichsten Einkünfte dieses Amtes sind Unterthans=
Zins= und Zehend=Getreide.

II. Be=

---

*) Die sehenswürdigen Ruinen von den 3 Schlössern dieses
Nahmens auf steilen Bergrücken, welche das gan=
ze schöne Lavantthal beherrschen, bezeugen noch die vor=
mahlige Größe des Erzamtes in Kärnthen, als es noch
die Landeshoheit in seinen Besitzungen ausübte.

II. Besitzungen in Steyermark.

a) **Landsberg** im Marburger Kreise an der Laß-
nitz, nordwärts gegen den Judenberger Kreis gelegen.
Das Herrschafts-Schloß liegt auf einer Anhöhe, ungefähr eine kleine halbe Stunde von dem Markte dieses
Nahmens, welcher unter der Inspection dieser Herrschaft steht. Dieser Herrschaft, und dem beträchtlichen
Landgerichte steht ein Administrator vor, welcher einen
Amtsschreiber, einen Kanzleyschreiber, und einen Prak-
tikanten zu Gehülfen hat. Die Zweige der Einkünfte sind Unterthans-Geld-Getreid-und Wein-Gefälle;
größten Theils aber bestehen dieselben in großen Ge-
treid-und-Weinzehenden.

b) **Sausahl** liegt in der Mitte eines mittelmäßig hohen Berges *), welcher größten Theils Weingebirge enthält. Das Amt besteht aus einem Bergrichter, und
einem Amtsschreiber. Die vorzüglichsten Gefälle sind
Zins-Bergrecht-und Zehendweine, auch einige Geld-
und Getreid-Gefälle.

c) **John-**

---

*) Dieser große Berg, auf welchen die Bergrechtsjurisdi-
ction dieses Amtes beschränkt ist, soll noch vor einem
Jahrhundert eitel Büchen-Waldung, und reich an
Wildschweinen gewesen seyn, von welchen auch die ganze Gegend noch den Nahmen behalten hat. Die äußerste Anhöhe dieses Berges gibt eine unbeschreiblich schöne
Aussicht in die rund umher gelegenen Thäler, und
Weingebirge, vorzüglich aber in die unübersehbare Ebene gegen Grätz, und nach der Muhr hinab gegen Un-
garn.

c) Johnstorf, und Bayrdorf**) in Obersteyermark, Judenburger Kreises.

Die Herrschaft Johnstorf liegt eine Stunde äu-
ßerhalb Judenburg an dem Fuße eines Berges, welcher
das bekannte Eichfeld begränzt **).

Die Herrschaft Bayrdorf liegt ebenfalls an dem
Fuße eines Berges unweit Muhrau an der Gränze von
Salzburg in einer schönen Gebirgsgegend. Die Haupt-
einkünfte beyder Herrschaften sind einige Unterthans-
Geld-Gefälle, hauptsächlich aber Zins- und Zehend-
Getreide. Die Verwaltung dieser Herrschaften, und
der dazu gehörigen 3 Burgfrieden zu Johnstorf, St.
Oßwald, und Bayrdorf besteht aus einem Admini-
strator, einem Amts- und Kastenschreiber, und einem
Acces-

*) Diese zwey Güter sind nebst Haus, und Gröbming noch
die einzigen Erzstiftischen Besitzungen in Obersteyermark.
Die übrigen großen Besitzungen aber sind aus Großmuth
der vorigen Erzbischöfe an das Kloster Admont, und
die neu errichteten Bißthümer und Kanonien hinge-
geben worden. Ueberhaupt sind die Bißthümer, die vielen Stifte, Klöster, und Pfarreyen in Kärnthen und
Steyermark die redendsten Beweise, daß diese 2 Länder
ihre moralische Bildung ganz dem Erzstifte zu verdanken haben, welches deßwegen in älteren Zeiten sehr viel,
beynahe Alles dem Emporkommen der Religion in diesen
Ländern aufgeopfert hat, und noch jetzt jährlich große
Summen auf Seelsorger und Schulen verwendet.

**) Die Ruinen des alten Schloßes, welches das schöne
Eichfeld nebst dem übrigen großen Thale beherrscht, sind
noch sichtbar, und nach Steyermärkischen Chroniken
deßhalb merkwürdig, weil hier einst das Fahnenquartier
eines Erzbischofes und seiner Allirten bey einer auf dem
Eichfelde gelieferten Schlacht gewesen seyn soll.

Accessisten, deren Siz ein hochfürstlich-eigenes Hofhaus in der k. k. Kreisstadt Judenburg ist.

d) **Haus** und **Gröbming** im oberen Ennsthale Judenburger Kreises. Haus liegt am südlichen Ufer der Enns, ostwärts von Schladming, zwey Stunden von der Salzburger Gränze; Gröbming aber zwey Stunden von Haus gegen Osten.

Beyde Märkte **Haus** und **Gröbming** stehen unter der Inspection des Pflegamtes Haus, welches zugleich einen großen Burgfrieden hat.

Der Pflegverwalter nebst einem Amtsschreiber hat in dem Markte Haus seinen Wohnsiz. Die Einkünfte bestehen aus einigen Unterthans-Geld-Zinsen, größten Theils aber aus Zins- und Zehend-Getreid-Gefällen.

III. Besitzungen in Oesterreich.

a) **Traßmauer** an dem Traßen-Fluße, welcher hier in die Donau fällt. Es hat ein Landgericht, eine angenehme Gegend, und mehrere concentrirte Ortschaften. Die Gefälle dieses Amtes sind Unterthans-Geld-Getreid- und Weingefälle, auch einige Forst- und Jagd-Einkünfte.

b) **Oberwölbling** nebst dem Amte **Schwainern**, zwey Stunden nordwärts von **Traßmauer;** hat die nämlichen Einkünfte, besonders aber schöne, wohlcultivirte Waldungen, welche den Hauptzweig der Einkünfte ausmachen. Auch hat diese Herrschaft ein Landgericht.

c) **Landersdorf**, ein Gut bey Oberwölbling, mit einigen Unterthanen und Waldungen, welches erst in der letzten Hälfte dieses Jahrhunderts erkauft wurde. Das
Schloß

Schloß hat einen schönen Platz auf einer mäßigen Anshöhe.

d) **Rittersfeld**, ebenfalls ein Gut bey Traßmauer mit einigen Unterthanen und einer Papierfabrik, welche das Hauptgefälle dieses besonderen Amtes ausmacht. Es wurde erst vor einigen Jahren erkauft.

Die Verwaltung dieser besonderen 4 Aemter besorgt ein Administrator, ein Gerichtsverwalter, und ein Amtsschreiber, welche in dem Schloße zu Traßmauer ihren Sitz haben. Die Papierfabrik-Geschäfte besorgt ein unter der Administration zu Traßmauer stehender Kassirer, ein Werkmeister, ein Wirthschafter, und ein Factor, welcher letztere den Verschleiß in der Papier-Niederlage zu Wien über sich hat.

Das zu diesen Herrschaften gehörige Forst- und Jagdwesen besorgt unter obiger Administration ein Forstmeister, und Oberjäger, welcher zu Landerstorf seinen Sitz hat, mit Beyhülfe von 4 Jägern, welche zugleich Forstdienste leisten. Die beyden hochfürstlichen Märkte Traßmauer und Oberwölbling stehen unter der Inspection der Administration.

e) **Arnstorf** 4 Stunden nordwärts von Traßmauer an dem westlichen Ufer der Donau, welche hier am Schloß-Gemäuer vorbeyfließt, und durch die beyderseitigen Gebirge in ein enges Bette zusammengedrängt ist. Wenn dieser Strohm auch nur 4 Fuß hoch anschwillt, (er erreicht oft eine Höhe von 15 bis 20 Fuß), so kann man diesem Orte nicht anders, als mit Lebensgefahr zu Wasser, oder zu Fuße über steile Gebirge beykommen. Auch bey niederem Wasser kann man hierher nur von Nordwest nach der Donau herab, und von Osten nach der Donau herauf, mit geringem leichtem Fuhrwerke, und nur mit Schiffpferden, jedoch allezeit mit Lebensgefahr kommen. Diese Herrschaft hat ein Landgericht,

Ccc 2   und

und schöne Büchenwaldungen. Die Hauptgefälle dieses Amtes sind Forst- und einige Jagdeinkünfte, eigene, und Zins- und Zehendweine, welche aber wegen der nahen Gebirge, und der dadurch verursachten kälteren Lage größtentheils zu gutem Essig versotten werden; übrigens einige Unterthans-Geld- und Getreid-Gefälle. Das Forst- und Jagdwesen besorgt das Forstamt zu **Landerstorf** unter dießortiger Oberaufsicht, und mit Beyhülfe eines zu **Langeck** befindlichen Jägers, und zweyer Jägerjungen, welche zugleich Forstdienste leisten. Die Verwaltung hingegen besteht aus einem Pflegscommissär, und einem Amtsschreiber. Die Hofkeller aber besorgt ein Faßbinder.

f) **Oberleoben** ein Dorf an dem nördlichen Ufer der Donau, zwey Stunden ostwärts von **Arnstorf,** welches ein besonderes Amt ausmacht. Dieses Amt besitzt mehrere eigene Weingärten sowohl hier, als auch um **Stein** und **Krems,** wo bessere Gattungen Weine erzeugt werden. Die Gefälle sind größten Theils eigene und Unterthansweine. Die Verwaltnng wird zugleich mit **Arnstorf** besorgt.

Alle diese Herrschaften machen nun den Rest aus, den das Erzstift von seinen ehemahligen innerösterreichischen Immediatherrschaften noch gerettet hat.

Be

Beschreibung

des

Erzstiftes und Fürstenthums
Salzburg
B. in seinen einzelnen Theilen.

Vorbericht.

Erst itzt, nachdem wir das mannigfaltige Ganze des Erzstiftes in seine Theile zerleget, und jeden dieser Theile einzeln beobachtet haben, sind wir im Stande, alle diese
Mannigfaltigkeiten in Einheit zu sammeln, das Ganze unter einen gemeinschaftlichen Sehpunct zu ordnen, und uns
eine allgemeine Uebersicht zu verschaffen — bey weitem
das wichtigste und fruchtbarste, was aus einzelnen Länder-
beschreibungen hervor gehen kann. Der Inländer erblickt
nun die innere Stärke, und den ganzen Reichthum seines
Vaterlandes, wie in einem schönen Gemählde vor sich,
und erkennt genau den Rang, den dieses sein Vaterland unter den übrigen Einwohnern dieser Erde behauptet. Der meiste Gewinn ist aber dadurch für den Ausländer berechnet; dieser wird hierdurch geradezu auf den
Stani-

Standpunct gestellt, von dem alle seine geographischen Kenntnisse ausgehen, und wohin sie sich concentriren müssen, wenn sie nicht eitel Gedächtnißwerk bleiben; sondern wahren Nutzen gewähren sollen. Ihm frommt es nicht so, wie dem Inländer, zu wissen, was für Abtheilungen diese oder jene Stadt, dieser oder jener Markt u. s. w. enthalte; in was für einzelne Zweige diese oder jene Gerichtspflege zerfalle; was jeder einzelne Ort für Eigenheiten habe, u. dgl. m. Seine Wißbegirde kann nur durch Resultate befriediget werden, welche aus der für das Inland beynahe allein merkwürdigen Synthesis abgezogen werden müssen; ihm genügt es an richtiger Angabe des Nationalreichthumes jeder gegebenen Provinz, um sie mit den bekannten übrigen Bestandtheilen dieser bewohnten Erde in Uebereinstimmung zu bringen, oder ihr wenigstens den ihr angemessenen Platz in der Reihe der gesitteten Staaten anweisen zu können.

Dieß soll ihm nun durch diese dritte und letzte Abtheilung möglich gemacht werden. Der Verfasser verspricht sich zugleich durch dieselbe allen seinen Bemühungen für die topographische sowohl als statistische Beschreibung des Salzburgischen Erzstiftes die Krone aufzusetzen.

Geographie des Erzstiftes.

Das Erzstift Salzburg, als ein zusammenhängendes,
so zu sagen geschlossenes deutsches Reichsland betrachtet,
hat unter einer Polhöhe von 47 Gr. 45 Min. eine östliche Länge (von der Insel Ferro) zwischen 29° 7', und
31°, 34', und eine Nordbreite zwischen 46°, 40' und
48° 2'. Es liegt unter den Erdstrichen Oberdeutschlan-
des nebst Tyrol zunächst gegen Süden, und hat deßhalb
auch größten Theils, einige von dem hohen Tauerngebir-
ge zu nahe begränzte Thalgegenden ausgenommen, ein
im Ganzen sehr gemäßigtes Clima *). Seine natürlichen sowohl als politischen Gränzen sind gegen Aufgang
Oberösterreich und **Steyermark**, gegen Mittag
Kärnthen und **Tyrol**, gegen Niedergang ein anderer
Theil von Tyrol, ein Theil von Bayern, und das Länd-
chen **Berchtesgaden**, und gegen Mitternacht **Bayern**, und das österreichische **Innviertel**.

Eigentliche genaue Vermessung des Erzstiftes ist
zwar keine vorhanden, ob man gleich einzelne Bezirke
geometrisch aufzunehmen angefangen hat; dennoch kann
man

*) Wenn in den Sommermonathen nicht häufiger Regen fällt,
womit freylich auch ein anderes Uebel, die Ueberschwemmungen, nicht selten verbunden ist, so ist die Hitze von
den durch die nahen Gebirge zurückgeprallten Sonnen-
strahlen so drückend, daß sie nicht selten einen Wärme-
grad von einigen und 20 Graden des Reaumurischen
Wärmemessers erreicht. Lange anhaltende Regen, während welcher die nahen Berggipfel selbst im July und
August mit Schnee bedecket werden, kühlen aber die
meisten Gegenden so sehr ab, daß man in den Häusern
Feuerung nöthig hat.

man ohne Gefahr eines großen Irrthums annehmen, daß es einen quadratischen Inhalt von 240 deutschen Meilen hat. In seiner größten Breite hat es ungefähr 2 Meilen mehr, als in seiner größten Länge, so daß man beyde Messungen beynahe für gleich annehmen kann.

Der flache, oder ebene Theil des Erzstiftes ist von Bayern und Oberösterreich eingeschlossen, und genießt größten Theils gleiche Cultur mit diesen. Bey weitem der größere Theil desselben sind aber die Gebirg gegenden zwischen Steyermark, Kärnthen und Tyrol: in diesen ist Acker- und Feldbau verschieden, mehr oder minder nach der Erdlage gesegnet, und auch die Viehzucht von ungleicher Beschaffenheit. Diese Gebirggegenden haben durchaus keine Ebenen; sondern Thäler, welche mehr oder weniger von den allseitigen Gebirgen eingeschränkt sind. Diese Gebirge geben großen Theils den so rauhen und unbesteigbar beschriebenen Schweizerischen in keinem Stücke nach. Es gibt hier, so wie in der Schweiz, nach Hrn. Schranks richtiger Bemerkung *) nicht minder steile, äußerst gefährlich zu bebesteigende Berghöhen, eben so ausgebreitete, mit ewigem Eise bedeckte Eisfelder (Gletscher), eben so häufige Gefahren von herabrollenden Schnee- (Lähnen, oder Lauinen)

*) Siehe dessen Primitias Florae Salisb. in der Vorrede: „Quae de altitudine montium Helveticorum, de infinitis eos conscendendi difficultatibus, de immensis aeternae glaciei campis, de innumeris illis periculis, quae in illorum faucibus a cadentibus per juga praecipitia immensis nivium, arenae aut lapidum voluminibus narrantur, ea fere omnia aeque in Salisburgensium montium tractum cadunt, vt nihil fere sit, quod decantata toties Heluetiae miracula privum habeant.

lauinen) oderSteinklumpen, eben so prächtig-wilde Was-
serfälle und Bergseen und dergleichen, daß der Unterschied zwischen benderlen Gebirggegenden bennahe unbe-
merkbar wird.

Wer sich einen Begriff von der Salzburgischen
Gebirgskette machen will, welche von Osten gegen Süden und Westen streicht, und deren fürchterliche Bestandtheile Tauern genannt werden, beliebe Hrn. Hacquets
Reise durch die Norischen Alpen, oder die Naturhistorischen Briefe von Schrank und Moll zu
durchblättern, und er wird sich die ungeheuren Berge
jener Gegenden so ziemlich genau vorstellen können.
Die sogenannten Tauern streichen bennahe alle in einer
wenig unterbrochenen Kette von Stenermark an Kärnthen vorben nach Tyrol, das ist von Osten gegen Westen, dahin; sie heißen der Radstadter-, Korn-, Ga-
steiner-, Rauriser-, Fuscher-Kalser-, Windisch-, Fel-
ber-, Krimler-Tauern; schließen sich an die hohen
Gletschergebirge des Zillerthales an, und brechen in die
tyrolischen Gebirge aus.   Von jedem dieser Tauern breiten sich Zweige, oder etwas sanfte Vorgebirge mehr oder
minder gegen Mitternacht aus, zwischen denen Thäler
eingetheilt sind.   Die Nahmen dieser Berge endigen sich in
Kogel, Kopf, Spitze, Karr, Berg 2c. *).   Unter
diesen sind der Ankogel und der Sonnenblick an der
Tyroler Gränze, und der Untersberg nahe an der Hauptstadt Salzburg die höchsten.   Die dazwischen liegenden
Thäler werden in einigen Gegenden, z. B. im Lungau, Winkel genannt.

Die

---

*) z. B. Der Ankogel, Herzoglogl, Altlogl, Sonntags-
kopf, Spielkopf, Gaulkopf, Magenspitze, Mittagsspi-
tze, Hasenkarr, weißes Karr, Haarberg 2c. lauter Berge des Zillerthales oder an den Gränzen von Tyrol.

Die meiſten Gebirge an den Gränzen von **Stever⸗
matk**, Oeſterreich und **Bayern** beſtehen aus Kalk⸗
ſteinfelſen, z. B. der **Radſtadter Tauern** (welcher
nebſt dem **Rauriſer** für den höchſten aus den ſogenann⸗
ten Tauern gehalten wird) und der **Untersberg** nebſt
mehreren anderen, die nur hin und wieder in den tiefe⸗
ren Schluchten einigen Schiefer⸗ oder Sandſtein enthal⸗
ten. Die **Lungauer** Gebirge aber nebſt den meiſten, wel⸗
che ſich nach **Tyrol** hinan ziehen, ſind aus Hornſtein,
Murkſtein, Schiefer, Granit, und Gneus zuſammen⸗
geſetzt. Die Spitzen der hohen Kalkgebirge ſind größ⸗
ten Theils kahl, von der Verwitterung angegriffen, und
ganz unbeſteigbar; aber tiefer abwärts ſind dieſe, wie
beynahe alle übrigen Gebirge, mit Pflanzen, Bäumen,
und ſehr vielfältig mit überaus ſchönen Alpen beſetzt.
Vom **Bergbaue** geſchieht unten, wo von den **Staats⸗
einkünften** die Rede ſeyn wird, eine ausführlichere
Anzeige.

Flüſſe zählt das Erzſtift 4, die **Salza**, **Muhr**,
Enns, und **Saale**, wovon die **Salza** den größten
Theil deſſelben durchſtröhmt. Alle vier entſpringen im
Lande ſelbſt; die **Salza** auf dem Krimmler Tauern in
Oberpinzgau, die **Enns** unweit **Radſtadt** im
Pangau, die **Muhr** im Muhrwinkel im **Lungau**,
und die **Saale** im Glemmer⸗Thale des **Pinzgaui⸗
ſchen** Pfleggerichts Saalfelden. Keiner dieſer Flüſſe iſt
im Erzſtifte ſchiffbar, die **Salza** ausgenommen, welche
aber erſt von **Hallein** abwärts mit Schiffen befahren
werden kann. **Seen**, größere und kleinere, zählt
man 36, worunter der **Aber⸗** oder **St. Wolfganger⸗
See** im Pfleggerichte **St. Gilgen**, der **Zeller⸗See**
bey **Zell** im Pinzgau, der **Fuſchler⸗**, der **Waller⸗**,
der **Piller⸗**, **Tachen⸗**, **Mattſee** die vorzüglichſten
ſind. Viele kleinere Seen trifft man auf den höchſten
Gebirgen an. Von **Bächen** iſt das flache, ſo wie das
Gebirgland allenthalben durchſchnitten, ſo daß man nir⸗
gends

gends über Wassermangel zu klagen hat. Die meisten
dieser Bäche heißen Achen. Das Erzstift besitzt auch,
gleich vielen anderen Gebirggegenden, welche mit Mineralien gesegnet sind, mineralische und warme Quellen,
wovon aber nur die zu Gastein zu einem warmen
Gesundheitsbade gesammelt sind. Das Aigner Bad
bey Salzburg und das Fuscher Bad *) im Pinzgau,
beyde kalten Ursprungs sind ebenfalls zu Gesundheits-
bädern hergerichtet; aber weniger besucht.

Ausgebreitete Moorgründe gibt es zwar, vorzüglich im flachen Lande, welches an nahe Gebirge
gränzt, viele: allein man ist bemüht, ihnen von Zeit zu
Zeit einige Erdstriche abzugewinnen, Theils mittelst
Torfstechereyen, deren um Salzburg einige beträchtliche
sich befinden, Theils durch Urbarmachung oder Neubrü-
che und Colonien. Eigentliche Moräste sind sehr wenige, und von unbeträchtlichen Strecken.

An Waldungen ist nirgends Abgang; nur hört
man seit einiger Zeit die Klage über unwirthschaftliche
Behandlung derjenigen, aus welchen das Brenn- und
Bauholz ohne zu große Kosten herben zu bringen ist.
Doch hat man Anstalten getroffen, durch gute Forstauf-
sicht der Gefahr eines künftigen Holzmangels vorzu-
beugen. Es gibt in den hohen Gebirgen ungeheure Strecken, aus denen das Holz ohne unerschwinglichen Auf-
wand von Mühe und Geld nicht herbeygeschaffet werden
kann, und wogegen selbst die kostbaren Riesengebäu-
de **) nicht überall anwendbar sind.

An

---

*) Von den übrigen Bädern des Erzstiftes geschieht unten
im Grundriße der Salzburgischen Mineralogie ausführlichere Anzeige.

**) S. Salzburgisches Idiotikon, und die Charakteristik von
Pinzgau II. B. S. 664.

An Producten aus den sogenannten drey Natur-
reichen ist das Erzstift überaus gesegnet.   Man hat
einzelne Beschreibungen davon in den naturhistorischen Briefen von Schrank, und Moll, das Zillerthal betreffend, in den kleinen Beschreibungen von
Oberpinzgau und Lungau (von Reisigl und Huber) in Hacquets norischen Reisen, und in Hübners physikalischem Tagbuche.   Allein allgemeine
Sammlungen sind nur 1) von den Mineralien — in
Schrolls Fossilien-Anzeige, welche aus dem ebengenannten physikalischen Tagbuche einzeln abgedruckt worden ist, und 2) von den Gewächsen in Schranks
Primitiis Florae Salisburgensis vorhanden.   Das Salzburgische Thierreich ist, so viel wir wissen, nirgends
im Zusammenhange beschrieben.   Wir versuchen es, von
beyden letzteren das Merkwürdigste und Vorzüglichste anzuführen, und in Rücksicht der inländischen Mineralien die von Hrn. Bergrathe Schroll auf unser Er-
suchen berichtigte, und vermehrte Fossilien-Anzeige hier
einzurücken.

1) Inländische Fossilien.

Grundriß einer Salzburgischen Mineralogie, oder
kurzgefaßte systematische Anzeige der bis jetzt
bekannten Mineralien des hohen Erzstifts Salzburg *).

I. Erd-und Steinarten.

Kieselarten.

1) Granat, kommt an der hohen Gebirgskette, welche
Salzburg von Kärnthen und Tyrol trennet, in manchen
Orten sehr häufig, in Gebirgsarten eingemengt vor.

a) Ge-

---

*) Diesem Grundriße liegt das System des Hrn. Lenz:
   „Versuch einer vollständigen Anleitung zur Kenntniß
                                                    der

A) **Gemeiner Granat.**

a) Von verschiedenen Farben, kirschroth, röthlicht-braun, lebetbraun, auch lauch- und dunkelberggrün; in verschiedenen Orten, z. B. im Zillerthale, im Thale Achen am Krimmler-Tauern.

b) Derb und eingesprengt, vorzüglich der grüne Granat; z. B. im Untersulzbach-Thale.

c) Krystallisirt, von verschiedener Größe der Krystalle.

aa) In Dodecaedern, wovon die größten Krystalle 1 — 2 Zoll im Durchmesser haben; von solcher Größe in der Stilupp im Zillerthale.

bb) In sechsseitigen, zuweilen auch in geschobenen vierseitigen Säulen; mit einigen Veränderungen der Grundgestalten durch Abstumpfung und Zuspitzung; z. B. am Altenberg und Dürrenrain bey Ramingstein im Lungau.

cc) In achtseitigen Pyramiden; auf dem Brennthaler-Gebirge im Pinzgau.

B) **Edler Granat,** von lichtblutrother Farbe in kleinen Körnern, eingemengt in Glimmerschiefer; am Kolbenkarr in Gastein.

2) **Beryll.**

der Mineralien" zum Grunde. Dort kann man sich in Zweifeln über die verschiedenen Benennungen Raths erhohlen. Alles mußte in gedrängter Kürze, und beynahe nur mit Umrissen beschrieben werden, weil hier die Absicht nicht war, ein systematisch geordnetes mineralogisches Gebäude aufzuführen.

2) **Beryll.**

Edler Beryll; dieſer befindet ſich auf der Südſeite des Rathhausberges in Gaſtein im Granite äußerſt ſelten (Es verſteht ſich von ſelbſt, daß ſich dergleichen Ausdrücke allzeit auf das Land Salzburg beziehen.)

a) Derb, von ſpangrüner Farbe, in Körnern einge-mengt.

b) In gleichwinklichte ſechsſeitige kleine Säulen kryſtal-liſirt.

3) **Schörl**, bricht in Menge in verſchiedenen Gegenden des hieſigen Alpen-Gebirges.

A) **Schwarzer Stangenſchörl.**

a) In ſechs- und neunſeitigen Kryſtallen, von ver-ſchiedener Größe; im Zillerthal, Selberthal, u. ſ. ſ.

b) In geradſtänglicht abgeſonderten, gleichlaufenden Stücken, von nadelförmiger Geſtalt, z. B. im Heubach-thal im Pinzgau.

c) In kleinen und ſehr kleinen, büſchel- und ſternför-mig auseinander laufenden, abgeſonderten Stücken, z. B. vom Gangthale im Lungau.

B) **Rother Schörl.**

a) Mordoreroth, in derben, zum Theile ziemlich gro-ßen Körnern in Quarz eingemengt; am Brennthal im Pinzgau.

b) In ſechsſeitige, meiſtens kleine Säulen kryſtalli-ſirt, von blutrother Farbe; am Embachkarr im Thale Fuſch, und in der Rauris.

c) In

c) In stänglicht abgesonderten Stücken, von nadelförmiger Gestalt, von gleicher Farbe, ebendaselbst.

C) Electrischer Stangenschörl (Turmalin) unter verschiedenen Abänderungen; am Greiner und Dornauer Berge im Zillerthal.

a) Derb, in unbestimmt eckichten Stücken, von dunkelschwarzer Farbe.

b) Schwärzlichtgrau, in dreyseitigen Säulen mit konvexen Seitenflächen.

c) Von gleicher etwas ins Indigblaue spielender Farbe, in neunseitigen Säulen von verschiedener Größe.

4) Quarz, bricht überall in Menge, und macht zum Theile auch beträchtliche Gebirgsmassen aus.

A) Amethist, kommt selten zum Vorscheine.

a) Lichtviolblauer, in kleine sechsseitige Säulen krystallisirt, mit 6 Flächen zugespitzt; ist als ein Geschiebe in der Fuscher Ache gefunden worden.

b) Dunkelviolblauer, stark ins Braune fallender, bricht derb auf Gängen; am Rathhausberge in Gastein, und im Zillerthal; sehr selten.

B) Bergkrystalle kommen in ziemlicher Menge auf Eisgebirgen (Gletschern), vorzüglich in den Thälern Gastein, Fusch und Kaprun vor. Man findet sie mit allen ihnen eigenen Krystallisationen von allen Graden der Größe. Der größte Bergkrystall, der im Thale Heubach gefunden ward, hatte 9 — 10 Zoll im Durchmesser.

a) Hell- und gelblichtweiß kommen sie am Gewöhnlichsten, und am größten vor.

b) Rel-

b) Nelkenbraun (Rauchtopas), auf dem Ahkogel in Gastein.

c) Bräunlichtschwarz (Morion); am Zwing im Thale Fusch.

d) Weingelb (Citrin), in kleinen sechsseitigen, mit sechs Flächen zugespitzten Säulen; am Hainzenberge im Zillerthal, im Stubachthale.

e) In stumpfeckichten und runden Stücken (Krystallkiesel) in Geschieben vieler Ströme und Bäche.

C) Rosenrother Quarz, sehr blaß rosenroth und durchscheinend; wurde unlängst als ein Geschiebe zu Hüttschlag in Großarl gefunden.

D) Gemeiner Quarz,

a) Derb, und eingesprengt, unter verschiedenen Abänderungen von Farben.

b) Saphyrblau, zum Theile krystallisirt; am Rader Graben bey Hüttau; äußerst selten.

c) In stumpfeckichten und runden Stücken (Kiesel); als Geschiebe an vielen Orten.

5) Hornstein, kommt ziemlich häufig in Flöz-Kalkgebirgen, in mehr oder minder mächtigen Lagern, und als Geschiebe in Flüssen, unter verschiedenen Farben vor. Seltnere Abänderungen davon sind:

a) Perlgrauer Hornstein; am Glasenbache unweit Salzburg.

b) Graulichtschwarzer; am Schloßberge zu Werfen.

6) Feuerstein, unter verschiedenen Abänderungen von Farben. Er bricht hier und da lägerweise in Flöz-Kalkgebirgen.

a) Derb

a) Derb und in Geschieben; z. B. am Glasenbache, im Zinkenbach-Thale, bey Lofer.

b) In kuglichten und knospichten Stücken; bey Hallein.

7) Kalcedon, gemeiner, sitzt auf dichtem braunem Eisensteine am Windingsberge bey Werfen auf; aber selten.

a) Bläulichtgrau, als ein Ueberzug.

b) Milch- und zum Theile gelblichtweiß, und klein-nierenförmig.

8) Holzstein, von dunkelrauchgrauer Farbe; ist nur noch als ein Geschiebe im Achthale bey Teisendorf gefunden worden.

9) Kieselschiefer, macht hier und da beträchtliche Gebirgslager aus.

a) Gemeiner Kieselschiefer, derb und von dunkel-grünlicht-grauer Farbe; z. B. am Hirzbache in Fusch, auf der sogenannten March bey Taxenbach.

b) In eckichten Stücken als Geschiebe, von rauch- und schwärzlicht grauer Farbe; z. B. im Gerlos-Bache.

10) Obsidian, in unvollkommen cylinderförmigen Stücken von dunkel schwarzer Farbe; wurde unlängst in einem, aus kleinkörnigem Kalksteine bestehenden Geschiebe im Anlaufthal in Gastein entdeckt.

11) Prehnit, von berggrüner, etwas ins Spangrüne fallender Farbe, von kurz- und auseinander laufend-strahlichtem Bruche; im Flachauer Thale; äußerst selten.

12) Achat (als Anhang zu den Kieselarten), bestehend in einem Gemenge von Quarz, Feuerstein und Jaspis; ward

Ddd

bis jetzt nur als ein Geschiebe in der Salzache unweit Salzburg gefunden.

Thonarten.

13) **Porzellanerde,** findet sich zur Zeit nur allein unweit Fügen im Zillerthal vor.

a) Gelblichtweiß, von staubartigen Theilen.

b) Röthlichtweiß, von zusammengebackenen Theilen.

14) **Gemeiner Thon,** bricht häufig in Schichten auf
anfänglichen und Flöz-Gebirgen.

A) **Töpferthon,** von sehr verschiedenen Farben; an
vielen Orten.

B) **Erhärteter Thon,** unter verschiedenen Abänderungen in Rücksicht auf Farben und Bruch, kommt vielfältig
auf Gängen und Klüften vor.

C) **Schieferthon,** bricht hauptsächlich in Flöz-Gebirgen.

a) Von verschiedener, meistens von aschgrauer,
schwärzlicht grauer, auch von Ziegel- und bräunlichtrother
Farbe; z. B. im Rettenbach-Graben in Leogang.

b) Mit Abdrücken von Kräutern; zu Bergheim unweit Salzburg, zu Seekirchen u. f. f.

15) **Jaspis** gehöret noch unter die seltneren Steinarten.

A) **Gemeiner Jaspis.**

a) Röthlichtbrauner, von einem muschlichten Bruche;
auf dem Untersberge unweit Salzburg.

b) Bluthrother, von unebenem, etwas erdigem Bruche, im Thale Glemm in Pinzgau.

15) Pech-

16) **Pechstein,** ist nur noch als Geschiebe im Com-
mer-Flusse in Abtenau, von gelblicht-und leberbrauner
Farbe gefunden worden. •

17) **Feldspat** kommt häufig in uranfänglichen Gebirgen,
meistens als Gemengtheil von Gebirgsarten vor.

A) **Gemeiner Feldspat.**

a) Derb und verschieden gefärbt; in Granit, Sienit,
u. s. f.

b) In sechsseitige Säulen krystallisirt, mit flach zuge-
schärften Enden; z. B. im Brennthal und Felberthal in
Pinzgau.

B) **Dichter Feldspat** von lichtschmalteblauer Farbe in
Quarz, von der Marbach-Alpe im Flachauer Thale.

C) **Adular,** gelblichtweiß gefärbt, derb, mit Quarz
Glimmer und erhärtetem Chlorit, zuweilen auch mit Strahlstein gemengt, auf Lagern in Gneus-und Glimmerschiefer-
Gebirgen; z. B. in den Thälern Hollersbach und Stubach.

18) **Opal:** gemeinen, milchweißen in derber Gestalt
traff ich in einem Geschiebe am Röhrenbach, unweit
Anger an.

19) **Thonschiefer,** macht ganze Gebirge aus, unter
verschiedenen Abänderungen seiner Farben und des Bruches. Die vorzüglichsten Abänderungen davon sind:

a) Von langsplitterigen Bruchstücken, wovon die
Splitter 2 — 3 Fuß lang, und 1/4 — 1 Zoll dick sind;
an der Klamm unweit Lend.

b) Von

b) Von geradschiefrigen und scheibenförmigen Bruch=
stücken (Dachschiefer) z. B. im Flachauer Thale.

c) Blaulichtgrau, mit länglichten, isabellgelben Fle=
cken (Fruchtschiefer) z. B. im Leogang.

d) Mit Baumzeichnungen; in Dienten.

e) Dunkelschwarz, von krummblättrigem Bruche und
metallischem Glanze; am Klucken bey Piesendorf, und am
Foißenkarr im Spertenthale unweit Kirchberg im
Ytterischen.

20) Brandschiefer bräunlichtschwarzer, in Geschieben;
im Oelinger=Graben bey Laufen, und bey St. Mar=
gareth in Lungau.

21) Kohlenblende, von schwärzlicht brauner Farbe und
blätterigem Bruche; im Schlichter=Graben bey Titt=
moning.

22) Alaunerde, gräulichtschwarze, nur mit wenigem
Alaun durchdrungen; unweit Schwarzach, und zu
Eschenau in Pangau, u. a. O.

23) Alaunschiefer, bricht an verschiedenen Orten, mei=
stens aber mit einem geringen Alaungehalte.

A) Gemeiner Alaunschiefer.

a) Schwärzlichtgrau, bey St. Andre in Lungau, un=
weit Lend, und an mehreren Orten.

b) Gelblicht grau, im Spertenthale unweit Kirchberg,
und am Salfenberge im Brixenthal.

B) Glänzender Alaunschiefer, von eisenschwarzer
Farbe; unweit Mandling im Radstädtischen.

24) Wetz=

24) **Weßſchiefer**, kommt etwas ſelten vor.

a) Grünlichtgrauer und gräulichtſchwarzer, in Großarl, und im Zederhaus in Lungau.

b) Gelblichtbrauner, mit Dendriten; in der Friß unweit Hüttau.

25) **Tripel**, iſabellgelber von feinem Korne; bey St. Andre in Lungau.

26) **Glimmer**, bricht in der hohen Gebirgskette an vielen Orten ſehr häufig, und meiſtens als Gemengtheil von Gebirgsarten.

A) Gemeiner Glimmer, derb und eingeſprengt, von verſchiedenen Farben.

a) Tombackbraun (Katzengold): z. B. zu Sigliß in Gaſtein; auf den Krimmler-Alpen.

b) Silberweiß (Katzenſilber); vorzüglich auf den Alpen im Zillerthale, und im Stubach-Thale.

c) Grüner Glimmer, von grasgrüner Farbe, in dünnen Lagen in und auf Glimmerſchiefer; am Hirzbach in Fuſch, und am Gangthal in Lungau.

d) In gleichwinklichte, ſechsſeitige, kleine Tafeln kryſtalliſirt; in der Fernleite in Fuſch.

B) Ruſſiſches Glas, von großblätterichten, ſcheibenförmigen Bruchſtücken, vollkommen durchſichtig; im Leſſachthale in Lungau.

27) **Chlorit**, findet ſich ziemlich häufig in der hohen Gebirgskette, Theils in eigenen Lagern, Theils in Gebirgsarten eingemengt.

A) Chlo-

A) **Chloriterde**, dunkel berggrün, auch schwärzlicht-grün; an verschiedenen Orten: z. B. zu Rardeis in Groß-arl.

B) **Gemeiner Chlorit**; von lauch- und schwärzlicht-grüner Farbe; z. B. am Tappenkarr im Kleinarler Thale.

C) **Chloritschiefer.**

a) Grünlichgrauer, öfter auch dunkel schwärzlichtgrüner; in der Alpe Achen in Pinzgau, in Zillerthal und andern Orten.

b) Lichtberggrüner, häufig mit octaedrisch krystallisirtem magnetischem Eisensteine gemengt; z.B. auf der Wälsch-Alpe im Muhrwinkel in Lungau.

28) **Hornblende**, kommt in uranfänglichen Gebirgen hier und da häufig, Theils als ein Gemengtheil von Gebirgsarten, Theils in eigenen Schichten zum Vorscheine.

A) **Gemeine Hornblende.**

a) Derb und eingesprengt, unter verschiedenen Abänderungen in Rücksicht auf Farben und Bruch; z. B. im **Mühlbachthale** in **Lungau.**

b) In undeutlichen Krystallen von mittlerer Größe, eingewachsen in einer Art Chloritschiefers; im Stubach-Thale in Pinzgau u. a. O.

B) **Hornblendschiefer,** von grünlicht schwarzer Farbe, unter mehrerley Abänderungen des Bruches; in Lagern am Rathhausberge, und an der Schlappereben in Gastein.

C) **Schil-**

C) **Schillerspat** (Labradorische Hornblende).

a) Schwärzlichtgrün, in ziemlich großen Körnern in Serpentinstein eingemengt; am **Brucker-Berge** unweit **Bruck** in Pinzgau.

b) Von lauchgrauer, zum Theile ins Messinggelbe spielender Farbe in grünlichtschwarzen, hier und da mit kleinen Körnern von dichtem Feldspat und Quarz gemengten Serpentinsteine; im **Wiedmerthale** und am **Igelsberge** in Gastein.

29) **Basalt**, von gräulicht schwarzer Farbe, von klein- und rundstänglichter Gestalt; ward bis jetzt nur als Geschiebe in! ziemlich großen Stücken in **Abbtenau** gefunden.

30) **Steinmark**, gehöret noch unter die seltneren Steinarten Salzburgs.

A) Zerreibliches, blaßockergelbes, am **Zwing** im **Fuscher-Thale**, und auf den **Dientner-Alpen**.

B) Festes, ziegelrothes und leberbraunes; am **Thännengebirge** bey **Werfen**, und im **Urslauer-Thale**.

31) **Bergseife**, grünlichtgraue mit ockergelben Flecken, soll vor mehreren Jahren im **Achthaler** Flötzgebirge gebrochen haben.

32) **Gelbe Erde**, von licht ockergelber Farbe, am **Zwing** im Thale **Fusch**, und im **Wolfbach-Thale** in Unterpinzgau.

Talkarten.

33) **Speckstein**, kommt hier und da in den uranfänglichen Gebirgen in beträchtlicher Menge vor, vorzüglich als Gemengtheil

mengtheil in Gebirgsarten, z. B. in Gneus und Schneide=
stein vor.

A) Gemeiner Speckstein.

a) Unter verschiedenen Abänderungen von Farben,
meistens berg=oliven=lauch=und apfelgrün; z. B. am
Ritterkopf in Rauris.

b) Derb, eingesprengt, und angeflogen, Theils von
splitterichtem, Theils von erdigem Bruche; z. B. unweit
Bucheben in Rauris, am Brennkogel in Fusch.

34) Nephrit, eine Art davon, nähmlich

A) Bitterstein (Schweitzerische Jade), meistens von
lauchgrüner Farbe, derb und eingesprengt, findet sich in
Gneus, und in einem Gemenge von Kalkspat und gemei=
nem Chlorit; z. B. im Stubach=und Untersulzbach=
Thale in Pinzgau.

35) Walkererde, von grünlicht=grauer Farbe, hat ehe=
mahls auf der Erzwiese in Gastein, als Bestege auf
Gängen gebrochen.

36) Bohl findet sich zwar an mehreren Orten, aber in
sparsamer Menge.

a) Gelblichtbraun; in der Gegend um Werfen und
Salfelden.

b) Dunkelröthlichbraun; an der Wetterwand unweit
Dienten, u. a. O.

37) Serpentinstein, kommt an vielen Orten der Ge=
birgsgegend in mächtigen Lagern und Gebirgsmassen zum
Vorscheine, unter verschiedenen Abänderungen des Bruches
vor:

a) Von

a) Von schwärzlicht= und dunkellauchgrüner Farbe; z. B. im Zillerthal, im Seidelwinkel.

b) Von lichtlauch= und olivengrüner Farbe; z. B. im Thale Retschach in Gastein.

c) Mit fremden Steinarten, als mit Braunspat, As= best, Glimmer, Schillerspat zufällig gemengt; z. B. von Bruck im Pinzgau, vom Igelsberge unweit Hof in Gastein.

38) Talk, ist eben keine seltene Gesteinart an der hohen Gebirgskette, und macht zuweilen beträchtliche Lager aus.

A) Talkerde;

a) Blaßapfelgrüne; am Berge Greiner im Ziller= thal.

b) Grünlichtgraue; im Thale Kardeis in Großarl.

B) Gemeiner Talk.

a) Grünlichtweißer; vom Greiner und Thornauer Berge im Zillerthal Diese Abänderung ist in dünnen Blättern hellweiß, und vollkommen durchsichtig.

b) Gelblichtgrüner; vom Brennkogel in Fusch.

C) Topfstein (erhärteter Talk), unter verschiedenen Abänderungen seiner Farben und des Bruches; im Ziller= thal, und zu Schellgaden in Lungau. Eine seltene Abänderung davon ist:

a) Von röthlichtweißer, zum Theile fleischrother und stark ins Rosenrothe fallender Farbe, mit krystallisirtem Strahlsteine gemengt; am Thornauer=Berge im Ziller= thal.

b) Mit

b) Mit kryſtalliſirtem Bitterſpat zufällig gemengt; zu Schellgaden in Lungau.

c) Von groß⸗und grobblätterigem, zum Theile auch krummblätterigem Bruche (Talkſchiefer) unter verſchie⸗ denen Abänderungen von Farben; im Mühlbach⸗ Thale bey Biſchofshofen, im Oſteck⸗Thale in Groß⸗ arl.

_ 39) **Asbeſt,** iſt an vielen Orten des Gebirges, beſon⸗ ders bey Serpentinſtein⸗Lagern zu Hauſe.

A) **Bergkork,** von ockergelber, und gelblichtbrauner Farbe, ſehr weich und ſchwach elaſtiſch biegſam; hat im Goldecker⸗Weng gebrochen.

B) **Amianth.**

a) Silberweiß, von ſeidenartigem Glanze; z. B. im Geisbach⸗Thale in Rauris; am Mühlbächchen bey Niedernſill.

b) Grünlichtweiß in kleinen Büſcheln: am Brennko⸗ gel in Fuſch.

C) **Gemeiner Asbeſt,** unter verſchiedenen Abände⸗ rungen in Rückſicht auf Farben und Bruch; z. B. in Ga⸗ ſtein, Großarl.

a) Berggrüner, abwechſelnd büſchelförmiger, faſeriger Asbeſt; unweit Hüttſchlag in Großarl.

b) Dunkellauchgrüner, von grob⸗und ſehr langſplit, terigen Bruchſtücken, häufig mit Kupfer⸗Leber⸗und mag⸗ netiſchem Kieſe Theils eingemengt, Theils eingeſprengt; von der Rogelhütt⸗Alpe im Muhrwinkel.

40) **Berg⸗**

40) **Bergholz**, von dunkelgelblichtbrauner Farbe, und grobfasrigem Bruche; hat vor Zeiten im Goldecker Weng in Thonschiefer=Gebirge gebrochen.

41) **Cyanit**, findet sich zur Zeit nur allein am Berge Greiner im Zillerthal.

a) Von milchweißer Farbe mit ⸱ Perlmutter=Glanze, und mit Himmelblau geflammt, von strahligem Bruche.

b) Von bläulichtgrauer Farbe, mit Berlinerblau ge= flammt, von breitstrahligem, schon dem Blättrigem sich nähernden Bruche.

42) **Strahlstein**, bricht hier und da auf uranfängli= chen Gebirgen in ziemlich beträchtlicher Menge.

A) **Gemeiner Strahlstein**, unter verschiedenen Ab= änderungen der Farben und seines Bruches; in den Thä= lern Gastein, Großarl, u. s. f.

a) Büschel=und sternförmig, auseinanderlaufend strah= licht; von der Ardhalpe in Großarl.

b) In lange, starkgeschobene, vierseitige Säulen kry= stallisirt; vom Berge Greiner im Zillerthal.

c) In sehr kleinen nadelförmigen Säulen; im Stu= bach=Thale in Pinzgau.

B) **Glasartiger Strahlstein**.

a) Von silberweißer und apfelgrüner Farbe, derb; im Obersulzbacher=Thale in Pinzgau.

b) In lange, dünne sechsseitige Säulen krystallisirt; am Greiner im Zillerthale.

C) Asbest=

C) **Asbestartiger Strahlstein.**

a) Von berggrüner und grünlichtgrauer Farbe, derb; vom **Brennkogel** in Fusch.

b) In kleine, geschobene, vierseitige Säulen krystallisirt; am **Thornauer-Berge** im **Zillerthal.**

43) **Bitterspat,** kommt an mehreren Orten der uransänglichen Gebirge, besonders in talkartigen Steinarten vor.

a) Von gelblichtgrauer Farbe, in großen rautenförmigen Parallelipipeden; im **Zillerthal,** und am **Brennkogel** in Fusch.

b) Von gelblichtgrauer, und gelblichtbrauner Farbe, in eben solchen, aber kleinen und sehr kleinen Krystallen; zu **Schellgaden** im **Lungau,** am **Throneck** in **Gastein.**

Kalkarten.

44) **Erdiger Kalk,** findet sich hier und da in Klüften von Flötzkalkgebirgen; als

A) **Bergmilch.**

a) Von hellweißer Farbe, sehr schwach zusammen gebacken; z. B. unweit **Frauenwiese** im **Hohlweg-Thale.**

b) Von gelb- und graulichtweißer Farbe, ziemlich fest zusammengebacken; im Kalkgebirge unweit des **Paßes Lueg,** u. a. O.

45) **Kreide,** unreine, von graulicht- und gelblicht-weißer Farbe; am **Weißenbach** bey **Abersee,** am **Dürrenberge** bey **Hallein.** Letztere schließt in sich zuweilen auch Feuersteine ein.

46) **Kalk-**

46) **Ralfstein**, macht eine große Gebirgskette im Salzburgischen, hier und da auch Lager in uranfänglichen Gebirgen aus.

A) **Dichter Ralfstein**, unter verschiedenen Abänderungen der Farbe und des Bruches. Die schönsten Abänderungen des dichten Ralfsteines (Marmorarten) kommen vor:
am Geisberge und Untersberge unweit Salzburg, zu
Adnet und im Wiesthale unweit Oberalm, am Haunsberge bey Laufen, und zu Unken; hauptsächlich unter
folgenden Spielarten von Farben:

a) Mit gelber, weißer und brauner Farbe ruinenför-
mig durchzogen.

b) Gelb, grau und weiß gestreift.

c) Gelb, grau, und braun gefleckt.

d) Roth, braun, und weiß fleckenweise gemengt.

e) Grau, roth und weiß, auch braun geadert.

f) Braun, grau und gelb gefleckt.

g) Weiß, grau und blau fleckenweise gemengt, Theils
auch gestreift.

h) Braun, weiß und grau geadert. Jede dieser Farben gehet oft in demselben Stücke durch verschiedene Nüan-
cen ihrer Höhe, und erscheint bald in größeren, bald in
kleineren Flecken, Adern und Streifen.

B) **Blättriger Ralfstein.**

a) **Körniger Ralfstein**, unter verschiedenen Abänderungen seiner Farben, klein- und feinkörnig; z. B. im
Weichselbach-Thale in Fusch. Seltnere Abarten davon sind:

aa) Der

aa) Der grünlichtweiße und dunkel berggrüne; von Hinteralpe in Lungau.

bb) Der röthlichtweiße, und zum Theile ins Rosenrothe spielende; im Mislitz-Thale in Lungau.

b) Kalkspat, unter mancherley Abänderungen in Rücksicht auf Farben, äußere Gestalten, und auf die Gestalt der Bruchstücke. Solche Abänderungen z. B. sind:

aa) Von hellweißer Farbe, in einfachen dreyseitigen und sechsseitigen Pyramiden; in Schwarzleogang; am Goldberge in Rauris.

bb) Hell, und zum Theile gelblichtweiß, in vollkommen sechsseitigen Säulen; in Schwarzleogang.

cc) Wein- und ockergelb, in doppelt-sechsseitigen, sehr kleinen Pyramiden, zusammengehäuft in doppelt-dreyseitige Pyramiden von mittlerer Größe; am Goldberge in Rauris, äußerst selten.

dd) Fleischroth, sehr großblätterig; am Rathhausberge in Gastein.

ee) Blaßviolet, in Rhomben von mittlerer Größe krystallisirt, die 2 breiten sowohl, als auch die 4 schmahlen Seiten mit 4 Flächen sehr flach zugespitzt, und die Spitzen und Ecken mehr und minder schwach abgestumpft. Hat unlängst am Hirzbach in Fusch gebrochen.

ff) Hell- und gelblichtweiß, von kleinstänglicht abgesonderten Stücken; am Wachtberge in Großarl.

C) Kalksinter, bricht an vielen Orten, und unter sehr verschiedenen Abänderungen von Farben, äußeren Gestalten und in Hinsicht des Bruches. Einige davon sind folgende:

a) Hellweiß, groß- und kleinnierenförmig; in Diensten, u. a. O.

b) Grau-

b) Graulicht- und gelblichtweiß, tropfsteinartig und zackicht (Eisenblüthe); zu Wagrain, und St. Johann.

c) Staudenförmig, auch büschel- und sternförmig faserig; unweit Schwarzach.

d) Knollicht u. rohrförmig; bey Tittmoning u. a. O.

47) Braunspat, kommt an verschiedenen Orten auf Gängen und in Geblrgslagern ziemlich häufig vor.

a) Derb und eingesprengt, von ockergelber, gelblichtweißer, auch bräunlichtrother Farbe; an vielen Orten; z. B. am Buchberge unweit Bischofshofen.

b) Linsenförmig und rhomboidalisch krystallisirt, von gelb- und graulichtweißer, auch gelblichtbrauner Farbe; z. B. in Dienten, am Gangthal in Lungau.

c) In zusammengehäuften Rhomben von verschiedener Größe, zum Theile bunt angelaufen, von metallischem Glanze; am Hirzbach in Fusch.

48) Stinkstein, ist zur Zeit nur erst in ein Par Flötzgebirgen gefunden worden.

a) Von leberbrauner Farbe und feinsplitterichtem Bruche; am Oelinger Graben unweit Laufen.

b) Gelblichtgrau, von erdigem Bruche; in Blüntau bey Werfen.

49) Mergel, kommt in manchen Gegenden ziemlich häufig vor.

A) Mergelerde unter verschiedenen Abänderungen von Farben.

a) Von losen; und

b) Von

b) Von zusammengebackenen Theilen; z. B. bey Saal-felden in Pinzgau.

B) Erhärteter Mergel.

a) Gelblicht, und rauchgrau, von erdigem Bruche; z. B. bey Plain unweit Salzburg.

b) Blaß, isabellgelb und gelblichtbraun, von schiefri-gem Bruche (Mergelschiefer); am Flachenberge bey Bi-schofshofen.

50) Bituminöser Mergelschiefer, von bläulichtschwar-zer Farbe; im Flötzgebirge im Achtthal.

51) Apatit, gemeiner, von grünlichtweißer und blaß spangrüner Farbe, in gleichwinklichten sechsseitigen Säu-len mit etwas konvexen Seitenflächen, in kleinen und sehr kleinen Kristallen; in Schwarz-Leogang, sehr selten.

52) Fluß; gehöret noch zu den seltneren Steinarten.

A) Dichter Fluß, lichtspangrüner; von Schwarzleo-gang; sehr selten.

B) Flußspat.

a) Von graulichtweißer und violblauer Farbe, derb und eingesprengt; in Schwarzleogang, und auf dem Berge Weißeck, im Muhrwinkel-Thale in Lungau; ferner am Grubach-Gebirge in Gastein.

b) Dunkelhimmelblau, in vollkommene kleine Würfel krystallisirt; in Schwarzleogang.

c) Blaßviolblau, in sehr kleinen Würfeln; am Blut-ner-Tauern in Rauris.

53) Gyps,

53) **Gyps**, bricht unter verschiedenen Arten und Abänderungen an mehreren Orten; und zwar am häufigsten bey Golling, und im Thale Immelau unweit Werfen.

A) **Gypserde**, von röthlichtweißer Farbe, von staubartigen, schwach zusammengebackenen Theilen; am Gypsberge bey Golling; sehr selten.

B) **Dichter Gyps** (Alabaster), unter verschiedenen Abänderungen von Farben:

a) Hellweiß; im Immelauer Thale.

b) Graulichtweiß; am Flachenberge, und in der Abbtenau.

c) Fleischroth und röthlichtweiß; am Dürrenberge bey Hallein.

C) **Blätterichter Gyps**, unter mehrerley Farben.

a) Gelblicht und graulichtweiß, von grobkörnicht abgesonderten Stücken; am Dürrenberge bey Hallein.

b) Hellweiß, von sehr feinkörnicht abgesonderten Stücken, in Schwarzleogang.

D) **Faseriger Gyps**, von hell= und graulichtweißer Farbe, klein und feinfaserig; ebendaselbst.

54) **Fraueneis**, kommt etwas selten und in geringer Menge vor.

a) Hell= und graulichtweiß, derb; in Schwarzleogang und am Dürrenberge bey Hallein.

b) In sechsseitigen Säulen, an beyden Enden zugeschärft; am Brennthal im Pinzgau, und in Schwarzleogang.

Eee c) In

c) In Zwillingskrystallen, wo zwey und zwey Krystalle der vorigen Art mit zwey Seitenflächen an einander gewachsen sind, von mittlerer Größe und klein; am Dürrenberge.

Schwersteinarten.

55) **Schwerspath**, ist bis itzt nur erst in der Grube **Erasmus** in **Schwarzleogang** entdeckt worden.

A) **Dichter Schwerspath**, von gelblichtgrauer Farbe, derb; äußerst selten.

B) **Blätterichter Schwerspath.**

a) Röthlichtgrau, und derb.

b) Von gleicher Farbe, in sehr flachen vierkantigen, kleinen Linsen.

C) **Schaliger Schwerspath.**

a) Blaulichtgrau, und graulichtweiß, derb, groß und etwas krummblättericht.

b) Honiggelb, in rechtwinklichte, sechsseitige kleine Tafeln krystallisirt..

II. Salzarten.

56) **Natürlicher Vitriol.**

A) **Kupfervitriol**, von himmelblauer, etwas ins Spangrüne fallender Farbe; in den **Brennthaler-Gruben** bey **Mühlbach** im **Pinzgau.**

B) **Eisenvitriol**, von lichtspangrüner Farbe, derb und als Ueberzug; eben daselbst, und in **Schwarzwand** in **Großarl**; am letzteren Orte selten.

C) Zink-

C) Zinkvitriol, von graulichtweißer Farbe; im Durchschlagstollen in Schwarzwand, auf der Seite der Hubalpe; äußerst selten.

57) Natürlicher Alaun.

A) Haarsalz, von blaß und apfelgrüner Farbe; unweit Flachau, bey Mandling u. a. O.

B) Federalaun, graulichtweiß, haarförmig und krummfaserig; am Dürren oder Salzberge bey Hallein.

58) Bergbutter.

a) Von gelblichtweißer, und gelblichtgrauer Farbe; in den Brennthaler Kiesgruben bey Mühlbach.

b) Von gelblichtbrauner Farbe; auf der Straße von Lend nach Embach, u. a. O.

59) Natürliches Bittersalz, von blaßspangrüner, und graulichtweißer Farbe, derb, und zum Theile undeutlich krystallsirt, in sehr kleinen Krystallen; am Dürrenberge bey Hallein.

60) Natürlicher Salpeter.

a) Mit Salpeter durchdrungene Erde von verschiedener Art kommt bey den meisten, besonders alten Gebäuden an den gewöhnlichen Orten vor, und die reichhaltigste davon wird auf Salpeter benützt.

b) In wollenförmiger Gestalt, als Ueberzug an vielen alten Mauern.

61) Steinsalz, bricht häufig am Dürrenberge bey Hallein.

Eee 2   A) Blät

A) Blätterichtes, unter sehr verschiedenen Abänderungen in Ansehung der Farben und des Bruches, z. B.

a) Gräulicht- und röthlichtweiß, großblättericht.

b) Fleisch- und bräunlichtroth, kleinblättericht.

c) Rauch- und röthlichtgrau, feinblättericht.

d) Von verschiedenem Korn der abgesonderten Stücke: als groß-grob-klein- und feinkörnicht.

e) Gelblicht weiß und blutroth, feinkörnicht, und von einem, sich schon dem Dichten nähernden Bruche.

f) Hell- und röthlichtweiß, in kleine, vollkommene Würfel krystallisirt.

B) Faseriges Steinsalz.

a) Von verschiedenen Abänderungen in Rücksicht der Farben; z. B. hellweiß, grünlicht- und röthlichtweiß, schmalte- und himmelblau; letztere ist die seltenste.

b) Von verschiedenen Abänderungen des Bruches: grob- und klein- auch feinfaserig, gleichlaufend und krumm-faserig.

c) In dünnstänglicht abgesonderten Bruchstücken; sehr selten.

III. Brennbare Substanzen.

62) Naphtha, soll nach Hrn. Hacquets Nachricht bey Kendelbruck im Lungau angetroffen worden seyn.

63) Erdpech, ist nur noch am Oelinger-Graben unweit Laufen, in Geschieben von Steinkohlen gefunden worden.

a) Dunkelschwarzes, als Ueberzug auf Steinkohle.

b) Braun-

b) Bräunlichtschwarzes, derb, in kleinen Adern in Steinkohlen.

64) **Bituminöses (erdharziges) Holz.**

a) Gemeines bituminöses Holz (Braunkohle) von schwärzlichtbrauner Farbe, in losen Stücken; am Schicht=ner=Graben unweit Tittmoning; auch am Oellinger=Graben bey Laufen.

b) Bituminöse Holzerde, von bräunlicht schwarzer Far=be; am Schichtner=Graben bey Tittmoning.

65) **Steinkohlen,** finden sich in verschiedenen Gegen=den Salzburgs, aber immer nur Theils als Geschiebe, Theils als schmahle, und mugelartig zu Tage aussetzende Lager in Flötzgebirgen.

A) **Gagasartige Steinkohle,** ist vor einigen Jah=ren als ein Geschiebe an der Salzache unweit Salzburg gefunden worden.

B) **Pechkohle,** graulichtschwarze; unweit St. Georg bey Laufen; bey St. Margarethen im Lungau.

C) **Glanzkohle,** von eisenschwarzer Farbe; am Stein=bach=Graben bey Flachau, am Paßek und zu Wöl=ting im Lungau.

D) **Blätterkohle,** bräunlichtschwarze, am Brodling unweit Tamsweg.

E) **Schieferkohle,** dunkelschwarze und graulichtschwar=ze; bey Wölting im Lungau.

66) **Graphit,** ist nur noch im Flachauer=Thale in ei=ner Art von Thonschiefer gefunden worden.

a) Ange=

a) Angeflogen und als Ueberzug, von dunkeleisenschwarzer Farbe;

b) Von gleicher Farbe, derb und eingesprengt.

IV. Metallarten.

Gold

findet sich in mehreren Gegenden der hohen Gebirgskette;
ist ein Hauptgegenstand der hiesigen Bergwerke, und Spuren davon trifft man auch in anderen noch unberitzten Ge-
birgsrevieren, und bey alten aufgelassenen Gruben an.

67) Gediegen Gold.

A) Goldgelbes gediegen Gold.

a) Derb in kleinen Körnern und Adern, größten Theils
eingesprengt, zuweilen auch angeflogen; z. B. bey Hirzbach in Fusch.

b) In kleinen eckichten Stücken, und kleinzackicht;
vorzüglich am Rohrberge im Zillerthal, und zu Schellgaden im Lungau.

c) In losen dünnen Blättchen, und sehr kleinen Körnern; im Griessande am Salzach-Fluße, und in verschiedenen Gebirgbächen.

B) Meßinggelbes gediegen Gold.

a) In sehr kleinen, eckichten Körnern, und fein eingesprengt; vorzüglich am Rathhausberge in Gastein,
auch am Goldberge in Rauris.

b) Angeflogen in kleinen und sehr kleinen Flächen;
ebendaselbst.

c) Ju

c) In losen, sehr feinen Körnern und staubartigen Theilen; im Griessande der Salzache und mehrerer Gebirgbäche.

Quecksilber,

gehöret zu den seltenen Metallen Salzburgs.

68) **Gediegen Quecksilber.**

a) In losen kleinen Kügelchen; in **Schwarzleogang.**

b) In sehr zarten, kaum sichtbaren Kügelchen eingesprengt; eben daselbst, und am **Salfenberge** bey **Brixen** im Brixenthal. Auch im Schmidtenthale im Pinzgau soll Quecksilber einst gebrochen haben.

69) **Natürliches Amalgam.**

a) In kleinen Theilchen eingesprengt, in der **Erasmus-Grube** in **Leogang.**

b) In kleinen, dünnen Flecken als Ueberzug; in der (nun aufgelassenen) Grube **Vogelhalte,** eben daselbst.

70) **Zinnober.**

A) **Dunkelrother Zinnober,** von cochenillrother Farbe, derb, klein und fein eingesprengt; zuweilen auch angeflogen, und klein nierenförmig; in **Leogang,** und am **Salfenberge.**

B) **Hochrother Zinnober.**

a) Derb und eingesprengt; in **Leogang** und auf der **Brunnalpe** im Brixenthal.

b) In kleinen, und sehr kleinen, undeutlichen, pyramidenförmigen Krystallen; in **Leogang,** sehr selten.

Silber,

Silber.

kommt zwar in verschiedenen Gebirgs-Revieren, aber im Ganzen nur in sehr mäßiger Menge vor.

71) **Gediegen Silber.**

A) **Gemeines gediegen Silber,** angeflogen, und als Ueberzug in kleinen Flecken; hat ehemals in der Grube **Vogelhalte** in **Schwarzleogang,** jedoch nur als eine Seltenheit gebrochen.

B) **Göldisch gediegen Silber,** haarförmig; am hohen **Goldberge** in **Rauris;** ist selten.

72) **Antimonialisch gediegen Silber.**

a) **Von** graulicht silberweißer Farbe, derb und eingesprengt: am **Rathhausberge** in **Gastein.**

b) Dunkelgrau, etwas ins Zinnweiße spielend, und sehr fein eingesprengt; am **Goldberge** in **Rauris.**

73) **Rothgüldenerz,** kam vormahls in der (nun aufgelassenen) Grube **Weißwandel,** im **Mislitz-Thale** im **Lungau** vor.

A) **Dunkel-Rothgüldenerz:**

a) Klein und fein eingesprengt, auch angeflogen.

b) Undeutlich säulenförmig kryftallifirt, in sehr kleinen Kryftallen.

74) **Weißgüldenerz.**

a)) Derb, und klein eingesprengt; am **Weißwandel** im **Mislitz-Thale.**

b) Angeflogen und zum Theile sehr fein eingesprengt; am **Rathhausberge** in **Gastein.**

Anmer-

Anmerkung. Alles Silber aus den Erzen der Goldberg‑werke enthält durchgehends mehr oder weniger, im Durchschnitte die Mark 2 bis 2 1/2 Loth Goldes; mit Ausschluße jenes Goldes, welches durch die Quickar‑beit aus den Schlichen vor ihrer Schmelzung ausge‑bracht wird.

Kupfer

ist ein Hauptproduct des hiesigen Erzgebirges, und an sehr vielen Orten, aber sehr selten in bauwürdiger Menge zu finden.

75) **Gediegen Kupfer;** bricht sehr sparsam.

a) **Kupferroth**, braun‑ und haarförmig; am **Lim‑berge** bey **Zell** im **Pinzgau.**

b) **Röthlichtbraun**, und ziegelroth angelaufen; am **Brennthal** bey **Mühlbach.**

c) In Blättchen und Körnern; am **Limberge** und am **Harberge** im **Zillerthal.**

d) Von sehr dunkel kupferrother Farbe, angeflogen; im **Walchersbach‑Thale** im **Pinzgau.**

76) **Kupferglanz** (graues Kupferglas).

A) **Dichter Kupferglanz**, licht bleygrau, und Theils bläulicht angelaufen; am **Limberge.**

B) **Blätterichter Kupferglanz**, von dunkelbleygrauer, ins Stahlgraue spielender Farbe; in **Schwarzleogang.**

77) **Buntes Kupfererz;** bricht zur Zeit nur in den **Leoganger‑Gruben.**

a) Derb, in Körnern eingemengt, auch eingesprengt.

b) Mit verschiedenen Farben bunt angelaufen.

78) **Kupfer‑**

78) **Kupferkies** kommt unter allen Kupfererz=Gat=
tungen am häufigsten vor.

a) Unter verschiedenen Abstufungen seiner gold=und
messingelben Farbe, derb eingesprengt und angeflogen; z. B.
an mehreren Orten in **Großarl**, am **Klucken** bey **Pie=**
sendorf.

b) Unter mancherley Abänderungen seines Bruches;
z. B. eben, muschlicht; am **Foißenkarr**, im **Krinner=**
thal unweit **Kirchberg** im **Ytterischen**, u. a. O.

c) Daubenhälsig und Pfauenschweifig angelaufen; z.
B. am **Brennthal**, und im **Untersulzbach=Thale** in
Pinzgau.

d) In kleine, doppelt=vierseitige, und in einfache
dreyseitige Pyramiden krystallisirt; in **Schwarzleogang**.

79) **Fahlerz**, findet sich an mehreren Orten, von einem
mehr oder minder reichen Silbergehalte.

a) Derb und eingesprengt, von stahlgrauer bis ins Ei=
senschwarze sich verlaufenden Farbe; z. B. auf der **Brunn=**
alpe, und am **Drähholz** im **Brixenthal**.

b) Bunt angelaufen und von dichtem Bruche; z. B.
am **Radstadter=Tauern**, und am **Blutner=Tauern**
in **Rauris**.

c) In sehr kleine, einfache dreyseitige Pyramiden kry=
stallisirt; in **Schwarzleogang**; sehr selten.

80) **Kupferschwärze**, von bläulichtschwarzer Farbe;
auf der **Frommer=Alpe** unweit St. **Martin**, im **Rad=**
städtischen.

81) **Rothes Kupfererz**; kommt selten vor.

a) Dich=

A) Dichtes rothes Kupfererz, von bräunlichtrother, etwas ins Bleygraue fallender Farbe, derb und grob
eingesprengt; am Erzberge bey Bischofshofen, und im
Thale Mühlbächchen bey Niedernsill.

B) Blätterichtes rothes Kupfererz, von dunkel-coche-
nillrother Farbe; am Haarberge im Zillerthal.

82) Kupferziegelerz, in unbeträchtlicher Menge.

A) Erdiges Kupferziegelerz.

a) Ziegel-und bräunlichtroth, derb; auf der From-
mer-Alpe bey St. Martin.

b) Eingesprengt und angeflogen, von karminrother
Farbe; eben daselbst, und im Höllen-Thale bey Werfen.

B) Erhärtetes Kupferziegelerz, von röthlicht-und
leberbrauner Farbe, derb und eingesprengt; auf dem Erzberge bey Bischofshofen.

83) Kupferlasur, gehöret zu den seltneren Kupfererz-
Gattungen.

A) Erdige Kupferlasur, unter verschiedenen Abstufungen der schmalte-und himmelblauen Farbe; derb, eingesprengt und angeflogen; an mehreren Orten im Brixenthale; in Schwarzleogang, u. a. O.

B) Strahlige Kupferlasur, von dunkellasurblauer
Farbe; auf der Brunnalpe im Brixenthal, und in
Schwarzleogang, etwas selten.

84) Malachit; ist nicht minder selten.

A) Faseriger Malachit.

.a) Von

a) Von blaßgrasgrüner Farbe, derb und eingesprengt; im Thale Mühlbächchen bey Niedernsill;

b) Smaragdgrün, in büschelförmig zusammengehäuften, haarförmigen Krystallen; ebendaselbst.

B) **Dichter Malachit.**

a) Apfelgrün, derb und eingesprengt; von der Brunnalpe im Brixenthal.

b) Lichtberggrün, tropfsteinartig und klein nierenförmig; am Erzberge bey Bischofshofen.

85) **Kupfergrün,** von spangrüner Farbe, derb eingesprengt, und angeflogen; zu Schwarzwand in Großarl, u. a. O.

86) **Eisenschüßiges Kupfergrün.**

A) **Erdiges,** von oliven- und lauchgrüner Farbe; an mehreren Orten in Brixenthal.

B) **Schlackichtes eisenschüßiges Kupfergrün** (Kupferpecherz) von lichtlauchgrüner Farbe, derb, und eingesprengt; auf der Brunnalpe und am Erzberge bey Bischofshofen.

Eisen

wird in sehr beträchtlicher Menge erzeugt.

87) **Schwefelkies,** bricht bey den meisten Bergwerken in Begleitung anderer Erze mit ein; und Spuren davon finden sich beynahe auf jedem Berge des Ganggebirges.

A) Gemeiner Schwefelkies unter verschiedenen Abänderungen der Farbe und des Bruches.

a) Derb,

a) Derb, eingesprengt und angeflogen; zuweilen auch bunt angelaufen; vorzüglich zu Kardeis in Großarl, am Brennthal bey Mühlbach, und am Rettenbach bey Mitterfill.

b) In Dodecaedern, Jcosaedern und Würfeln von verschiedener Größe krystallisirt; z. B. in Schwarzleogang, und am Goldberge in Rauris.

B) Strahlkies, derb, nierenförmig und tropfsteinartig, sehr selten auch in kleinen Kugeln; in Leogang und Großarl.

C) Leberkies, von stahlgrauer und leberbrauner Farbe, derb und eingesprengt; bey der Kogelhütte im Muhrwinkel, u. a. O.

D) Haarkies, in sehr kleinen haarförmigen Krystallen, bunt angelaufen; in Leogang und am Brennthal bey Mühlbach.

88) Magnetischer Kies, derb und eingesprengt, tombackbraun, bis ins Stahlgraue übergehend; am Reinkaar im Muhrwinkel, am Schwarzenbach in Dienten, u. a. O.

89) Magnetischer Eisenstein; an einigen Orten in beträchtlicher Menge.

A) Gemeiner magnetischer Eisenstein.

a) Theils von eisenschwarzer, Theils von dunkelstahlgrauer Farbe, derb und eingesprengt; bey Goldeck, im Thale Zederhaus im Lungau u. a. O.

b) In doppelte, vierseitige Pyramiden krystallisirt, von mittlerer Größe und klein; auf der Welschalpe in Muhrwinkel, im Stubach-Thale, u. s. f.

B) Eisen-

B) **Eisensand,** dunkeleisenschwarzer, wird zuweilen bey Goldseifenwerken durch die Waschmanipulation zufällig erhalten.

90) **Eisenglanz,** kommt zwar an mehreren Orten, aber nie sehr häufig vor.

A) **Gemeiner Eisenglanz.**

a) Von gewöhnlicher Farbe, zuweilen bunt angelaufen, derb und eingesprengt; am Geisbache in Rauris; im Thale **Windau** im **Brixenthal,** u. a. O.

b) In Linsen und sechsseitigen Tafeln; auf dem Brennkogel in **Fusch,** und am Geisbache in **Rauris.**

B) **Eisenglimmer.**

a) Derb, eingesprengt und angeflogen, auch von staubartigen Theilen, im Thale Retschach in Gastein. u. a. O.

b) In kleine, sechsseitige Tafeln krystallisirt; am Frohneck bey Hüttau, zu Annaberg in Abbtenau.

91) **Rother Eisenstein,** gehöret unter die seltneren Mineralien.

A) **Rother Eisenrahm,** derb und angeflogen; am Rathhausberge in Gastein, u. a. O.

B) **Dichter rother Eisenstein;** unter verschiedenen Abänderungen von Farben und Gestalten; z. B. am Schreckenberge; auf der Alpe Linde bey Werfen.

C) **Rother Glaskopf;** soll ehedem im Thale Zederhaus im Lungau gebrochen haben.

D) **Rother**

D) **Rother Eisenocker**; an verschiedenen Orten, z. B. im Thale Imelau bey Werfen; am Mitterberge im Mühlbach-Thale bey Bischofshofen.

92) **Brauner Eisenstein**, findet sich hier und da in ergiebiger Menge.

A) **Brauner Eisenrahm**; derb und angeflogen; z. B. am Schiedeck auf dem Rathhausberge.

B) **Ockeriger brauner Eisenstein**, Theils fest, Theils zerreiblich; an vielen Orten, vorzüglich am Flachenberge bey Bischofshofen, im Höllen-Thale bey Werfen.

C) **Dichter brauner Eisenstein**; im Bundschuh-Thale in Lungau, in der Sommerhalte in Dienten, u. a. O.

D) **Brauner Glaskopf**, derb, als Ueberzug, und tropfsteinartig; am Windingsberge bey Werfen.

93) **Spåthiger Eisenstein** bricht hier und da in beträchtlicher Menge, unter verschiedenen Abänderungen seiner Farben.

a) Derb und eingesprengt, grob-klein-und feinkörnicht; z. B. im Thale Urslau, im Thale Tweng im Lungau.

b) In Rhomben, Linsen und Pyramiden krystallisirt, von verschiedener Größe der Krystallen, vorzüglich in Dienten.

94) **Thonartiger Eisenstein**, kommt an manchen Orten nicht sehr sparsam vor.

A) **Lin-**

A) Linsenförmiger, thonartiger Eisenstein, von röthlich- und leberbrauner Farbe; im Achthal bey Teisendorf.

B) Röthel, von lichtbraunlichtrother Farbe; z. B. zu Filzmoos, an der Wetterwand in Dienten.

C) Gemeiner thonartiger Eisenstein, unter verschiedenen Abänderungen seiner Farben; z. B. in der Hinteralpe im Lungau, am Kohlmannseck in Dienten.

D) Bohnerz, von röthlichtbrauner Farbe, und von verschiedener Größe der bohnenförmigen Stücke; am Tännengebirge bey Werfen.

95) Blaue Eisenerde, von lichtschmalteblauer Farbe, soll im gemeinen Thone uumittelbar unter dem Torflager auf der Koppel unweit Ebenau gefunden worden seyn.

B l e y

findet sich zwar in verschiedenen Gegenden des Salzburgischen Gebirges, meistens aber in sehr sparsamer Menge.

96) Bleyglanz.

A) Gemeiner Bleyglanz, kommt am häufigsten vor.

a) Derb, eingesprengt, angeflogen, zerfressen; vorzüglich in den Bleyerz-Gruben iu Schwarzleogang und zu Ramingstein im Lungau.

b) Unter verschiedenen Abänderungen in Rücksicht des Bruches und der Bruchstücke, groß-grob-klein- und feinförnicht; bey allen Gold- und Silberbergwerken, außer jenen im Zillerthal. Ferner zu Unken, auf dem Robinger Berge im Spertten-Thale im Ytterischen,

am

am Hochsteinwandel in Zillergrund im Zillerthale, u. a. O.

c) Spieglicht, und bunt angelaufen; in Schwarzleogang selten.

d) In vollkommenen Würfeln, und in Würfeln mit Abstumpfungen an den Kanten; am Goldberge in Rauris, und in Schwarzleogang. Sehr selten.

e) In doppelten vierseitigen Pyramiden mit abgestumpften Endspitzen und Ecken; am Rathhausberge in Gastein; eben so selten.

B) Bleyschweif; ist nur erst in Schwarzleogang gefunden worden.

a) Derb und eingesprengt.

b) Mit spieglichter Oberfläche.

97) Schwarzes Bleyerz, von lichtgraulicht schwarzer Farbe, derb; in Schwarzleogang; äußerst selten.

98) Weißes Bleyerz, gelblichtweiß, in kleinen, sehr niedrigen Säulen, auf dem Blutner-Tauern in Rauris. Es kam mir davon nur ein einziges Exemplar zu Gesichte.

99) Graue Bleyerde, hat ehemals in den alten Gruben auf der Erzwiese in Gastein gebrochen.

a) Zerreibliche, von lichtgelblicht grauer Farbe.

b) Erhärtete, von dunkelgelblichtbrauner Farbe.

Fff,   Zink

Zink,

iſt ein ziemlich ſeltnes Metall.

100) **Blende.**

A) **Gelbe Blende,** von ſchwefelgelber, Theils von olivengrüner Farbe, derb und eingeſprengt; auf der Achſel-
alpe im Hollerobach-Thale.

B) **Braune Blende,** von röthlichtbrauner Farbe; derb
und in Körnern eingemengt; auf dem Rathhausberge,
in Gaſtein, und am Goldberge in Rauris; etwas
ſelten.

C) **Schwarze Blende,** dunkelſchwarz, zuweilen auch
bräunlichtſchwarz, derb und eingeſprengt; am Goldberge in Rauris; in der Alpe Sprinzgaſſe in Muhrwinkel.

101) **Galmey.**

A) **Gemeiner Galmey.**

a) Unter verſchiedenen Abänderungen von Farben,
gelblichtweiß, gelblichtgrau, u. ſ. f.; auf der Erzwieſe in
Gaſtein; zu Filzmoos.

b) Derb, eingeſprengt; angeflogen und tropfſteinför-
mig; auf der Frommeralpe unweit St. Martin im
Radſtädtiſchen; auf dem Blutner-Tauern in Rauris.

B) **Späthiger Galmey,** von iſabell-und ockergelber
Farbe; derb, und zum Theile löcherichter Geſtalt; am letzt-
gedachten Orte.

Spies-

Spiesglanz,

gehöret ebenfalls zu den seltenen Metallen.

102) **Graues Spiesglanzerz.**

A) Dichtes graues, derb und eingesprengt; am Rathhausberge in Gastein; äußerst selten.

B) Blätterichtes graues Spiesglanzerz; derb und eingesprengt; am Sonnberge unweit Mitterfill.

C) Strahlichtes graues Spiesglanzerz;

c) Derb und eingesprengt; bey Hippach im Ziller thal; in Schwarzleogang; selten.

b) In sehr kleinen vierseitigen, auch in nadelförmigen sechsseiltigen Säulen; am Rathhausberge; und am Goldberge in Raurie; ebenfalls selten.

D) Federerz.

a) In sehr dünnen, haarförmigen Krystallen, am Rathhausberge, und in Schwarzleogang.

b) Wolleförmig und äußerst zart; am Rathhaus= berge; sehr selten.

103) **Spiesglanzocker,** von gelblichtgrauer Farbe, als Ueberzug; am Sonnberge bey Mitterfill.

Kobalt,

wird in beträchtlicher Menge erobert; kommt aber nur in wenigen Gegenden vor.

104) **Grauer Speiskobalt;** derb und eingesprengt; am Nöckel in Leogang; unweit Jagen im Zillerthal; an der Zinkwand in Lungau.

105) Glanz=

105) Glanzkobalt;

a) Derb und eingesprengt, zuweilen ein wenig bunt angelaufen, und in graupichter Gestalt; an der Zink-wand in Lungau.

b) In kleine und sehr kleine Würfel krystallisirt, von undeutlichen Krystallen; ebendaselbst.

106) Weißer Speiskobalt, von dunkelzinnweißer Farbe, derb und eingesprengt; eben daselbst, und am Nö-ckel in Leogang.

107) Schwarzer Erdkobalt.

A) Schwarzer Kobaltmulm; von bräunlichtschwar-zer Farbe; derb und grob eingesprengt; am Nöckel in Leogang.

B) Erhärteter schwarzer Erdkobalt, blaulichtschwarz, als Ueberzug, auch unvollkommen nierenförmig; eben da-selbst, und bey Fügen im Zillerthal.

108) Brauner Erdkobalt, von leberbrauner, zuweilen auch gelblichtgrauer Farbe; grob und fein eingesprengt, sel-ten derb; am Nöckel.

109) Rother Erdkobalt.

A) Kobaltbeschlag.

a) Unter verschiedenen Abänderungen der rothen Far-be, meistens aber von pfirsichblutrother Farbe;

b) Derb, eingesprengt, angeflogen, zuweilen auch als Ueberzug und klein nierenförmig; am Nöckel, und in der Erasmusgrube in Leogang; auch bey Fügen, aber selten.

B) Ro-

B) **Kobaltblüthe,** von cochenillrother Farbe, als dünner Ueberzug; und angeflogen; am **Rathhausberge** in **Gastein,** und an der **Zinkwand.**

Nickel

bricht zur Zeit nur an der **Zinkwand** im **Weißbriach-Thale** im **Lungau.**

110) **Kupfernickel,** von blaßkupferrother Farbe, derb und eingesprengt.

111) **Kupfernickelocker,** apfel- und olivengrün, als dünner Ueberzug, und fein eingesprengt.

Braunstein

findet sich in einigen Eisenstein-Gruben, bis itzt immer in geringer Menge und zufällig.

112) **Graues Braunsteinerz.**

A) **Blätterichtes graues Braunsteinerz,** von dunkelstahlgrauer Farbe, derb, und von feinkörnig abgesonderten Stücken; in der **Scheffau** am **Tännengebirge,** wo es in kleinen Klüftchen und Adern sehr eisenschüßigen, bräunlichtschwarzen Mergelschiefers, aber selten bricht.

113) **Schwarzes Braunsteinerz,** graulichtschwarz, derb und angeflogen; in der **Sommerhalte** in **Dienten,** am **Fürbach** bey **Wagrain.**

114) **Erdiger Braunstein.**

A) **Schuppiger Braunsteinkalk,** von dunkelröthlichtbrauner Farbe, als dünner Ueberzug, und zum Theile wie

wie angeflogen; am **Kohlmannseck** in **Dienten**; am **Steinbach-Graben** bey **Flachau**, u. a. O.

Arsenik,

kommt in einigen Gebirgs-Revieren Theils allein, Theils mit anderen Erzen brechend, ziemlich häufig vor.

115) **Arsenikkies.**

A) **Gemeiner Arsenikkies;**

a) Von mehr und minder hellsilberweißer Farbe, derb und eingesprengt; an vielen Orten; in größter Menge aber in **Roggilden-Thale** in **Muhrwinkel.**

b) Bunt angelaufen; am **Mitterberge** bey **Ramingstein.**

c) In vierseitige Säulen von mittlerer Größe, und klein krystallisirt; am **Goldberge** in **Rauris**, und zu **Roggilden.**

B) **Weißerz.**

a) Von lichtzinnweißer Farbe, derb; am **Rathhausberge** in **Gastein.**

b) Dunkelzinnweiß, eingesprengt; eben daselbst.

116) **Natürlicher Arsenikkalk.**

a) Graulichtweiß, und als Beschlag auf grauem Speiskobalte; am **Nöckel** in **Leogang.**

b) Röthlichtweiß angeflogen; ebendaselbst.

Gemengte Gebirgsarten.

(Gebirgsarten im engeren Sinne).

I. Urgebirgsarten.

117) **Granit**, ist in den Salzburgischen Gebirgsgegen=
den beynahe allenthalben zu Hause; er macht zum Theile die
hohe, von Morgen gegen Abend laufende Gebirgskette,
welche Salzburg von Kärnthen und Tyrol scheidet, aus,
und dienet vielfältig auch anderen Gebirgsarten, wie es
an vielen Orten beobachtet werden kann, zur Unterlage.

A) **Gemeiner Granit.**

a) Unter verschiedenen Abänderungen der Farben sei=
ner Gemengtheile.

b) Unter mancherley Proportion der Gemengtheile;
z. B. bald mit vorwaltendem Quarze, bald mit vorwalten=
den Glimmer.

c) Von verschiedener Größe der Gemengtheile, groß=
grob=klein=und feinkörnig.

d) Unter mancherley Gestalten der Gemengtheile.

e) Unter verschiedenen Graden ihrer Durchsichtigkeit.

f.) Unter verschiedenem Zustande in Rücksicht der Auf=
lösung (oder Verwitterung) des Feldspaths und Glimmers;
an sehr vielen Orten.

B) **Fremdartiger Granit**, oder Granit mit fremden
Steinarten zufällig gemengt:

a) Mit Granaten; in Morizen im Muhrwinkel.

b) Mit Hornblende; z. B. in Anlauf in Gastein.

c) Mit

c) Mit schwarzem Stangenschörl im Zillerthale.

d) Mit rothem Schörl; in Fusch und Rauris.

e) Mit edlem Beryll; am Rathhausberge in Gastein.

f) Mit Cyanit; im Zillerthale.

g) Mit Thon; z. B. zu Schöder in Großarl.

h) Mit Kalkspath; am Rathhausberge in Gastein. Zuweilen sind dieser Art Granits auch zwey dieser Steinarten zugleich beygemengt. Diese Abänderungen kommen ungleich seltener, als die des gemeinen Granits, aber dennoch an mehreren Orten vor.

118) Gneus, ist fast überall in der Gegend vorhanden, wo sich Granit findet, und macht zum Theile auch eigene Gebirge aus.

A) Gemeiner Gneus kommt ebenfalls unter sehr verschiedenen Abänderungen in Rücksicht der

a) Farben

b) Proportion,

c) Größe,

d) Gestalt,

e) Durchsichtigkeit, und

f) Auflösung der Gemengtheile, so wie auch in Ansehung des

g) Bruches oder Gewebes, an verschiedenen Orten vor.

B) Fremdartiger Gneus, mit

a) Granaten,

b) Hornblende,　　　　　　　c) Schwarz

c) Schwarzem Stangenschörl,

d) Speckstein,

e) Electrischem Stangenschörl (nur im Zillerthale).

Gemengt; an verschiedenen Orten; aber meistens selten.

119) Glimmerschiefer, ist eine seltnere Gebirgsart; als die zwey vorigen; doch macht er auch beträchtliche Theile uranfänglicher Gebirge aus.

A) Gemeiner Glimmerschiefer, unter mancherley Abänderungen in Rücksicht der Farben, Proportion u. s. f. der Gemengtheile: z. B.

a) Mit vorwaltendem Glimmer.

b) Mit vorwaltendem Quarz.

c) Gerad = und krummschieferig.

B) Fremdartiger Glimmerschiefer mit

a) Granaten,

b) Schwarzem Stangenschörl (nur am Obersulzbach),

c) Thon,

d) Speckstein, und

e) Hornblende gemengt; an verschiedenen Orten der hohen Gebirgskette.

120) Hornblendschiefer, kommt etwas selten zum Vorscheine, und ist bis itzt nur in einzelnen Lagern in Granit = und Gneußgebirgen gefunden worden.

A) Gemeiner Hornblendschiefer, unter einigen Abänderungen in Rücksicht der Farben und des Verhältnißes der Gemengtheile; z. B.

a)

a) Mit vorwaltender Hornblende:

b) Mit vorwaltendem Quarz; auf der Kuppe des Rathhausberges in Gastein u. a. O.

B) **Fremdartiger Hornblendschiefer:** mit sehr klein kryſtalliſirten Granaten gemengt; auf der Schlapperebene im Naßfelde in Gastein.

121) **Geſtellſtein,** iſt ebenfalls eine ſeltnere Gebirgs-art; doch macht er Theils einzelne Gebirgstheile, Theils mehr und minder mächtige Lager in Granit = Gneus = und Glimmerſchiefer = Gebirgen aus.

A) **Gemeiner Geſtellſtein** unter mancherley Abände-rungen: z. B.

a) Mit mehr Glimmer als Quarz; im Leßach = Tha-le im Lungau u. a. O.

b) Mit mehr Quarz und innigſt eingemengten Glim-mer; z. B. am Hainzenberge im Zillerthal.

B) **Fremdartiger Geſtellſtein:** mit

a) Thon; mit

b) Granaten gemengt; am Hirzbach in Fuſch, und im Thale Gerlos; iſt ſelten.

122) **Schneideſtein,** kommt an einigen, obgleich — ſo viel bis itzt bekannt iſt — an wenigen Orten in beträcht-lichen Gebirgsmaſſen auf Glimmerſchiefer = auch auf Gneus= und Granit = Gebirgen vor.

A) **Gemeiner Schneideſtein,** unter verſchiedenen Abänderungen.

a)

a) Der Farben, und

b) des Verhältnißes ſeiner Gemengtheile; vorzüglich zu Schellgaden in Lungau, und am Berge Greiner im Zillerthale.

B) Fremdartiger Schneideſtein: gemengt

a) Mit kryſtalliſirtem Bitterſpath; zu Schellgaden.

b) Mit electriſchem Stangenſchörl; im Zillerthale.

c) Mit ſchwarzem Stangenſchörl; ebendaſelbſt.

d) Mit kryſtalliſirtem Strahlſtein; auch alldort.

e) Mit Talk; am Brennkogel in Fuſch.

123) Syenit, findet ſich zuweilen in mächtigen Lagern in Granit = und Gneußgebirgen.

A) Gemeiner Syenit, unter einigen Abänderungen in Anſehung der Farben, Proportion und Größe der Ge= mengtheile: z. B.

a) Mit graulicht = oder mit hellweißem Quarz.

b) Mit vieler Hornblende und wenigem Quarz und Feldſpath.

c) Grob = klein = und feinkörniger Syenit; in den Thälern Anlauf und Ketſchach in Gaſtein u. a. O.

B) Fremdartiger Syenit; gemengt

a) Mit Glimmer in ſehr feinen Blättchen; in der Mio= = in Lungau.

b) Mit Speckſtein; im Thale Stubach in Pinzgau.

124) Grünſtein, gehöret zu den ſeltneren Gebirgsar= ten, ruhet an einigen Orten unmittelbar auf Gneußgebir= gen,

gen, und macht zuweilen einzelne Lager in Granit = Gebir=
gen aus.

A) **Gemeiner Grünstein,** unter mehrerley Abände=
rungen; z. B.

a) Von dunkelgrüner und gelblichtbrauner Farbe; auf
der Hinteralpe in Lungau.

b) Mit vieler Hornblende und wenigem Glimmer; im
Görlach = Thale in Lungau.

c) Mit vielem Glimmer und weniger Hornblende;
am Felber = Tauern in Pinzgau.

d) Von verschiedener Größe der Gemengtheile; z. B.
grob = und kleinkörnig, in Mislitz in Lungau.

B) **Fremdartiger Grünstein;** mit

a) Granaten gemengt; bey Kendelbruck in Lungau.

b) Mit Strahlstein; im Stubachthale in Pinzgau.

125) **Porphyr,** ist eine noch seltnere Gebirgsart, als
der Grünstein, und findet sich — soviel davon bis itzt be=
kannt ist — in beträchtlichen Massen unmittelbar auf
Thonschiefer = und Granit = Gebirgen.

A) **Thoniger Porphyr,** von grünlicht grauer thoniger
Hauptmasse.

a) Mit vielem Feldspath und wenigem Glimmer.

b) Mit wenigem Feldspath, und etwas Quarz. Bey=
de Abänderungen im Ketschach = Thale in Gastein.

B) **Quarziger Porphyr,** von quarziger, lichtrauch=
grauer und gelblichtweißer Hauptmasse.

a) Mit Feldspath in sehr kleinen Körnern.

b)

b) Mit aufgelöstem (verwittertem) Feldspath. Beyde Abänderungen in Zauch-Thale unweit Flachau.

126) **Porphyrschiefer,** kommt eben nicht in vielen Gegenden, und zur Zeit nur als Gebirgsmasse von beträchtlichem Umfange auf Gneus- und Glimmerschiefer-Gebirgen vor.

A) **Gemeiner Porphyrschiefer,** der bis itzt nur von einer, in einer Art feinschiefrigen Tonschiefers bestehenden Hauptmasse zum Vorscheine kommt.

a) Von berggrüner und grünlichtgrauer Hauptmasse, mit derben, kleinen und sehr kleinen Feldspath-Körnern; am **Weichselbach** in **Fusch.**

b) Mit zum Theile krystallisirtem Feldspathe in kleinen und sehr kleinen Krystallen; im **Seidelwinkel** in **Rauris** unweit **Wörth.**

c) Mit zum Theile aufgelöstem Feldspathe, in einer Hauptmasse, die sich mehr dem Thonschiefer von dichtem als von schiefrigem Bruche nähert; im **Krumel-Thale** in **Rauris.**

B) **Fremdartiger Porphyrschiefer;** zufällig gemengt:

a) Mit Quarz; am **Weichselbach** in **Fusch.**

b) Mit etwas Hornblende; am **Schareck-Gebirge** in **Gastein.** Diese Abänderung macht den Uebergang in Hornblendschiefer aus.

127) **Serpentinfels (Ophit),** findet sich an manchen Orten, Theils in großen, sich ziemlich weit ausbreitenden Gebirgsmassen auf verschiedenen uranfänglichen Gebirgen, Theils in mächtigen Lagern in Granit- und Gneusgebirgen.

A)

A) Gemeiner Serpentinfels, Serpentinstein unter verschiedenen Abänderungen der Farbe, gemengt:

a) Mit gemeinem Asbest.

b) Mit Talk.

c. Mit Speckstein; an verschiedenen Orten, z. B. in Susch, Zillerthal, unweit Lend.

B) Fremdartiger Serpentinfels, zufällig gemengt:

a) Mit Feldspath.

b) Mit Kalkspath.

c) Mit Schielerspath; z. B. zu Bruck in Pinzgau, am Throneck in Gastein.

128) Glimmeriger Kalkstein, kommt in der Kette der uranfänglichen Gebirge an vielen Orten vor, und macht nicht allein mehr und minder mächtige Lager in Gneus= und Glimmerschiefergebirgen, sondern auch sehr beträchtli= che Gebirgsmassen auf Urgebirgen aus.

A) Gemeiner glimmeriger Kalkstein,

a) Unter mancherley Abänderungen der Farben sowohl des Kalksteins als des Glimmers; z. B. mit granlichtwei= ßem Kalksteine und grünlichgrauem Glimmer; am Tschel= ler=Graben bey Ramingstein.

b) Von verschiedener Proportion der Gemengtheile; z. B. mit vielem Kalkstein und sehr wenigem Glimmer; auf dem Naßfelder=Tauern in Gastein, u. a. D.

c) Unter verschiedener Größe der abgesonderten Stü= cke des blättrigtkörnigen Kalksteins: z. B. grobkörnig am Tscheller=Graben; kleinkörnig in Misliß=Thale in Lun=

Lungau; und sehr feinkörnig auf dem Blutner ‹ Tauern in Rauris.

B) Fremdartiger glimmeriger Kalkstein zufällig ge‹ mengt:

a) Mit Quarz; auf der Erzwiese in Gastein.

b) Mit Kalkspath; unweit des Tauernhauses im Seidelwinkel in Rauris.

II. Flötzgebirgsarten.

129) Sandiger Mergel, kommt an verschiedenen Or‹ ten in den Gegenden der Flötz ‹ Kalkgebirge in mehr und minder mächtigen Lagern vor.

A) Sandige Mergelerde.

a) Unter verschiedenen Abänderungen der Farbe, z. B. gelblichtgrau, graulichtweiß; bey Riethenburg unweit Salzburg, u. a. O.

b) Von verschiedener Art des Sandes; entweder mit Kalk ‹ oder mit Grussande, oder mit beyden zugleich ge‹ mengt; an verschiedenen Orten, z. B. am Flächenberge zu Bischofshofen.

c) Von verschiedenem Verhältniß der Gemengtheile; z. B. Mergelerde mit wenigem Sande gemengt; am Gerst‹ boden bey Saalfelden, u. s. f.

d) Von verschiedener Größe und Gestalt der Sandkör‹ ner; mit groben, kleinen und sehr kleinen, und mit run‹ den und eckigen Sandkörnern gemengt; an vielen Orten, z. B. in Ebenau, an der Glan (einem Bache) unweit Salzburg.

B)

B) Sandiger erhärteter Mergel; unter mancherley Abänderungen in Rückſicht

a) ſeiner Farbe;

b) der Art des beygemengten Sandes,

c) deſſen Proportion, und

d) der Größe und Geſtalt der Sandkörner.　Am öf-
teſten kommt dieſe Flötzgebirgsart mit kleinen und ſehr
kleinen Sandkörnern von verſchiedenen Steinarten vor;
z. B. im Achthal unweit Plain bey Salzburg, bey Adel-
ſtätten im Staufeneckiſchen.

130) Sandiger gemeiner Thon findet ſich an vielen
Orten, macht beſonders in ebenen Gegenden oft ſich ſehr
weit ausdehnende Lager von beträchtlicher Mächtigkeit,
große Stücke von Gebirgen aus.

A) Sandiger Töpferthon (Letten oder Lehm).

a) Unter verſchiedener, meiſtens blaulicht- und licht-
rauchgrauer Farbe;

b) Mit Kalk- und wenigem Grusſande.

c) Mit Grus- und Kieſelſande, ohne Kalkſand (ei-
gentlicher Ziegelthon;

d) Unter verſchiedener Proportion, Größe und Geſtalt
der Gemengtheile.　Alle dieſe Abänderungen an vielen Orten; z. B. bey St. Gilgen, Neumarkt.

B) Sandiger erhärteter Thon, unter ähnlichen Abänderungen; in einem mehr oder minder hohen Grade erhärtet; z. B. am Klauſenbach bey Kirchberg in BrI-
xenthal.

C)

C) Sandiger Schieferthon; unter dergleichen Abän=
derungen in Rückficht der Farbe, der Art des Sandes u.
f. f. am Rainer = Graben in Leogang, und bey Stro=
bel im Hüttensteinischen u. a. O.

131) Sandstein, kommt häufig im ebenen Lande sowohl
als in den Gebirgsgegenden vor, macht im erfteren oft
einzelne und zusammenhängende Hügel von Flötzgebirgen,
und in den letzteren mehr und minder fteile Ufer der Flüf=
fe und Ströhme aus.

A) Gemeiner Sandstein, beftehend in größeren und
kleineren Sandkörnern verschiedener Stein = und gemeng=
ter Gebirgsarten.

a) Unter mannigfältigen Abänderungen in Rückficht
der Farben und des Verhältniffes der Gemengtheile; an
vielen Orten, z. B. am Guckinsthal im Neuhausischen,
bey Stegenwald im Lueg = Thale.

b) Von verschiedener Größe und Geftalt der Gemeng=
theile, z. B. grob = klein = und feinkörnig; am Högel im
Staufeneckischen, bey Embach unweit Taxenbach.

c) Mit fremden Körpern, und zwar mit Verfteine=
rungen von Schaalthieren gemengt; im Achthal bey Tei=
fendorf.

B) Kieslichter (oder quarziger) Sandstein.

a) Gemeiner kieslichter Sandstein; z. B. grob=
und kleinkörnig; am Weißenbach im Hüttensteinischen,
in Bundschuh im Lungau.

b) Graue Wacke, mit hell = und graulichtweißen
Quarzkörnern von verschiedener Größe; z. B. am Ret=
tenbach unweit Kirchberg im Brixenthal.

Ggg   C)

C) **Thoniger Sandstein,** unter mancherley Abänderungen: z. B. klein- und feinkörnig, mit vielem verhär-
teten Thone, grünlicht- und gelblichtgrau; im Ulrich- Thale in Leogang, in Urslau.

D) **Eisenschüssiger Sandstein,** z. B. von röthlichtbrauner Farbe, feinkörnig; am Spielbach in Leogang;
bey Itter im Brixenthal.

132) **Breccien,** machen Theils mächtige Lager und
Bänke in Flötzgebirgen, Theils, obwohl ungleich seltner,
eigene Berge aus, welche aber wieder mit anderen Flötzgebirgsarten auf 2 oder 3 Seiten überdecket sind.

A) **Quarzbreccie,** unter verschiedenen Abänderungen,
z. B. graulichtweiße, blaulichtgraue, grob- und kleinkör-
nige; in Bundschuh und Hinteralpe in Lungau.

B) **Kalksteinbreccie,** ebenfalls unter mancherley Abänderungen, z. B. mit verschiedenen Farben, zugleich gefärbt, grob- klein- und feinkörnig; zu Aigen unweit Salzburg, auf der Spielbergalpe in Schwarzleogang u. a. O.

C) **Schieferbreccie,** von blaulichtgrauer Farbe, mit
Thonschiefer- Trümmern von beträchtlicher Größe; unweit
Moßham im Lungau.

D) **Sandbreccie,** verschieden gefärbt, von Geschieben
und Sandkörnern verschiedener Art und Größe. Diese
Art Breccie kommt am häufigsten vor; z. B. zu Hellbrunn, am Mönchberge bey Salzburg.

E) **Sandsteinbreccie,** ist zur Zeit nur in einzelnen,
größeren und kleineren Stücken in Sandbreccie, vorzüglich in Tiefenbach- Thale, und beym Embacher- Erdfal-
le unweit Lend gefunden worden.

III.

III. Aufgeschwemmte Gebirgsarten.

133) Sand macht auf dem ebenen Lande meisten Theils die unmittelbare Grundlage der Ackererde aus; auch Thon: Mergel : und Torflagern dienet er in einigen Orten zur Grundlage, und findet sich übrigens in, und neben allen Flüssen und Ströhmen.

A) Grussand (gemeiner Sand), von verschiedener Größe der Sandtheile sehr mannigfältiger Steinarten; ist die gewöhnlichste Sandart, und liegt fast überall vor Augen.

B) Kieselsand; meistens klein: und feinkörnig, grau: lichtweiß, gelblichtgrau u. s. f.; am Haunsberge bey Lau: fen, bey Tittmoning u. a. O.

C) Kalksand, graulicht und gelblichtweiß, rauchgrau u. s. f. Grob: klein: und feinkörnig; bey allen Ströhmen und Bächen aus Kalkgebirgen; z. B. an der Tauggl, Lommer.

D) Flugsand, meistens von lichtrauch: und aschengrauer Farbe; fein: und höchst feinkörnig; fast allenthalben bey Flüssen, vorzüglich an der Salzache.

134) Tuffstein, kommt in verschiedenen Gegenden Theils in großen Klumpen, und Theils in mächtigen Lagern als Ueberzug niedriger Gebirgsstücke in der Nachbarschaft von Kalkgebirgen vor.

A) Gemeiner Tuffstein, verschieden gefärbt, und un: ter mancherley Abänderungen in Rücksicht seiner äußern Gestalten, und des Verhältnißes des beygemengten Thons; z. B. gelblichtgrau, stark löchericht; am Silbling : Berge bey Fuschl, unweit Haarbach in Gastein, u. a. O.

B)

B) **Eisenschüssiger Tufstein,** von ockergelber Farbe, und röthlichtbraun, ungestaltet und tropfsteinförmig; z. B. unweit **Laufen.**

C) **Fremdartiger Tufstein:** mit

a) Blätter-

b) Schilf- und

c) Reisigabdrücken; vorzüglich bey den Tufstein-Brü- chen in der Gegend um **Tittmoning.**

.135) **Sandige Mergelerde** und

136) **Sandiger Töpferthon** gehören in so ferne auch zu den aufgeschwemmten Gebirgsarten, als selbige nicht al- lein in und auf Flötzgebirgen, unter deren Gebirgsarten sie vorhin aufgeführet wurden, sondern auch in aufgeschwemm- ten Gebirgslagern vorkommen, und noch heute durch Aus- tretung der Flüsse und Ströme an vielen Orten entstehen. Sie werden meistens in unausgetrocknetem Zustande, übri- gens unter den oben bemerkten Abänderungen gefunden; z. B. an der Saale und Salzache in **Pinzgau.**

137) **Torf** findet sich in mehr und minder ausgebreite- ten und mächtigen Lagern in vielen Gegenden des Gebirg- und ebenen Landes; vorzüglich im letztern um **Salzburg, Glaneck, Staufeneck, Teisendorf, Waging, Lau- fen** und **Tittmoning;** wo er im Ganzen einen unermeß- lichen Vorrath und Reichthum für künftige, mit Holzman- gel mehr kämpfende Zeiten, zu einer mehr allgemeinen Benützung, als sie gegenwärtig Statt findet, in Bereit- schaft hält.

A) **Moorerde,** meistens von dunkelschwarzer Farbe; kommt in geringer Menge, aber doch in mehreren Torf- lagern,

lagern, z. B. im Viehhauser Moore unweit Salzburg
vor.

B) Sumpftorf, von mehr oder minder dunkelschwarzer, meistens aber von schwärzlichtbrauner Farbe; ist die
beste Art des hierländischen Torfes; macht aber mehreren
Theils nur die unterste, 2 — 3 Fuß mächtige Schicht eines Torflagers aus; z. B. im Loiger-Moore bey Salzburg.

C) Moortorf, von lichtgelblichtbrauner, zuweilen auch
ins Graue fallender Farbe; ist eine der gewöhnlichsten
Torfarten; z. B. im Adelstätter Moore im Staufeneckischen.

D) Haidetorf, gelblichtgrau, zum Theile auch röthlichtbraun; kommt vielfältig in Begleitung der vorigen
Art vor; z. B. am Stierling unweit Laufen.

E) Rasentorf, von gelblichtgrauer, auch dunkelocker-
gelber Farbe; macht beynahe bey jedem Torflager die oberste
Schicht aus. Oft brechen 2 oder 3 dieser Torfarten in einem und demselben Lager; und alle diese Torfarten zugleich
finden sich im Torflager am Paß Thurm unweit Mittersill,
dessen Mächtigkeit man mit einer 30 Fuß langen Stange
noch nicht ergründen konnte.

Anmerkung. Zwar gehöret der Torf seinem Wesen nach mehr
in das Gebieth des Pflanzen- als in das des Mineral-
reichs; aber der Ort seiner Erzeugung, und der Um-
stand, daß derselbe gewöhnlich, besonders wo er unmittelbar an seine aufgeschwemmte Unterlage gränzt, mit
thon- oder mergelartigen Erdtheilen mehr oder weniger
gemengt, und verunreinigt zum Vorscheine kommt, gestatten allerdings, demselben hier einen Platz anzuwei-
sen.

Von

Von vulkanischen Stein , und Gebirgsarten ist
uns im Erzstifte noch nichts zu Gesichte gekommen. Vor
ein Par Jahren wollte zwar ein Freund der Mineralogie
dergleichen Producte in Geschieben gefunden haben; allein
wir können sie für nichts anderes, als Theils für Eisen
und andere Schlacken, Theils für Bruchstücke von Ofen
steinen, welche einen mehr und minderen Grad der Schmel
zung erlitten hatten, ansehen. Und wirklich findet man in vie
len Thälern, auch sogar auf Gebirgs , Gehängen, wo bey
gänzlichem Wassermangel die Schmelzung in einer Art von
Windöfen geschehen mußte, größere und kleinere Ueber
bleibsel uralter Schmelzwerke, und Schlacken , Halden, wo
von der Gang der Natur und der Zahn der Zeit eine
Menge einzelne Stücke heute noch abreißen, und in Strohm
und Fluß , Bette bringen; und so bekommen einzelne Ge
schiebe davon sehr viel Aehnlichkeit mit Geschieben vulka
nischer Producte.

I. Anhang.

Versteinerungen.

Von Versteinerungen, deren Bestimmung nach ihren
Gestalten, und deren Classification eigentlich in das Ge
bieth der Pflanzen und Thierkunde gehören, begnüge ich
mich hier, nur die Gattungen, ohne Rücksicht auf ihre Ar
ten, anzuführen; mit der Bemerkung, daß sie in Salz
burgischen Flötzgebirgsarten, und in Flötzkalkgebirgen hier
und da ziemlich häufig, und zwar unter verschiedenem Zu
stande ihres mineralogischen Verhaltens,

1) in Abdrücken,

2) vererdet;

3)

3) erhärtet;

4) inkrustirt, und

5) wirklich versteinert zum Vorscheine kommen.

a. Aus dem Thierreiche.

Vermiculiten; in Abbtenau.

Ichthyolithen; zu Wiesthal und Atneth unweit Ober-alm.

Echiniten; im Achthal und zu Neukirchen im Teisen-dorfischen, auch zu Mattsee.

Pectiniten; eben daselbst, und am Tännengebirge bey Brunneck; wie auch am Dürrenberge bey Hallein und zu Unken.

Chamiten; im Teisendorfischen, zu Mattsee, Unken und am Dürrenberge.

Pholaden; in Abbtenau.

Chochliten; eben daselbst.

Ammoniten; zu Wiesthal und Atneth; auch bey Brunn-eck am Tännengebirge. Auf der Strasse von Golling nach Brunneck ragt aus Flötzkalkstein ein Ammonit hervor, dessen Durchmesser nicht unter 1 1/2 Fuß zu betragen scheint; und unmittelbar darneben findet sich auch ein Pectinit von beynahe gleicher Größe.

Heliciten;

Nerititen;

Globositen;

Trochiten;

Strombiten;

Tur-

Turbiniten;

Bucciniten; und

Volutiten: alle diese Gattungen kommen in Abtenau, und besonders im Rusbach = Thale vor.

b. Aus dem Pflanzenreiche.

b) Von Erdgewächsen.

Phytotypolithen; bey Bergheim unweit Salzburg.

Bibliolithen, bey Tittmoning.

Dendriten (als Anhang zu den versteinerten Erdgewächsen); an verschiedenen Orten, Theils in Flötz =, Theils im Urgebirgen: z. B. auf dem Rathhausberge in Ga = stein; am Windingsberge bey Werfen auf Eisen = stein.

2) Von Seegewächsen.

Koralliolithen;

Fungiten;

Hippuriten;

Astroiten;

Entrochiten: welche Gattungen alle in Abbtenau sich vor = finden. Uebrigens trifft man auch am Untersberge, besonders bey den dasigen Marmorbrüchen; zu Filz = moos, und in der Scheffau am Tännengebirge ein = zelne Versteinerungen von Schaalthieren an.

II. Anhang.
Mineralische Wässer.

A) Warme Mineralwässer finden sich:

Zu Wildbad im Thale Gastein in 5 Quellen. Man kann hierüber nachsehen: v. Eckhl Salus rediviva a
fonte.

fonte. d. i. Heyl- und wundersames ꝛc. Gastei-
ner Wildbad. Salzburg bey Mayr, 1780 in kl. 8.
Mit ungleich mehr Befriedigung aber liest man: *Jos.*
Barisani Diss. inaug. chemico - medica de thermis
gasteinensibus. Vindob. ap. Kurzboek. 1780. 8.
Und ebendesselben: Physikalisch - chemische Unter-
suchung des berühmten Gasteiner Wildbades.
Salzburg, 1785. in 8.

Zu **Stegenwacht** im Thale Großarl; eine beträchtliche
Quelle am Ufer des Großarler Strohmes zwischen 2
Felsenwänden, wodurch sich dieser seinen Rinnsahl ge-
bahnt hat; fast unzugänglich, bey Wassergüssen durch
überlaufendes Strohmwasser verborgen, und bis itzt
unbenützt.

B) **Kalte Mineralwässer,** welche als Gesundbrunnen
besucht werden, finden sich:

Zu **Aigen** unweit Salzburg; ward einst nach dem Wildbade in Gastein am meisten besucht. Man sehe hierüber: Unterricht über das Gesundbad in Aigen
im Erzstifte Salzburg. Salzburg 1780. 4.

Zu **Unken,** von Oberrain gegenüber; wird wenig besucht.

Zu **Badgraben,** unweit des Dorfes Leogang im Unterpinzgau; ist ein ziemlich bekanntes Gesundbad.

Zu **Brixenbach,** unweit des Dorfes Feuring im Brixenthale: zählt nur wenige Gäste.

Im Thale **Duz** im Zillerthale; wird nur von umliegenden
Einwohnern besucht.

Zu

Zu **Burgwiese**, unweit **Mittersill** in **Oberpinzgau**;

Zu **Schwarzenbach**, von **Stuhlfelden** gegenüber im **Oberpinzgau**; und

Zu **Badhaus** unweit **Zell** im **Unterpinzgau**; diese drey Gesundbrunnen werden nicht allein von umliegenden Landleuten, sondern auch von vielen anderen Personen aus entfernteren Gegenden benützt.

Zu **Weichselbach** im Thale **Fusch** im **Unterpinzgau**; wird nach dem Wildbade in Gastein unter allen Gesundbädern im Gebirglande am meisten besucht.

Im Thale **Untersulzbach** in **Oberpinzgau**; und

am **Brodlingberge** unweit **Tamsweg** in **Lungau**: von diesen zwey Mineralwässern wird gegenwärtig noch kein Gebrauch gemacht.

Im **Unken = Thale** unweit von dem Dorfe **Unken** ist eine Salzquelle, oder Salzsohle mit etwas schwachem Gehalte am Kochsalze; bleibt zur Zeit aus Umständen noch unbenützt.

Eine Beschreibung des geognostischen Verhaltens dieser Mineralwässer gehöret in das Gebieth der mineralogischen Geographie; und eine Angabe ihrer Bestandtheile müßte nothwendig chemische Untersuchungen derselben voraussetzen: diese Voraussetzung findet aber bey jenen mineralischen Wässern, das Wildbad in Gastein ausgenommen, leider noch nicht Statt.

---

2)

2) Inländische Pflanzen.

Wir können, was das ganze Salzburgische Her-
barium betrifft, unsere Leser auf Schranks Primitias Florae Salisburgensis verweisen, welche bis auf
wenige Nachträge, die bey einer anderen Gelegenheit
erscheinen sollen, und bereits von einem geschickten inländischen Pflanzenkenner, Herrn Franz Anton von
Braune angekündiget worden sind, gewiß Genüge leisten werden. Wir schränken uns also hier bloß auf den
merkwürdigeren Theil der Salzb. Flora, auf die Alpenpflanzen ein, welche wir hier einzeln beschrieben liefern *).

Salz-

---

*) Der Herausgeber dieser Beschreibung hat dieses Verzeich-
niß der Gefälligkeit des hochf. Hn. Kammerdirektors Baron von Moll zu verdanken, der es unter seiner Aufsicht von Hn. von Braune zusammensetzen ließ. Die
Quellen hierzu waren Hn. B. von Moll's Papiere und
Erfahrungen auf seinen Reisen durch den größten Theil
der Salzburgischen Alpenkette; Hn. von Braunes eigene Hefte und Bemerkungen, vorzüglich auf den Gebirgen von Werfen; Schranks Primitiae Florae Salisburgensis; Plantae rariores Carinthiacae in Jacquins
Miscellaneis und Collectaneis, Funks Aufsätze in Hoppes botan. Taschenbuche für 1794; Rainers handschriftliche Briefe an Hn. Baron von Moll, und von Braunes
supplementa ad Primitias florae Salisburgensis in
Hoppes botan. Taschenbuche für 1795.

Salzburgische Alpenpflanzen.

Circaea alpina. Auf den meisten Alpen.

Veronica aphylla. Auf den Alpen im Zillerthale; auf dem Blüntecke in Werfen; auf dem Untersberge.

— — bellidioides. Auf den höchsten Alpen in der Zem gegen das Wayeggerkarr; auf der Lasabergalpe im Lungau.

— — fruticulosa. Auf den Zemeralpen im Zillerthale; auf dem Untersberge.

— — frutescens. Auf den Zemmeralpen.

— — alpina. Ebendas.; ferner auf dem Zwiselberge im Pflegger. Abbtenau; auch auf dem Rauriser Goldberge, und auf dem Linthale im Pflegger. Werfen.

— — integrifolia. Auf den Alpen in der Zem.

— — pygmaea. Auf den höchsten Salzburgischen Alpengebirgen.

— — rotundifolia. Auf den höchsten Alpen in der Zem im Zillerthale.

Pinguicula alpina. Allenthalben auf Alpen; auch auf dem Ofenloch = und Kapuzinerberge bey Salzburg; selbst vor dem Linzerthore.

Valeriana montana. Im Zillerthale; im Salzgefälle, in der Abbtenau; in Werfen neben der Landstraße über dem Schloßberge.

— — celtica. Allenthalben auf den Lungauischen Alpengebirgen in Menge.

Va-

Valeriana ſaxatilis. In Niederungen im Zillerthale;
an der Straſſe gegen den Radſtadter Tauern; auch
auf dem Untersberge.

Phleum alpinum. Auf den meiſten Alpen zahlreich; auch
auf dem Untersberge bey Salzburg.

Aira alpina. Im Zillerthale.

Poa bulboſa. Auf dem Rauriſer Goldberge; auf den
höchſten Alpen in der Zem; auf dem Windsfelde
im Lungau, und auf dem Untersberge.

— — alpina. (Funk: ohne Angabe des Standortes.)

— — diſtichs. Auf dem Rauriſer Goldberge; auf den
höchſten Alpen im Zillerthale; auf dem Breitenc=
ckerkarr in der Zem.

Cynoſarus feſsleria. In der Abbtenau; in Werfen;
um Salzburg auf dem Mönchsberge.

— — ſphaerocephalus. Auf den Alpen Karrthal, und
Froſnitz.

Globularia cordifolia. Auf den Alpen am Heinzenber=
ge im Zillerthale; auch in der Zem; in der Groß=
arl; in Werfen am Burger=, und Schloßberge;
am Leopfarrſteige; ferner auf dem Mönchsberge
bey Salzburg; und auf dem Untersberge.

— — nudicaulis. Am Heinzenberge auf der Gerlos=
wand; im Salzgefäll; auf der Heimhofalpe in
der Abbtenau, und auf dem Untersberge.

Plantago alpina. Auf dem Tännengebirge, im Salz=
gefäll und in der Helmalpe, und allenthalben auf
Alpen.

Al=

Alchemilla alpina. In den Waxecker Bergmädern in der Zem, im Zillerthale; auch auf dem Untersberge bey den Sennhütten.

Aretia helvetica. An hochgelegenen Stellen des Rauri-ser Goldberges.

— — alpina. Auf den höchsten Alpen in der Zem, auf Felsen am Rothenkopfe, und des Waxeckerkarrs.

Androsace Chamaeiasme. Allenthalben auf Alpen, z. B. auf dem Untersberge.

— — lactea. Sehr zahlreich auf den Abbtenauischen Alpen; auch auf dem Untersberge.

— — Halleri. Auf den höchsten Felsen des Brennkogls.

Primula farinosa. Im Zillerthale am Gerlossteine, zwischen Furt und Blümer; in Werfen am Haid-berge, in der Großscharten Alpe; ferner bey Trü-benbach, in der Nähe des Abbtsdorfer Moores, auch im Lazarethwäldchen bey Salzburg; und auf dem Untersberg-Moore.

— — glutinosa. Auf den höher gelegenen Alpen im Zil-lerthale, in der Zem; an der Gerloswand, auf der wilden Kriml; auf der Schilberhöhe, und Zinkwand im Lungau.

— — longiflora. Auf dem Waxeckerkarr im Ziller-thale, an der Salzache neben der Kalkwiese bey Werfen.

— — ciliata. Am Breitlänerschinder in der Zem, im Zillerthale.

— — Auricula. Allenthalben auf Kalkgebirgen: z. B. in den Hohlwegen bey Saalfelden; auf dem Tännengebirge, an der Rothenwand, und selbst auf

auf Felsen an der Salzache neben der Kalchaubrücke in Werfen.

Primula integrifolia. Auf den Alpen in der Abbtenau; in der Heimhofalpe; auf dem Blüntecke gegen die Rettenbachalpe in Werfen.

— — minima. Auf den Alpen im Zillerthale; im Lungau auf der Schilherhöhe, auf dem Windsfelde; auf dem Rathhaus- und Rauriser Goldberge; auf dem Tännengebirge; auf der Zinkwand. •

Soldanella alpina. Allenthalben auf Alpen; z. B. in Werfen in der Alpe Moosleben,, Blüntecf, auch bey Neumarkt; auf dem Untersberge; auf der Zinkwand im Lungau.

Azalaea procumbens. Auf dem Osterhorne in der Abbtenau; auf dem Gugelberge im Zillerthale; auf dem Windsfelde im Lungau; auf dem Hagengebirge zu Schönbühl und Unterwengthal, auf der Lasabergalpe im Lungau; auf dem Untersberge.

Campanula cenisia. Auf der Schilherhöhe im Lungau.

— — alpina. Auf der Schilherhöhe und am Drathberge; auf dem Untersberge.

— — barbata. Am Heinzenberge in der Zem im Zillerthale; auf den Bergen in der Gegend von Moßham, auf dem Teufelshorne im Blühnbache, Pfleggerichts Werfen.

Phyteuma pauciflorum. Auf den Alpen in der Zem im Zillerthale; und auf dem Rauriser Goldberge; auf dem Mönchsberge (nach Hn. Rainer).

Phy-

Phyteuma hemiſphericum. In den Waxecker Bergmädern in der Zem im Zillerthale; im Lungau auf der Schilherhöhe; im Windsfelde, auf der Tofern.

— — orbiculare. In Tofern; zwiſchen Großarl und Gaſtein; im Zillerthale; auf der Schilherhöhe, auf Werwieſen im Lungau.

— — ovatum. Auf graſigen Niederungen der Zemer‐ alpen.

Lonicera alpigena. Am Heinzenberge im Zillerthale; in der Bundſchuhalpe Roſenin; im Pfleggerichte Werfen, in der hintern Jmelau am Feldzaune ne‐ ben dem Wege nach der Rendlalpe; am Gehwege nach dem Blühnbache unter Zaiſmann, und am Bur‐ gerberge; auf dem Luganger in Tamsweg, und hinter dem Schloſſe Neuhaus bey Salzburg.

— — nigra. Am Gerlosſteine im Zillerthale; auch auf dem Blüntecke in Werfen.

Rhamnus pumilus. Am kahlen Felſen unter der Feſtung Werfen.

Ribes alpinum. In der Floiten, und Zem im Zillertha‐ le; in Werfen auf dem Blüntecke; auf dem Mönchs‐ berge bey Salzburg; in Saalfelden am Gerlin‐ gerberge; im Lungau in Hecken.

Theſium alpinum. Auf dem Rotbahornkarr im Ziller‐ thale; auf dem Tännengebirge in der Abbtenau; am Lindauſteige nächſt der Rendlalpe in Wer‐ fen; auf dem Mönchsberge (nach Hn. Rainer.)

Swertia carinthiaca. Auf den Alpen Karrthal und Fros‐ nitz; auf dem Rauriſer Goldberge.

Gen-

Gentiana lutea. Auf den Alpen im Zillerthale; auf dem Berge Tofern; auf den Abbtenauischen Alpengebirgen; auf dem Tännengebirge; auf den Schwarzdientner Alpen; im Pinzgau und Lungau.

— — purpurea. Auf den Alpenlägern im Blühnbache; auf den Abbtenauischen Gebirgen.

— — asclepiadea. Auf den Bergen im Zillerthale; zwischen Grießen und Hochfilzen in der Leogang; in der Großarl; auf dem Tännengebirge; auf der Alpe Grünwald, Rendelalpe, und am Wege nach Maiß, bey Windbühel in Werfen.

— — acaulis. Im Zillerthale; auf dem Rauriser Goldberge, in Moßheim; auf dem Tännengebirge, auf dem Blüntecke, in der Rendelalpe in Werfen. Auf bergigen Wiesen in Glem im Pinzgau; auf dem Untersberge im Lungau am Wege nach Glanz.

— — pumila. Auf den Alpen im Zillerthale; auf dem Rauriser Goldberge.

— — proftrata. Auf den Alpen Karrthal und Frofnitz; auf dem Untersberge.

— — bavarica. Auf den Alpen im Zillerthale; am Gerlosftein; auf dem Windofelde; auf dem Rauriser Goldberge; um Seekirchen bey Roith; um Neumarkt, auch auf dem Tännengebirge, und Ofterhorn.

— — nivalis. Auf der Hinteralpe im Lungau auf Weideplätzen zwischen den Alphütten.

Athamantha pubefcens. Auf dem Tännengebirge.

— — cretenfis. Auf dem Rantenbrunn mit Aethufa Meum.

Hhh   La-

Laserpitium latifolium. Auf Alpen ; auf dem Mönchs- und Kapuzinerberge um Salzburg.

— — simplex. Auf den Alpen Karrthal und Frosnitz.

— — austriacum. Am Drathberge.

Phellandrium Mutellnia. Allenthalben auf den Alpen; z. B. auf der Schilberhöhe; am Drathberge; auf dem Tännengebirge; auf dem Rauriser Goldber- ge; in der wilden Kriml und auf dem Untersberg.

Aethusa Meum — — Auf hohen Gebirgen im Bundschu- he; ferner auf dem Kantenbrunn in Radstadt.

Scandix odorata. Auf dem Untersberge, und anderen Alpengebirgen; in der Rauris.

Imperatoria Ostrutbium. Auf den Alpen im Zillertha- le; und allenthalben auf den Alpen; im Lungau, Pangau und Pinzgau; auch auf dem Untersberge.

Statice Armeria. Auf dem Windsfelde im Lungau, auf dem Rauriser Goldberge; auf dem Radstad- ter Tauern.

Sibbaldia procumbens. Auf dem Rauriser Goldberge.

Allium Victorialis. Auf den Alpen im Zillerthale, im Tux; auf den Alpengebirgen im Pinzgau ; im Wolf- bache; in der Abbtenau; auf dem Sonntaghor- ne, S. Lofer, Alpe Eck, S. Golling.

Lilium Martagon. In den Waseckerbergmädern, und allenthalben auf Alpen, auch in Niederungen; selbst am Viehberge und Kapuzinerberge bey Salzburg.

Anthericum serotinum. Auf dem Tännengebirge; auf dem Radstadter Tauern.

— — calycinum. Allenthalben auf Alpen; auch auf dem Mönchsberge bey Salzburg.

Con-

Convallaria verticillata. Im Zillerthale, in Werfen in der Kohlmannswiese, in der Großschartenalpe; am Ratzensteine neben dem Saalhofe unweit Zell im Pinzgau.

Juncus trifidus. Auf dem Berge Tofern; auf dem Tännengebirge.

Rumex fcutatus. Auf Grawand in der Zem im Zillerthale; auf dem Tännengebirge.

— — digynus. Auf der Schilherhöhe.

— — alpinus. Allenthalben auf den Alpen um die Alphütten.

Triglochin paluftre. Auf der Schilherhöhe im Larzenbache.

Epilobium montanum. Auf Alpen in Niederungen in der Zem im Zillerthale, auf den Abbtenauischen und Lungauischen Gebirgen.

Polygonum viviparum. Allenthalben auf Alpen; auch in Werfen auf der Schlaminger Wiese an der Salzache.

Pyrola fecunda. In dem Walde Grawandschinder in der Zem, im Zillerthale, am Wege oberhalb der Alpe Mooslehen in Werfen, am Leonardsberge im Lungau; ferner in dem Hintersee.

— — uniflora. Auf Alpen, in Werfen, im Burger- und Hocheckwalde; auf dem Ofenlochberge bey Salzburg.

Rhododendron ferrugineum. Auf den meisten Alpen im Zillerthale; in der Rauris; in der Hinteralpe am Bundschuh; auf dem Windsfelde, und Tofern-

Hhh2   gebirge;

gebirge; auch auf dem **Wengermitterberge** in
Werfen; am **Lasaberge** im **Lungau**.

Rhododendron hirsutum. Im **Zillerthale**; auf dem **Radstätter Tauern**; auf dem **Tännengebirge**; in den
Hohlwegen bey **Saalfelden**; in **Werfen** am Burger- und **Schloßberge**, **Blüntecke**; unter **Kalchau**
neben der **Kalchaubrücke**; selbst am **Kapuzinerberge** bey **Salzburg**.

— — Chamaecistus. Auf dem **Tännengebirge**, auf
dem **Teufelshorne**; auf dem **Blüntecke**, in der
Kendelalpe, in der **Grieshanting**, und an der
Salzache auf Felsentrümmern; am **Schloßberge**,
hinter der **Kalchaubrücke** in **Werfen**.

Saxifraga maculata. Auf den Alpen in der **Zem** im
Zillerthale; in **Werfen** auf Kalkfelsen jenseits der
Kalchaubrücke.

— — Cotyledon. Auf dem **Untersberge** und in **Werfen** auf dem **Tännengebirge**.

— — caesia. Auf den Alpen in der **Zem**; im **Windsfelde** im **Lungau**; auf dem **Tofernberge**; auf
dem **Radstädter-Tauern**; auf dem **Tännengebirge**, auch auf dem **Untersberge**.

Saxifraga bryoides. Auf den Alpen in der **Zem** im **Zillerthale**; auf dem **Rauriser Goldberge**; auf dem
Hohenzinken.

— — mutata. Auf dem **Untersberge**.

— — androsacea. Auf Alpenlägern des **Rothahornkarrs**, und in der **Zem** im **Zillerthale**; auf der
Schilberhöhe im **Lungau**, auf dem **Windsfelde**,
und **Rauriser Goldberge**.

Sa-

Saxifraga oppoſitifolia. Auf der Gerloswand im Zillerthale; auf dem **Windsfelde** im **Lungau**, und
auf dem Berge **Tofern**.

— — autumnalis. Allenthalben auf Alpen: z. B. im
Grünmaiße in **Werfen**, auf dem Hofermitterber-
ge in der **Klam** an der Straſſe nach **Gaſtein**, und
im Waſſerfalle in der **Gaſtein**.

— — afpera. Auf den Alpen in der **Zem** im **Zillerthale**;
auf den Lungauiſchen Alpen.

— — ſtellaris. Auf den Alpen in der **Zem** und **Lun-**
gau, auf dem Berge **Tofern**, auf dem **Mitter-**
berge in **Werfen**, und den meiſten Salzburgiſchen
Alpen; auch auf dem **Untersberge**; in der **Zinkwand**
im **Lungau**.

— — afcendens. Auf den Alpen in der **Zem**; in der
Kleinarl; auf dem **Radſtadter Tauern** (nach
Linne).

— — cefpitofa. Auf den höchſten Alpen in der **Zem**;
auf dem **Teufelshorne** bey dem **Blühnbache** und
Mitterberge in **Werfen**; auch auf dem **Raurifer**
Goldberge; am **Preber** im **Lungau**.

— — rotundifolia. Beym nothigen **Wirthe** im **Turer-**
thale; auf dem **Radſtadter Tauern**; auf dem Berge **Tofern**; auf dem **Blüntecke** und **Schloßmaiße**
in **Werfen**; auf dem **Untersberge**.

— — burferiana. Nach **Linne**, auf dem **Radſtadter**
Tauern.

Gypfophila repens. Auf dem **Teufelshorne** im **Blühn-**
bache; an der **Salzache** auf dem **Grieſe** neben der
Kalkwieſe in **Werfen**; auch bey **Salzburg** auf
dem

dem Griese an der Salzache neben dem Wege nach Plain nächst den Holzgärten.

Dianthus glacialis. Auf den Alpen Karrthal und Frosnitz.

— — alpinus. Auf dem Rauriser Goldberge; am Weißeneck im Lungau.

Cucubalus pumilio. Anf der Schilherhöhe und an der Zinkwand, und am Speickkogel im Lungau; auch auf dem Untersberge.

Silene rupestris. Auf Bergen und Alpengegenden im Zillerthale; auf dem Radstadter Tauern; auf den Lungauischen Alpen; auf dem Berge Tofern; auch auf dem Untersberge.

— — quadrifida. Auf den Lungauischen Geblrgen; auf dem Radstadter = Tauern; auf dem Berge Tofern; bey Gastein; auf den Abbtenauischen Gebirgen.

— — acaulis. Auf den Alpen im Zillerthale; auf dem Tappenkarr, in der Rauris; auf dem Tännengebirge, am vordern Bitschenberge neben der Stiege; in der Alpe Grieshanting. Im Zederhause; auf dem Radstadter Tauern; auch auf dem Untersberge.

Arenaria biflora. Auf den höchsten Alpen in der Zem am Rothenkopfe; auf der Schilherhöbe.

— — striata. Auf dem Rothahornkarr im Zillerthale; auf dem Windofelde im Lungau; auf dem Rauriser Goldberge; auf dem Teufelshorne.

Cherleria sedoides. Auf der Schilherhöhe, auf dem Windofelde im Lungau; auf dem Rauriser Goldberge im Hintersee.

Sedum

Sedum rubens. Auf dem Teufelshorne im Blühnbache; auch auf dem Untersberge.

Cerastium alpinum. Auf den Ramsberger Alpen im Zillerthale; auf dem Rauriser Goldberge.

— — strictum. Auf den Zemer = und Ramsberger Alpen im Zillerthale.

— — latifolium. Auf dem Rauriser Goldberge.

Spergula saginoides. Auf den Abbtenauer Gebirgen.

Sempervivum hirtum. Auf dem Radstadter Tauern; an Felsen auf den Alpen, und Niederungen im Zillerthale; auf dem Windsfelde im Lungau; auf dem Rauriser Goldberge.

Prunus chamaecistus. Auf dem Untersberge.

Mespillus chamàemespillus. Auf den Abbtenauer Gebirgen; auf dem Kapuzinerberge bey Salzburg; auch auf dem Untersberge.

Pyrus Amelanchier. Auf den Salzburgischen Bergen allenthalben; z. B. auf dem Bienhorn in Saalfelden, in den Hohlwegen daselbst, in Werfen; auch am Kapuzinerberge bey Salzburg.

Rosa alpina. Am Drathberge; am Blüntecke in Werfen.

Rubus saxatilis. Am Drathberge, im Blühnbache; unter Zaismann.

Potentilla Salisburgensis. Auf den Alpen Karrthal und Frosnitz.

— — clusiana. Im Zillerthale; auf dem Windsfelde im Lungau; auf dem Berge Tofern; auf dem Rauriser Goldberge; auf den Hohenzinken.

Po-

Potentilla aurea. Auf dem Untersberge.

— — grandiflora. Auf den Alpen in der Zem im Ziller:
thale.

— — cordata. Im Zillerthale; auf der Lankmayr:
alpe im Tweng im Lungau.

Geum montanum. Auf den Alpen in der Zem im Ziller:
thale; in Menge auf den Wareckerbergmädern;
und dem Gerlosstein; auf der Schilberhöhe im
Lungau, auf dem Windsfelde; auf dem Berge To:
sern; auf dem Tännengebirge; am Preber und
Gstoder im Lungau.

— — reptans. Auf dem Brennkogel; auf dem heiligen
Bluter Tauern; an der Zinkwand im Lungau.

Dryas octopetala. Am Gerlosstein; im Zillerthale,
auf dem Windsfelde im Lungau; auf dem Tän:
nengebirge, in der Kendlalpe, bey der Lend;
auf dem Radstadter Tauern, und im Bundschub.

Cistus grandiflorus. Auf den meisten Alpen; auch auf
dem Mönchberge.

— — canus. An der Gerloswand im Zillerthale; auf
dem Untersberge.

— — marifolius. Auf den meisten Alpen.

— — alpestris. Vom Gerlosstein im Zillerthale, und
auf dem Windsfelde im Lungau.

Aconitum Napellus. Auf dem Berge Osterhorn: an der
Strasse von Negerndorf nach Unternberg im Lun:
gau; auch auf dem Untersberge.

— — tauricum. Auf dem Radstadter Tauern; auf
dem Windsfelde; am Rauriser Goldberge, auf
dem Windischmatreyer und heiligen Bluter
Tauern;

Tauern; auf dem Tännengebirge, auf dem Hundssteine in Saalfelden.

Aconitum neomontanum. Auf dem Tännengebirge Abbtenauer Seite.

— — cernuum. Auf dem Radstadter Tauern.

— — Cammarum. Auf dem Radstadter Tauern; im
Lungau.

— — Lycoctonum. Auf der Alpe Grawand in der
Zem im Zillerthale; auf dem Radstadter Tauern;
im Kalchaugraben, und Kalchauöge zu Werfen;
am Nonnberge bey Salzburg.

Anemone vernalis. Am Gerlossteine im Zillerthale;
Rauriser Goldberge.

— — alpina. Auf dem Blüntecke in Werfen, und auf
den meisten hohen Alpenlägern.

— — burseriana. Auf den Alpen in der Zem.

— — fragifera. Auf dem Hohenzinken.

— — narcissiflora. Auf den Abbtenauer Gebirgen.

Atragene alpina. Im Tux am Geislerjoch, im Ro-
thahorn; am Gehwege nach dem Blühnbach, auf
dem Blüntecke, und im Kalchaugraben in Werfen. Im Lungau zu Rendlbruck an der Straße;
auch auf dem Untersberge.

Thalictrum minus. In der Zem.

— — aquilegifolium. Am Zellerberge und in der Zem
im Zillerthale; auch auf dem Linnthale in Werfen. Im Lungau in der kleinen Aue bey der Muhr;
auch hinter dem Dorfe Lesach: ferner auf dem Geisberge bey Salzburg.

Ra-

Ramunculus thora. Auf den Salzburgischen Alpen ziemlich selten.

— — auricomus. Auf den Alpen in der Zem.

— — aconitifolius. Bey Neumarkt in der Moos-wiese; auf dem Radstadter Tauern.

— — platanifolius. In der Alpe Waxeck in der Zem.

— — rutaefolius. Auf den höchsten Alpen in der Zem.

— — glacialis. Auf den Alpen des Waxeckerkarrs in der Zem; auf dem Windsfelde im Lungau; am Rauriser Golbberge.

— — nivalis. Allenthalben auf Alpen; z. B. auf dem Untersberge.

— — alpestris. Im Rothahornkarr im Zillerthale; auf dem Windsfelde im Lungau; in der Kleinarl; im Tappenkarr; in der Alpe Mittenfeld in Werfen; auch auf dem Untersberge.

Trollius europaeus. Im Zillerthale, auf dem Tännengebirge; auf dem Teufelshorne; auf dem Blünt-ecke; auch in Niederungen.

Teacrium montanum. Im Tux; im Blühnbache; am Schloßberge, und in der Alpe Hufgang in Werfen.

Betonica alopecuros. Auf dem Radstadter Tauern, auf dem Rantenbrunn im Filzmoos, Gerichts Radstadt.

Stachys alpina. Auf dem Untersberge; am Ofenloch-berge.

Thymus alpinus. Allenthalben auf Alpen.

Bart-

Bartsia alpina. Auf den Alpen in der Zem, am Wege nach dem Scheibenkarrl, bey Schwemm; im Lungau hinter dem Dorfe Lesach, am Gangsteige.

Tozzia alpina. Am obern Heinzenberge, im Zillerthale.

Pedicularis rostrata. Allenthalben auf Alpen, z. B. auf dem Untersberge.

— — comosa. Auf den Alpen im Zillerthale; auch auf anderen Alpen.

— — recutita. Auf den Zemer Alpen; auf den Waxecker Bergmädern, auf dem Tofern, nächst Gastein; auf dem Untersberge.

— — tuberosa. Auf den Alpen in der Zem.

— — verticillata. Auf der Schilherhöhe im Lungau, auf dem Untersberge.

Antirrhinum alpinum. Im Zillerthale, am Ramoberge, am Briedlingkarrl; in der Schwemm; auf den Abbtenauer Gebirgen; auf dem Tännengebirge am hintern Bitschenberge; auf dem Hagengebirge am Schlung, Hochgschierhorn, Rifl und Ruebstiel; auf dem Blüntecke im Schloßmaiße; an der Salzache neben der Burgeraue in Werfen; auch auf dem Hundssteine in Saalfelden; im Lungau zu Weißbriach, und im Zederhause.

Myagrum saxatile. Auf dem Tännengebirge; auf dem Linthale in Werfen; auch auf dem Untersberge.

Draba pyrenaica.⎫
— — aizoides. ⎬ Sunk ohne Angabe des Standortes.
             ⎭

Lepidium alpinum. Auf den meisten Alpen; im Rothahornkarr, und auf dem Rothenkopfe und Waxecker:

eckerkarr in der Zem; ferner im **Windsfelde** und auf der **Zinkenwand** im **Lungau;** auch auf dem **Untersberge.**

Bifcutella laevigata. Am **Priedlingkarr** auf dem **Ramos** berge; auf der **Tofern.**

Dentaria enneaphyllos. Zwischen **Brett** und **Gfeng;** auf dem **Tännengebirge** in der **Abbtenau;** dem **Ger** losfteine und **Zillerthale;** auf dem **Blüntecke** in **Werfen;** auch auf dem **Kapuziner** und **Ofenloch** berge bey **Salzburg.**

Cardamine bellidifolia. Auf dem **Rothahornkarr** im **Zillerthale;** an der **Zinkwand** im **Lungau.**

— — refedifolia. Ebendafelbft.

Acabis alpina. Allenthalben auf **Alpen,** z. B. auf dem **Untersberge.**

Arabis Halleri. Auf den **Alpen** im **Zillerthale.**

— — coerulea. Auf den **Alpen Karrthal** und **Trosnitz** ober der **Windifchmattrey.**

— — bellidifolia. (**Funk,** ohne Angabe des **Standor** tes.

Geranium Pheum. Am **Burgerberge** und **Schloßber** ge in **Werfen;** auf dem **Radftadter Tauern.**

Polygala Chamaebuxus. Am **Gerlosfteine;** auch um **Salzburg.**

— — *a* flore rubro. Auf den **Widdersberg** Alpen in **Werfen.**

Hippocrepis comofa. Im **Zillerthale;** im **Blühnbache.**

Hedyfarum obfcurum. Auf den **Warecker Bergmädern** in der **Zem,** und an den Felfen der **Gerloswand** im **Zillerthale.** *He-*

Hedyſarum alpinum. Auf dem Untersberge.

Phaca auſtràlis. Auf den Wayecker Bergmädern im Zillerthale.

— — alpina. Ebendaſelbſt; auch auf dem Rauriſer Goldberge.

Aſtragalus campeſtris. Auf den Alpen in der Abbtenau, auf den Alpen Rarrthal und Froſnig.

— — alpinus. Auf den Alpen in der Zem; vorzüglich in den Wayecker Bergmädern.

Aſtragalus montanus. Auf den Wayecker Bergmädern.

— — pubeſcens. Auf den meiſten Alpen.

Sonchus alpinus. Auf dem Tännengebirge; auf der Tofern.

Hieracium Taraxaci. · Auf den meiſten Alpen.

— — aureum. Auf den Alpen im Zillerthale; auf dem Tännengebirge, auf dem Burgerberge und Blünt= ecke in Werfen.

— — alpinum. Auf den Wayecker Bergmädern; auf dem Tännengebirge; am Pteber im Lungau.

— — pumilum. Auf den Alpen im Zillerthale.

— — auſtriacum. Auf den Alpen in der Abbtenau.

— — aurantiacum. Um das Zederhaus im Lungau; auf der Tofern; zwiſchen Großarl und Gaſtein.

— — villoſum. ⎫
— — incanum. ⎬ im Zillerthale; auch nach Sunk oh=
— — ſaxatile. ⎭ ne Angabe des Standortes.

Hypochaeris helvetica. Auf den Zemer Alpen; in der Floiten; auf dem Naßfeldertauern; auch um Ga= ſtein; und auf der Laſabergwieſe im Lungau.

Cir-

Cirsium spinosissimum. Auf dem Tännengebirge; auf dem Windsfelde, im Lungau.

Cacalia alpina. Auf den meisten Alpen, z. B. auf dem Blüntecke, auch neben der Landstraße oder dem soge= nannten Neuwege über den Schloßberg in Werfen; auf dem Radstadter Tauern und Geisberge bey Salzburg.

Absinthium rupestre. Auf dem Berge Rothenkopf in der Zem im Zillerthale.

Artemisia glacialis. Auf dem Tännengebirge; in der Rauris; am Weißeneck im Lungau.

Gnaphalium alpinum. Auf den Alpen in der Zem im Zillerthale.

— — supinum. Auf der Schilherhöhe, im Lungau.

— — Leontopodium. Auf den Waxecker Bergmädern, in der Zem, auf dem Radstadter Tauern; auf dem Hundssteine in Saalfelden; auf dem Tännen= gebirge, Hagengebirge, Blünteckgebirge, Teu= felshorne in Werfen.

Tussilago alpina. Allenthalben auf Alpen.

— — sylvestris. Auf Alpenniederungen.

Senecio incanus. Auf dem Windsfelde im Lungau, in der Flachau, auf dem Tännengebirge, am Ho= henthron, in der Großarl, im Zillerthale, im Wolfsbache in der Fusch; auf der Zinkwand im Lungau.

— — abrotanifolius. Auf den Abbtenauer Gebirgen; auf dem Hochenzinken, Teufelshorne und Blünt= ecke.

Senecio alpinus. Auf Niederungen der Alpengebirge an feuchten Plätzen.

Aster alpinus. Auf den Alpen im Zillerthale

Erigeron alpinum. Auf dem Tännengebirge, und Blüntecke, auf des Lankmayrs Hochalpe in Tweng, im Lungau; auch auf dem Untersberge.

Doronicum Pardalianches. Auf den Alpen in der Zem am Schwarzenstein, auf dem Rauriser Goldberge; auf dem Blüntecke.

— — bellidiastrum. Auf dem Untersberge, Nonnberge und Schloßberge.

Arnica scorpioides. Auf dem Tännengebirge.

— — Mollii. In der Zem im Zillerthale.

— — montana. Am Ramsberge; auf Niederungen der Alpen in der Zem; auf dem Radstadter Tauern; am Schaitberge im Lungau; auf den Abbtenauischen Bergen; außer dem Lazarethwäldchen auf der Wiese zwischen der Straße nach den Mooshöfen und dem Flusse Glan an einem Waldschächgen.

— — Bellidiastrum. Auf dem Radstadter Tauern; auf dem Berge Tofern nahe bey Gastein.

— — glacialis. Auf dem Naßfelder Tauern? (Wulfen.)

Cineraria alpina. In der Zem im Zillerthale.

Pyrethrum alpinum. Auf den höchsten Alpen in der Zem, im Breitkarr, und Waxeckerkarr.

Matricaria atrata. Auf der Schilberhöhe, zwischen der Hinteralpe, und zu Bundschuh im Lungau.

Anthemis corymbosa. Auf den Alpen Karrthal und Frosnitz mit der Potentilla Salisburg.

An-

auf der hohen Filing in Golling, und im Lungau, allenthalben zahlreich.

Salix retuſa. Auf den Alpen zwiſchen Lungau und Pangau, im Windsfelde, Flachauer, Seite, und auf dem Rauriſer Goldberge.

— — Myrſinites. Ebendaſelbſt.

— — arbuſcula. Zwiſchen Lungau und Pangau, auf dem Windsfelde Flachauer Seite.

— — reticulata. Auf dem Rauriſer Goldberge.

Empetrum nigrum. Auf dem Untersberge; im Hinterlengthale auf dem Hagengebirge, in Werfen.

Rhodiola roſea. Auf den Alpengebirgen in Saalfelden; in der Rauris; auf der Gensgitſchalpe im Lungau.

Juniperus minor, montana. Allenthalben auf Alpengebirgen, z. B. auf dem Hofer = Mitterberge, Widersberge, Blüntecke, auch in Niederungen unter gemeinem Wachholder in Werfen.

Veratrum album. Allenthalben auf Alpen, z. B. auf dem Blüntecke in Werfen; auf dem Untersberge.

Oſmunda Lunaria. Im Zillerthale; und auf den meiſten Alpengebirgen, z. B. auf dem Blüntecke, in Werfen; auch auf dem Ofenlochberge bey Salzburg.

— — ſpicat. Auf der Lankmayralpe in Tweng im Lungau; auch im Zillerthale.

Polypodium Lonchitis. In Tweng im Lungau; auch auf dem Untersberge, und auf dem Blüntecke in Werfen.

Lycopodium alpinum. Auf dem Berge Oſterhorn in der Abbtenau.

Ly-

de oder Brein wird ſeltener im Gebirge, aber ſehr ſchön im flachen Lande, z. B. auf den Walſer Feldern angetroffen. Hopfen wird nirgends in Menge gebaut; Flachs und Hanf trifft man überall an; doch ſind ſie zu einem Handels= zweige nirgends, das Pfleggericht Laufen ausgenommen, das viel Hanf bauet, häufig genug vorhanden.

Der Weinſtock iſt, in Gärten und an Gebäuden aus= genommen, nirgends anzutreffen.

Von Baumfrüchten kommen in freyer Luft alle die= jenigen fort, welche in dem benachbarten Bayern und Oe= ſterreich gedeihen. Nur in Glashäuſern gedeihen die ſoge= nannten wälſchen Früchte, Pomeranzen, Mandeln, Fei= gen. Marillen und Pfirſiche ſieht man auch häufig an Wänden. Am Obſte iſt Lungau ganz ungeſegnet. Dort wachſen nur ſaure und ſüße Kirſchen, die aber erſt um Bartholomäi reif werden.

Gartenfrüchte werden von allen Arten gebaut, be= ſonders auf dem flachen Lande. Artiſchocken und Spar= gel gedeihen auch im Freyen in guten Miſtbetten, die Melonen hinter Gläſern, und die Ananas in Treibhäu= ſern. An Sommergewächſen und Blumen iſt nirgends Mangel. Auf den Gebirgen findet man eine unglaubliche Menge heilſamer oder mediciniſcher Kräuter und Wurzeln, worunter Enzian, Speik und Süßholz den Vorzug verdienen.

Von Holzarten hat man alle; die Eichen und Pal= men ſind aber überall ſelten, im Gebirge beynahe nirgends zu finden. Dafür hat man beſonders gute und ſtarke Ler= chen, und auf den höchſten Gebirgen auch Zirmbäume. Linden und wilde Caſtanien werden itzt überall häufiger zu Alleen gebraucht. Maulbeerbäume ſieht man itzt nur

Jii2 um

um die Hauptstadt, aus dem Auslande von einigen Besitzern von Seidenwürmern hierher verpflanzt.

An Schwämmen ist überall Ueberfluß. Maurachen und Fliegenschwämme sind in allen Wäldern; aber die Trüffeln sind selten; vielleicht nur, weil man wenige Trüffelhunde hat, und sie überhaupt nicht überall zu suchen versteht.

3) Inländische Thiere.

Wir folgen hierin keinem der naturhistorischen Systeme; sondern zeigen die im Erzstifte einheimischen Thiere in einer uns natürlich scheinenden Ordnung an:

An zahmen, vierfüßigen Thieren hat das Erzstift keinen Mangel. Pferde werden auf dem flachen sowohl als im Gebirglande viele gezogen. Die Pinzgauischen und angränzenden Pangauischen Pferde werden wegen ihrer Höhe und Stärke zum Schiffzuge, und zu dergleichen Arbeiten sehr gesuchet, und theuer bezahlet. Lungau hat große Ochsen und Kühe, welche den Steyermärkischen sehr ähnlich sind. Schafe, Ziegen und Schweine sieht man überall; doch letztere in geringerer Anzahl. Büffel wurden noch vor wenigen Jahren in der Hauptstadt Salzburg zu schweren Fuhren gebraucht, und in der sogenannten Zistel, einem hochfürstlichen Meyerhofe auf dem Geißberge, fortgepflanzet. Allein der itztregierende Landesfürst hat sie ganz wieder aus dem Wege räumen lassen. Der Hunde sieht man überall in der Stadt und auf dem Lande eine große Menge. Unter den Haushunden sind bey weitem die zahlreichsten die sogenannten Trutzel (Canis domesticus *L.*, le vrai chien de la Nature

ture nach Büffon), insgemein der Schäferhund genannt, die man von verschiedenen Größen hat. Die Hauskatzen (felis catus *L.*) sind überall zu Hause.

Von wilden vierfüßigen Thieren findet man Hirsche 1), von den kleinen bis zu den größten, Rehe 2), Gemsen 3), Hasen 4), Kaninchen 5), Bären 6), Wöl-

1) Cervus Elephas *Lin.* Die Anzahl dieser Thiere ist im flachen Lande beträchtlicher, als im Gebirglande, besonders im Pinzgau, woran verschiedene Verhältnisse Ursache seyn mögen. Die Wildbiebe, (Wilderer, Wildbretschützen) stellen ihnen hier, wie überall, sehr nach. Man sieht hin und wieder auch weiße Hirsche. Die sogenannten Hirschkranl (Hirschkronen) auch die Hirschzäscher (Hirschthränen, oder eine gewisse Art Bezoar, die man, höchst selten, im Magen der Hirsche findet) werden sehr hoch geschätzet, und denselben sogar übernatürliche Kräfte zugeschrieben.

2) Cervus capreol. *L.* ist zahlreicher als der Hirsch anzutreffen; doch ebenfalls den Nachstellungen der Wildbiebe sehr ausgesetzt.

3) Capra rupicapra *L.* hier insgemein das Gams, oder in vielen Gegenden des Gebirges der Latschbock genannt. Es ist hier allenthalben auf den hohen Felsengebirgen anzutreffen. Man kann sie in Schaaren zu 20 bis 30 auf auf den steilsten Höhen beysammen sehen, obgleich immer viele von Jägern und Wildbieben jährlich geschossen werden. Man bereitet ihnen sogenannte Sulzen oder Salzsteine. Wenn sie hordenweise auf bewachsenen Berghöhen weiden, so versieht eines dieser Thiere gleichsam die Wache, und giebt, wenn es Jemanden sich nähern sieht, einen pfeifenden Laut, den es durch den in den Mund

Wölfe 7), Luchſe 8), Dachſe 9), Füchſe 10), Marder 11), Iltis 12), Otter 13), Eichhörnchen 14),
Wald-

Mund geſteckten Huf hervorbringen ſoll, als das Zeichen
der Flucht von ſich, worauf alles über die Felſenzacken
mit Pfeilesſchnelle dahin jagt, daß Erdſchollen und Steine über die Bergabhänge hinabrollen. Die Gemſenjagd
iſt demnach ſehr gefährlich. Die Jäger bedienen ſich,
um ſie auszuſpähen, der Fernröhre, auch der ſogenannten Gemſeklemmen, um ſie lebendig zu fangen.
In Parke eingeſchloſſen, und in Niederungen laſſen
ſie ſich nur kümmerlich erhalten. Die Männchen werden im Gebirge deßhalb Latſchböcke genannt, weil
ſie ſich in jenen Gegenden aufhalten, wo der Alpenkiefer, und die Zwergfichte (hier Latſchach genannt)
wachſen. Man ſchießt Gemſen zu 60 und auch mehreren Pfunden: ſie werden auch zerwirkt in kleinen Fäß-
chen verſchickt. Feine Haarbälle, die vielfältig in dem
Magen dieſer Thiere gefunden, und hier Gamskugeln
(Aegagropilae) genannt werden, hält der gemeine
Mann ſehr hoch. Der Gamsbart iſt eine beliebte Hut-
zierde der Pinzgauer.

4) Lepus timidus *Lin.* Im flachen Lande zahlreicher als
im Gebirge, wo ihm ſogar von den Füchſen ſehr nachge-
ſtellt wird. Im Gebirge ſieht man weiße Haſen, deren
Balg ſehr geſchätzt wird, und die man Berghaſen nennet.

5) Lepus cuniculus *L.* Hier der Könighaſe genannt.
Wird meiſtens nur in Ställen, und kleinen Einfängen
fortgepflanzet.

6) Urſus Arctos *L.* Dieſe kommen gegenwärtig höchſt
ſelten zum Vorſcheine; und werden im Lungau nur zu
Winterszeiten hin und wieder geſehen. Einſt hielt man
in

Waldkatzen 15), Murmelthiere 16), Wiesel 17), Igel 18), Ratten, Mäuse von allen Arten 19), Fledermäuse

in diesem Lande sogar Bärenjagden, wovon auch der an der Hauptstadt so nahe liegende Untersberg berühmt war. Allein man fand es räthlicher, diese Thiere nach und nach, so viel möglich, ganz auszurotten.

7) Canis vulpes *L.* Dieses Thier ist zwar nich einheimisch; durchstreift aber von Zeit zu Zeit die Gebirgsgegenden; und überfällt die Wollenherden. Sobald man einen solchen überlästigen Gast erblickt, wird ihm eifrigst nachgestellt.

8) Felis Lynx *L.* Mit diesen verhält es sich, wie mit den Wölfen. Man fängt sie auch mit Schlageisen. Die Schinken der Luchse werden für eine gute Speise gehalten, und ihre Sporen (Klauen) für ein Mittel wider das Beschreyen oder Vermeinen. Man umzirkelt auch damit die sogenannten Blezen oder Zitterachen (Erhöhungen der erhärteten Oberhaupt), damit sie schnell heilen.

6) Ursus meles *L.* wird zahlreich angetroffen; der Bauer braucht dessen Haut über die Pferdkummete.

10) Canis vulpes *L.* Ueberall sehr zahlreich.

11) Mustela Martes *L.*, hier in der Sprache des gemeinen Mannes Mada genannt. Ist nicht selten.

12) Mustela Pictorius *L.* ist hier noch häufiger als der Marder zum großen Leidwesen der Bauersfrauen anzutreffen.

13) Mustela lutes *L.* Flußotter. Man trifft sie sehr selten an.

dermäuse überall und häufig 2c. Man hat in einigen Gebirgsgegenden des Zillerthales vor Zeiten auch Steinböcke
ge=

'14) Sclurus vulg. *L.* Eicheler oder Eichkäzchen genannt,
sind sehr häufig und von verschiedenen Farben anzutreffen.

15) Felis Macul. *L.* Ist in mehreren Gebirgwaldungen
zu Hause.

16) Mus marmota *L.* hier Mangelkaze genannt. Diese
Thiere von unbeträchtlicher Größe findet man auf den
hohen Felsengebirgen, wo sie sich zwischen Steinrizen
ihr Lager bereiten. Da sie sehr scheu sind, so sind sie
sehr schwer zu erhaschen ; und nur durch List und langes Lauern zu bekommen. Das Fett dieser Thiere wird
sorgfältig gesammelt und verkauft. Ihr Ruf ist, wie
das Pfeifen eines Menschen.

17) Mustela Erminea *L.* hier Härml genannt; sehr häufig.

18) Erinaceus Europ. *L.* nicht zahlreich: man hat zweyerley Arten, den Hundsigel und Sauigel. Beyde sind
Feinde der Mäuse.

19) Mus Rattus *L.* ist ziemlich selten; dafür der Mus
musculus *L.* (die Hausmaus), auch die Feldmaus (Mus
terrestris) sehr zahlreich. Auch die Haselmaus (Mus
avellan. *L.*), hier Blei= oder Buimaus genannt, ist in
den Berggegenden allgemein bekannt, und wird für giftig gehalten. Der Europäische Maulwurf (Talpa
Europ. *L.*), hier die Scheere genannt, ist allenthalben sehr häufig und verheerend. Es giebt dagegen eigene Scheerenfänger, welche sie gegen eine kleine Belohnung in Schlingen und Fallen zusammenfangen.
Die gemeine Fledermaus (vespertilio murin. *L.*) ist
überall anzutreffen.

geheget; allein diese sind von abergläubischen Menschen, die den Knochen dieser Thiere Wunderkräfte zuschrieben, und von Wilddieben nach und nach ganz ausgerottet worden.

Beynahe alles zahme Geflügel besteht in Gänsen, Enten, Hühnern, Tauben und Stubenvögeln. Fasanen werden in der Nähe der Hauptstadt in etlichen eingeschlossenen Fasangärten, zu Hellebrunn, Cleßheim, Weitwerth und Leopoldskrone unterhalten. Im ersteren Lustorte hat man die schönen Arten der Silber = und Goldfasanen in einem bedeckten Einfange beysammen. In den Stadtgräben werden einige Schwäne unterhalten. Truthähne oder kalekutische Hähne (Meleagr. Gallo Pavo L.) werden hier seltener gefunden; aber niemahls im Freyen: man nennt sie hier wie in den benachbarten Ländern Indiane oder Pipshähne, mit einer figürlichen Benennung auch Consistorialvögel.

Das wilde Geflügel ist überall sehr häufig, besonders in dem Gebirge. In diesem ist der Bartgeyer (Falco palumbar. L.), hier Gamsgeyer genannt, zu Hause *); auch sieht man vielfältig den Taubenfalk, den Sternhabicht

---

*) Vultur barbatus L. Man nennet ihn hier Gemsengeyer, vermuthlich, weil ihn die Jäger den jungen Gemsen nachstellen gesehen haben: er bewohnt die höchsten Gebirge, und kann nur gegen Ende des Herbstes durch List, indem man ihm Aas zum Fraße vorwirft, aus einem Hinterhalte erschossen werden. Man erzählt von blutigen Gefechten zwischen Jägern und solchen Geyern, wenn sie nur wundgeschossen sind. Ihre sehr genaue Beschreibung steht im I. Th. 20. Br. der naturhistorischen Briefe von Schrank und Moll.

habicht (Asterias), den Uhu, Strix Bubo L. *), die
Nachteule (Strix Aluco L.), den Raben (Corv. corax.
L.).**), die schwarze Krähe (Corv. corone L.). ***),
die Saatkrähe (Corv. frugileg. L.), die Dohle oder Ne-
belkrähe (Corv. monedula L.) ****), die Bergdohle (Corv.
Pyrrhocorax L.), die Elster (Corv. Piça L.), den Nuß-
heher (Corv. gland. L.), den Gebirgheher (Corv. caryo-
catactes L.), der so groß als die Elster, und an Flügeln
und Steiße schwarz ist, die Golddrossel (Oriol. galb. L.),
den gemeinen Guckguck (Cucul. çanor. L.), den kriegeri-
schen Specht (Picus Mart. L.) †), den Grünspecht (Picus virid. L.) ††), den bunten Specht (Picus maj. L.),
hier Baumhäckl genannt, den Baumlaufer (Sitta Europ.
L.), hier Baumklaner, den Mauerspecht (Certhia mu-
rar. L.), hier Wandschopper, den gemeinen Wiedehopf
(Upupa Epops L.), die gemeine Wildente (Anas Boschus
L.), hier die Stockante †††), den Fischer (Pelecanus
Piscat. L.), den rothhalsigen Taucher (Colymb. Septemtr.
L.

*) Wird von den Gebirgbewohnern die Habagoas genannt.

**) Der Birgrab genannt.

***) Insgemein die Kron genannt.

****) Die Dachl in der Sprache des Volkes; so wird auch
die Bergdohle die Birgdachl genannt.

†) Man nennt ihn hier die Hohlkron, vermuthlich weil er
bis auf die rothe Kopfplatte an der Farbe einer Krähe
ähnlich ist, und Höhlungen in die Nadelholzbäume macht.

††) Hier der Gußvogel genannt, weil man dafür hält, daß
er Ueberschwemmungen vorherbedeute.

†††) Diese sind im Pinzgau vorzüglich zahlreich; besonders
um Zell in sehr großen Schaaren zu mehreren Hunderten.

L.), hier und in Bayern das **Tuckántl**, den grauen Rei=
ger, (Ardea ciner. *L.*), die Rohrdommel (Ardea Stellar.
L.), hier die **Mooskuh**, den Waldschnepf (Scolopax
rusticola *L.*), den Moßschnepf (Scolopax Glottis *L.* Letz=
terer wird zahlreicher angetroffen, als ersterer), den Kie=
biz (Tringa Vanell. *L.* sehr selten), das Auerhuhn (Tetrao Urogall. *L.*), das Haselhuhn (Tetrao Bonasia *L.*),
das Steinhuhn (Tetrao Tetrix *L.*), hier **Birghuhn**, oder
der Schildhahn (die Bauernbursche tragen ihre gekrümm=
ten Schwanzfedern als Zierde auf den Hüten), das
Schneehuhn (Tetrao Lagop. *L.*), hier das **Kreßhannl**
genannt, das graue Rebhuhn (Tetrao perdrix *L.*), die
Wachtel (Tetrao coturnix *L.*), die Wildtaube (Columba
Oenas *L.*), im Gebirge sehr häufig, und dem Sámanne
sehr verhaßt), den Staar (Sturnus vulg. *L.* Diese Vö=
gel sind im Gebirge sehr zahlreich, und fliegen immer in
großen Schaaren, welche die Pinzgauer **Reschten** oder **Kar=**
ten nennen, und immer in Begleitung von einigen Krähen,
welche gleichsam Spähe halten, und das Zeichen zur Flucht
geben) endlich den Krammetsvogel und den Wasserstarr,
hier die **Bachamsel** (Sturnus cinct. *L.*) Von den Singvö=
geln hat man hier die Acker = und Steinlerche, die Mistel=
drossel (die **Zurr** im Zillerthale), die Sing=, die Ring=,
und die Bergdrossel, die Schwarzmerle oder Amsel, den
Krummschnabel, den Kernbeißer, den Gimpel, den Grün=
fink (hier **Grünling**), den Bergfink und Büchenfink (der
Bergfink heißt hier **Igawiz**, im Zillerthale **Pöank**),
den Distelfink (**Stieglitz**), den Goldammer (**Ammerling**)
den Zeisig (das **Zeisel**), den Hänfling (das **Bergzeisel**),
die Baumnachtigall (die **Braunellerl**), die Grasmücke,
den Schwarzkopf (hier **Schwarzbláttl**), den Rothschwanz
(hier **Rothbranterl**), das Rothkehlchen, den Zaunkönig
(Zaun=

(Zaunschlüpferl), den gehaupten Zaunkönig (Kinigl), die Haubenmeise (Schopfmoas), die Kohlmeise, die Blaumeise, die Tannenmeise, die Sumpf = oder Rohr= meise (Rothamsel) ꝛc. Canarienvögel werden sehr viel= fältig in den Häusern auferzogen und fortgepflanzt. Die nahe an den Wohnungen der Menschen sich aufhaltenden Sperlinge (Spatzen), weißen, gelben, und Wasserbach= stelzen (im Pinzgau Haarröllerlen genannt) und die Haus = Mauer = und Rauchschwalben *) trifft man überall in großer Anzahl an.

Von Amphibien hat man hier die gemeine Kröte (Rana Bufo *L.* hier Broadling, oder Protz), den To= fer (Rana bombina *L.* hier Höppinn. Die Jungen oder Larven sind unter der Benennung Huefnagerl im Gebir= ge bekannt **), den braunen Landfrosch (Rana tempora= ria *L.*), den grünen Wasserfrosch (Rana esculenta *L.*), den Laubfrosch (Rana arborea *L.*), den schwarzen Molch (Lacerta Salamandra *L.*), den gefleckten Molch (Salaman= dra maculosa Laur. Beyde Arten werden hier Wegnarren genannt). Die grüne Eidechse (Lacerta agil. *L.* im Ge= birge Hadachsel genannt), eine Art Lacerta seps *L.*, wel= che aber noch nicht genau beschrieben, und im Gebirge un= ter dem Nahmen Birgstutzen bekannt und gefürchtet ist***).

Die

*) Die Mauerschwalbe, Hirundo Apus *L.* wird hier Speyer, und die Rauchschwalbe Unser = Lieben Frauen = Vogel ge= nannt.

**) Eine Beschreibung hiervon findet man im 20. Br. der naturhistorischen Briefe I. B. S. 309.

***) Die Alpenbewohner erzählen von diesen Thieren aller= ley Mährchen, welche vermuthlich größten Theils Kin= der

Die Blindschleiche oder Bruchschlange (Anguis frag. *L.*), die gemeine Natter (Colub. nutrix *L.*); hier der Höck=wurm genannt. Hält sich die Natter in den Häusern auf, so nennt man sie den Hauswurm, auch den Bisamwurm, wenn sie, wie gewöhnlich, den Bisamgeruch hinter sich läßt. Auf dem Dornauberge im Zillerthale findet man auch die Viper (Coluber Berus *L.*), wovon das sogenannte Vipernöhl bereitet wird.

Von Fischen hat man hier das Neunauge (Petromyzon fluviat *L.*), die Quappe oder Ruthe (Gadus lota *L.*), den Flußbarsch (Perca fluviat. *L.* im Gebirge Anbeiß, im flachen Lande insgemein Schratz genannt), die Forelle (Salmo fario *L.*; hier Ferche), die Hauchforelle oder den Huch (Salmo Hucho *L.*), den Salbling (Salmo alp. *L.*; er befindet sich in den meisten Bergseen), die Lachsforelle (Salmo Trutta *L.*), die Aesche (Salmo thymall. *L.*; hier insgemein die Aasch genannt), die Flußbrachse (Cyprin. Brama *L.*), die Flußbarbe (Cyprin. Barbus. *L.*; hier Barm), die Schleihe (Cyprinus Trinca *L.*; hier Schlein), den Dickkopf oder Alat (Cyprin. cephal. *L.*; hier Alt, den Hecht (Esox Lucius *L.*); von den kleineren Fischen den Kaulkopf (Cottus Gobio *L.*, der Kopp); den Gründ=ling (Cyprin. Gobio *L.* den Grundl), den Spierling (Cyprin. Aphia *L.* die Pfrille), den Haseling (Cyprin. Dobula *L.* den Hasel), den Weißfloßer (Cyprin. Grisla-

gine

der des Schreckens sind. Die Birgstutzen haben 4 kur=ze Füsse, und sollen beynahe die Dicke eines Armes, und die Länge einer Elle haben, wenn die Furcht nicht jedes Maß vergrößerte. Man hält sie für sehr giftig, und sie sind, so viel man aus den sehr verschiedenen Beschreibungen abnehmen kann, ein Mittelding zwischen Eidechse und Schlange.

gine *L.*) die **Laube**, den Rothauge (Cyprin. Erythrophtalmus *L.*), den Nasenfisch (Cyprin. Nasus *L.* die **Nasen.**

Die Menge der inländischen Insekten ist sehr groß: wir führen nur die vornehmsten und bekanntesten an: Der **Dreckkäfer** (**Roßkäfer, Scharzkäfer** Scarabaeus stercorarius *L.*), der Johbunskäfer (Scarabaeus, Horticula *L.*), der Maykäfer (Scarabaeus Melolontha *L.*), der **Juliuskäfer** (**Sonnenwendkäfer** Scarab. solstitialis *L.* Ist allenthalben bekannt, und manchesmahl unzählig zu finden.), der Goldkäfer (Scarab. auratus. *L.*), der **Hirschschröther Schmiedkäfer** Lucanus Cervus *L.*), das **Speckkäferchen** (Dermestes. Lardarius *L.*), das **Pelzkäferchen** (der **Schaab**. Dermestes Pellio *L.*), der **Sonnenkäfer** (im Gebirge **Unser lieben Fraun-Kühel**. Coccinella *L.*), das gemeine **Goldhähnchen** (Chrysomela vulgatissima *L.*), der rothe **Kornwurm** (Curculio frumentarius *L.*), der schwarze **Korn Rüßlkäfer** (Curculio granarius *L.* Diese beyden Insekten sind unter der Benennung **Kornwurm** oder schlechtweg der **Wurm** bekannt), der deutsche **Rüßelkäfer** Curculio germanus *L.*), der **Nüsse-Rüßelkäfer** (Curculio Nucum *L.* Er ist in den Nüssen nicht selten zu finden), der **Holzbock** (Cerambyx Aedilis *L.*), der **Bisambock** (Cerambyx Moschatus *L.*), der nächtliche **Leuchtkäfer** (**St. Johanns-wurm. Johannskäferl.** Lampyris Nocticula *L.*), der **Glanzkäfer** (Lampyris splendidula *L.*), der dunkle **Springkäfer** (Elater obscurus *L.*), der schwarze **Springkäfer** (Elater niger *L.*), der **Feldsandläufer** (Cicindela campestris *L.*), der gefleckte **Sandläufer** (Cicindela hybrida *L.*), der **Lederkäfer**, oder der große **Erdkäfer** (Carabus coriacus *L.*), der weißaugige **Erdkäfer** (Carabus Leucophthalmus *L.*), der gemeine **Mehlkäfer**, wovon eigentlich der **Wurm** oder der sogenannte **Mehlwurm** (Tenebrio molitor *L.*)

als

allenthalben bekannt ist, der große Ohrwurm (Ohrhöhle, Forficula Auricularia *L.*), der kleine Ohrwurm (Ohrhöh, ler, Forficula minor *L.*), der Kackerlack (der Schwab Blatta orientalis *L.*), die Maulwurfsgrille (die Gwer, Gschwer, Aengerling Gryllus (Acheta) Gryllo Talpa *L.*), das Heimchen (die Hausgrille. Gryllus (Acheta) Dome- ftica *L.*), die Feldgrille (Gryllus (Acheta) campeftris *L.*), der große Grashüpfer (Heuschreck. Gryllus tettigonia, viridiffimus *L.*), der knarrende Grashüpfer (Gryllus (Lo- cufta) Stridulus *L.*), die geöhrte Cikade (Cicada aurita *L.*), die Bettwanze (Cimex lectularius *L.*), die Wasser, mücke (Cimex Lacuftris *L.*), Ulmenlaus Aphis Ulmi *L.*), Hollunderlaus (Hollalaus. Aphis Sambuci *L.*), Vogel, kirschenlaus (Aphis Padi *L.*), Rosenlaus (Aphis Rofae *L.*), Kohllaus (Aphis Braflicae *L.*), Maßholderlaus (Aphis. Aceris. *L.*), der deutsche Apollo (Papilio Apollo *L.*), der deutsche Weißling, oder Weißdornfalter (Papilio Crataegi *L.*), der gemeine Kohlweißling (Krautwurm, Pfeifmutter. Papilio Braflicae *L.*), der Rübenweißling, Schmetterling (Papilio Rapae *L.*), der citronenfärbige Schwarzdornschmetterling (Papilio Rhamni *L.*), das Pfauen, auge (Papilio Io *L.*), die Heupapilion (Papilio Pamphi- lus *L.*), die kleine Aurelia (Papil. Urticae *L.*), die Atalan- te (Papil. Atalanta *L.* Diese sind die hier allgemeinsten Pa- pilionen, welche überhaupt unter den Benennungen Wein, falter und Pfeifmutter bekannt sind), der Goldafter, Nachtvogel (Phalaena Chryforchoea *L.*), die Lichtphaläne (Phalaena Lucernaria *L.*), gemeine Wassernymphe (Moos, fräule (Libellula vulgatiffima *L.*), Fußnymphe (Libellu- la Virgo *L.*), der Rosenbohrer (Cynips Rofae *L.*), der Eichblattbohrer (Cynips quercusfolii *L.*), der Büchenblatt, bohrer (Cynips fagi *L.*), der Bandweidenbohrer (Cynips

fa-

salicis viminalis L.), der langgeschwänzte Raupentödter (*Ichneumon manifestator L.*), die Glutwespe (Goldflie= ge. *Chrysis ignita L.*), die Horniße (*Vespa crabro L.*) die gemeine Wespe (*Vespa vulgaris L.*), die Honigbiene (Bien oder Jmp. *Apis mellifica. L.*), die Erdhummel (*Apis terrestris L.*), die Gartenhummel (*Apis hortorum L.*), die Wiesenhummel (*Apis pratorum L.*), die große oder Pferdameise (Wald = oder Bäramoaßn *Formica herculeana L.*), die röthlichte Ameise (*Formica rufa L.*), die braune Ameise (*Formica fusca L.*), die kleine rothe Ameise (*Formica rubra L.*), die Ochsenbremse (Engering *Oestrus bovis L.*), die Bach = Langfußmücke (*Tipula rivosa L.*, die Feld = Langfußmücke (*Tipula pratensis L.*), der Erde=Langfuß (*Tipula terrestris L.*; diese beyden letz= tern Jnsekten sind unter der Benennung Schnacken be= kannt), die Brechfliege (*Musca vomitaria L.*), die Fleisch= fliege (*Musca carnaria L.*), die Stubenfliege (*Musca domestica L.*), die Dreckfliege (*Musca scybalaria L.*), die Dungfliege (*Musca stercoraria L.*), die Ochsen = oder Pferdfliege (Brem. *Tabanus bovinus L.*), die Singschna= cke (*Culex pipiens L.*), der Hüpfer (die Stanz. *Empis*), der Wadenstecher (*Conops calcitrans L.*), der Wandschmied (Schmiedl. *Termes fatidicum L.*), die Käsemülbe (Kas= wurm. *Acarus firo. L.*), die Hundsmilbe (Hundszeck. *Acarus reduvius L.*), die Kühmilbe (Zeck. *Acarus ricinus L.*), die Sammetmilbe (Himmelkuhel. *Acarus holosericus L.*), die langbeinige Spinner (Schneiders *Phalangium opilio L.*), die Kreuzspinne (*Aranea diadema L.*), die Hausspinne (Spinnerinn. *Aranea domestica L.*), der Flußkrebs (*Cancer astacus L. ＊*).

Aus

＊) Er ist in Pinzgau, vorzüglich im Zillersee sehr zahlreich zu finden, und es gibt deren viele, welche die Größe von

Aus der Claſſe der Gewürme ſind folgende die merk-
würdigſten und zahlreichſten: der Waſſerfaden (das Waſ-
ſerkalb Gordius aquaticus L.), der Bandwurm (Spul-
wurm, Aſcaris vermicularis L.), der Darmwurm (Wurm,
Aſcaris lumbricoides L.), der Erdwurm (Regenwurm,
Lumbricus terreſtris L.), der Blutigel (Sußegel, Hirundo medicinalis L.), der gemeine Blutigel (Moos- oder
Roßegel, Hirundo ſanguiſorba L.), die ſchwarze Schnecke (Waldſchnecke, Limax ater L.), die Ackerſchnecke
(die nackte Schnecke, Limax agreſtis L.), die Links-
ſchraube (Popl oder Pöpl, Helix perverſa L.), die
Gartenſchnecke, (Helix nemoralis L.), die Waldſchnecke
(Helix lucorum L.), die Weinbergsſchnecke. (Helix po-
matia L.) *).

von einer Spanne erreichen. Sie ſind wegen dieſer ihrer Größe, ihrer ſchönen Farbe und ihrer Schmackhaf-
tigkeit allenthalben bekannt; daher auch alle Jahre
mehrere Tauſende gefangen, und in entlegene Orte
verſchicket werden.

*) Dieſe Schnecke bewohnet Hügel, Berge und Wälder
hier und da ziemlich zahlreich; ſie wird auch allenthalben aufgeſuchet, und zur Speiſe benützet.

Statistik des Erzstiftes.

Bevölkerung.

Die Volksmenge dieses Erzstiftes ist wahrscheinlich seit mehreren Jahren immer unrichtig angegeben worden. In den meisten Erdbeschreibungen sowohl als statistischen Verzeichnissen wird die Anzahl aller Einwohner des Erzstiftes auf 250000 angegeben, so daß bey einem quadratischen Inhalte des ganzen Landes von 240 Meilen der Bewohner einer Quadratmeile ungefähr 1041 wären — eine wirklich noch kleine Zahl, wenn man z. B. die Bevölkerung des Herzogthums Würtemberg damit vergleicht, welches auf einer Geviertfläche von 155 Meilen 605321 Menschen, also auf einer Geviertmeile 3905 zählt. Unter den kleineren Fürstenländern ist Mecklenburg-Schwerin dem Erzstifte am Flächeninhalte gleich, indem es, wie dieses, 240 Geviertmeilen enthält. Allein die Bevölkerung desselben beläuft sich auf 270000 Menschen; und auf einer Geviertmeile leben 1125 Menschen. Der Unterschied dieser Bevölkerungen ist freylich in der Ungleichheit des bewohnten Erdstriches, der mehr oder weniger Flächen, mehr oder weniger Gebirge hat, mehr oder weniger cultivirt ist, hauptsächlich zu suchen. Allein das Erzstift kennt noch andere Ursachen seiner Entvölkerung, worunter die vielfältigen Auswanderungen der Nichtkatholischen, vornehmlich die unter Erzb. Firmian, nicht die unbeträchtlichsten sind.

Eine

*) Man sehe II. B. 7. bis 91. Seite Von den Einwohnern der Hauptstadt 2c. überhaupt. Wo mag H. B. F. Hermann Prof. der Technologie 2c. seine Nachrichten geschöpft

Eine bestimmte geometrische Aufnahme des Erzstiftes ist noch niemahls unternommen worden: man
hat also den angegebenen Geviert = Inhalt den Geogra-
phen, und ihren Längen = und Breiten = Theilungen
zu verdanken, womit man aber auch bis auf sehr geringe Unterschiede zufrieden seyn kann.   Wonach wir
aber die inländische Bevölkerung bis auf einen hohen
Grad von Wahrscheinlichkeit bestimmen können, sind
die Volkszählungen bey den Landgerichten sowohl,
als in den Kirchspielen, wovon wir seit einigen Jahren
mehrere Verzeichnisse gesammelt haben.   Diesen zu
Folge steigt die gegenwärtige inländische Bevölkerung
nicht über 200000 Menschen hinan, wovon das flache
Land beynahe eben so viele Einwohner als das Gebirgland zählet, obgleich dieses um ein sehr Beträchtliches größer ist.   Auf die Geviertmeile des ganzen Landes kommen also überhaupt 833½ Menschen, doch so,
daß in Betrachtung der eben angeführten großen Ungleichheit in der Bevölkerung des flachen= und Gebirglandes die Anzahl der auf einer flachen Meile lebenden
Menschen gegen jene auf einer Gebirgsmeile merklich
anwächst, und die Bevölkerung der letzteren verhältnißmäßig abnimmt, wie man aus der Zahlen = Differenz
gar leicht bestimmen kann *).

Wir

schöpfet haben, da er in seinen Bemerkungen auf einer
Reise durch Oesterreich, Salzburg ꝛc im J. 1781, welche im II. Jahrg. IV. Quart. der Physikalischen Arbeiten der einträchtigen Freunde in Wien gedruckt sind,
den ☐ Inhalt des Erzstiftes auf etwa 300 ☐ Meilen,
und die Bevölkerung auf nicht viel über 300,000 Köpfe
angab?

*) Daß die gebirgigen Gegenden bey einer größeren qua-
dratischen Fläche dennoch immer weniger bevölkert sind,
ergibt sich aus allen statistischen Verzeichnissen der Volks-

Kkk2   mengen

Wir beſitzen zweyerley Verzeichniſſe der inländi=
ſchen Bevölkerung, erſtens von Seite der Geiſtlichkeit,
zweytens von Seite der Landesgerichte: ſie ſind zwar
bey den noch immer ſehr ſchwankenden Begriffen von
Volkszählungen etwas verſchieden, allein dennoch in ſo
weit übereinſtimmend, als ſie den Hauptſatz bekräftigen,
daß die inländiſche Volksmenge nicht über 200000 Men=
ſchen hinanſteigt.

Das Erzſtift iſt in Hinſicht ſeiner kirchlichen Verfaſ=
ſung in 13 Dekanate getheilt, welche nebſt der unmittel=
baren geiſtlichen Gerichtsbarkeit über die untergeordneten
Kirchſpiele auch die Obliegenheit auf ſich haben, die ih=
ren ganzen Bezirk betreffenden Berichte zu ſammeln, und
an das Metropolitan=Conſiſtorium zu Salzburg einzuſen=
den. Auf dieſe Weiſe erhält das ſeit dem Jahre 1784 in
der Hauptſtadt errichtete Intelligenz=Comtoir die viertel=
jährigen

mengen in Europa. So hat z. B. Helvetien einen Flä=
cheninhalt von 955 ☐ Meilen, und dennoch nur 2 Mil=
lionen Menſchen, alſo 2094 auf einer ☐ Meile; dahin=
gegen der Kirchenſtaat, der ihm an der Quadratfläche
am Nächſten kommt, auf einer Fläche von 900 ☐ Mei=
len 2,200,000, und auf einer ☐ Meile 2333 Menſchen
zählt. Und dennoch iſt der Kirchenſtaat gegen andere
Staaten eben nicht der volkreichſte. Ferner zählt Trier
auf einer Quadratfläche von nur 150 Meilen, Lüt=
rich von nur 105, und Baden von ſogar nur 52 Mei=
len, 200,000, alſo gleichviel Menſchen, wie das Erz=
ſtift Salzburg, woraus unwiderſprechlich erhellet, daß
die Größe der Bevölkerung nach Verhältniß des gegebe=
nen Flächeninhaltes nicht allein von einer größeren Men=
ge inländiſcher Fabriken, Manufacturen und anderer
Induſtrie=Anſtalten; ſondern auch, und zwar vornehm=
lich von der örtlichen Lage ſelbſt abhängt.

jährigen Verzeichniſſe der Gebohrnen, Getrauten und Ge-
ſtorbenen des ganzen Erzſtiftes, nebſt der jedes Mahl wie-
derhohlten Angabe des ſämmtlichen Bevölkerungsſtandes.
Da nun das Erzſtift in politiſcher Hinſicht in 37 Pfleg-
und Landgerichte, hingegen in ſeiner kirchlichen Verfaſſung
nur in 13 Dekanate abgetheilt iſt, ſo ſieht man leicht ein,
daß die beyderſeits eingeſandten Verzeichniſſe ſehr ungleich
ausfallen; aber doch in der Hauptſache übereinkommen
müſſen, weil beyde den nämlichen Flächeninhalt unter ſich
theilen. Doch iſt dabey zu bemerken, daß die dekanatlichen Verzeichniſſe deßhalb nicht überall für ganz richtig angenommen werden können, weil ſie ſehr vielfältig die fremden Eingepfarrten, welche in Gränzgegenden mit den inländiſchen vermengt ſind, nicht gehörig abſondern, was
doch von den politiſchen Stellen nothwendig geſchehen muß.
Ferner gibt es angränzende ausländiſche Dekanate des
Chiemſeeiſchen und Paſſauiſchen Kirchſprengels, denen Inländer einverleibt ſind; deren Verzeichniß alſo auch in keinem kirchlichen inländiſchen Berichte vorkommt.

Zu Folge einer Durchſchnittzählung der dekanatlichen Verzeichniſſe von mehreren Jahren befände ſich die inländiſche
Bevölkerung überhaupt und in runden Zahlen, wie folgt:

Im Dekanäte	Menſchen
Altenmarkt	19000
Hallein	21300
Köſtendorf	10700
Laufen	14400
Mülldorf	1600
Pieſendorf	10800
Saalfelden	15500
Seekirchen	3800
Tamsweg	13400

Im

Im Dekanate	Menschen
Tarenbach	14700
Teisendorf	11700
Tittmoning	8200
Zell im Zillerthale	6000
In den keinem Dekanate untergebenen Kirch- spielen Gmein, Bergheim, Anthering und Windischmaterey	10800
In den Kirchspielen des Chiemseeischen Biß- thums im Zillerthale, und im Pfleggerich- te Xrer	5900
In den Kirchspielen des Passauischen Bißthums Mattsee, Obertrumm, Seeham, Loachen, Schlehdorf und Straßwalchen	5300
Im Pfleggerichte Lengberg	780
In der Hauptstadt Salzburg, ihrem Burgfrie- den, und dem Land- und Hofurbargerich- te Glan ungefähr	15000
Anzahl der befreyten Stände, Geistlichen, Di- kasterianten, Studenten, Soldaten ꝛc. un- gefähr *)	3000
Summe	191880

Diesen kirchlichen Verzeichnissen zu Folge ergäbe sich ein Abgang von 8120 Menschen, mit welchen die Sum- me der inländischen Bevölkerung vermehret werden müß- te. Allein wir können nicht läugnen, daß uns das Schwan- kende der einzelnen dekanatlichen Bevölkerungs-Angaben in der Folgezeit immer aufgefallen ist, so daß die Volks- menge einige Jahre um einige Tausende tiefer stand; an- dere Jahre wieder um mehrere Tausende stieg, wozu wahr- lich

---

*) Folgendes stadtgerichtliche Verzeichniß vom Jahre 1792 gibt hierüber sehr viel Licht:

Ta-

lich keine auffallende Veranlassung vorhanden war. Man kommt demnach der Wahrheit am Nächsten, wenn man sich an die politischen Verzeichnisse hält, welche zum Theile bereits in dieser Beschreibung bey jedem Pfleg = und Landgerichte angegeben; zum Theile bey einer im J. 1794 zur Bestimmung des Wehrstandes vorgenommenen Volkszählung an den hochfürstl. Hofrath eingesandt worden sind.

So

Tabellarische Uebersicht
der in dem hochfürstl. Stadtgerichte Salzburg und dem Land = und Hofurbargerichte Glan nach Angabe der Geistlichkeit befindlichen Volksmenge.

Kirchspiele	Erwachsene.	Kinder von 1 bis 10 Jahr.	Summe.
Domkaplaney . .	2499	278	2777 *)
Bürgerspital Kaplaney	3084	360	3444
Kaplaney jenseits der Brücke . . .	3375	339	3714
Pfarre Nonnthal .	642	211	853 **)
Pfarre Müllen und Morglan . .	1794	270	2064 †)
Pfarre Gnigl . .	660	178	838)
Pfarre Sirtenheim .	577	80	657) ††
Summe .	12631	1716	14347

*) Unter diesen Summen sind die Befreyten, Studenten, Dikasterianten, Soldaten ec. nicht begriffen.

**) Soviel nämlich den stadtgerichtlichen Bezirk betrifft.

†) Unter dieser Angabe ist auch das Arbeits = und Leprosenhaus begriffen.

††) Soviel den stadtgerichtl. Bezirk betrifft.

So wie wir keinem dieser beyden Verzeichnisse den Vorzug vor dem anderen einräumen können; so sind wir auch weit entfernt, eines sowohl als das andere für ganz zuverläßig anzugeben, weil wir nicht wissen können, von wem und wie jene Zählungen gemacht worden sind. Wir setzen beyde hierher.

1) Bevölkerung nach den für diese Beschreibung eingesandten Berichten.	2) Bevölkerung nach den an den hochfürstl. Hofrath eingesandten Berichten.

a) Im flachen Lande:

	1)	2)
Mülldorf	1300	1300
Waging	3574	3600
Tittmoning	12057	9358
Laufen	10460	10460
Staufeneck	6357	6357
Teisendorf	4500	3958
Salzburg	18000	18000 *)

1) Be:

*) Die eingesandte Volksmenge der Hauptstadt war folgende:

Viertel.	Summe der sämmtl. Personen.	Summe der Männl. ins Besondere.	Summe der Männl. v. 16 — 59 Jahr.
Getreidgassen ⸗ Viertel .	2383	1145	781
Kay ⸗ Viertel	2527	1150	772
Markt ⸗ Viertel . . .	1119	500	361
Gstädten ⸗ Viertel . .	863	357	236
Oberbrück ⸗ Viertel . .	1431	587	359
Unterbrück ⸗ Viertel . .	1025	461	329
Stein ⸗ Viertel . . .	621	269	183
Mirabell ⸗ Viertel . .	584	279	198
Nonnthal ⸗ Viertel . .	538	210	130
Müllen ⸗ Viertel . . .	681	316	196
Mönchberg	75	21	15
Festung und alle militärischen Gebäude . .	772	484	326
Summe .	12619	5779	3886

Allein

1) Bevölkerung nach den für 2) Bevölkerung nach den an
diese Beschreibung eingesand- den hochfürstl. Hofrath ein-
ten Berichten.   gesandten Berichten.

a) Im flachen Lande.

Neuhaus . .	4466	. . . 4466
Neumarkt . .	6186	. . . 6054
Straßwalchen .	1713	. . . 1909
Thalgau . . .	4338	. . . 4338
Mattsee . . .	4589	. . . 4589
St. Gilgen . .	1977	. . . 1713
Glaneck . .	4690	. . . 4600
Hallein . .	5563	. . . 4926
Golling . .	7163	. . . 7163
Summe a) .	96983	a) . . 92791

b) Im Gebirglande:

Abtenau . .	4660	. . . 4675
Werfen . . .	5758	. . . 5758
Goldeck . .	3898	. . . 4000
Radstadt . .	7592	. . . 7470
St. Johann .	2968	. . . 2892
Wagrain . . .	1800	. . . 1628
Großarl . .	2669	. . . 2634
Gastein . .	3835	. . . 4000
Rauris . .	1885	. . . 2800
St. Michael .	5592	. . . 4800
Tamsweg . .	8366	. . . 8519
Taxenbach . .	4765	. . . 4800
Zell im Pinzgau .	6450	. . . 6355
Mittersill . .	8615	. . . 8615

1) Be-

Allein hierunter waren weder die befreyten geistlichen
und weltlichen Stände, die Studenten etc. noch das Ur-
bargericht Glan begriffen, mit denen man also die fehlende Zahl ergänzen muß.

1) Bevölkerung nach den für diese Beſchreibung eingeſandten Berichten.		2) Bevölkerung nach den an den hochfürſtl. Hofrath eingeſandten Berichten.
b) Im Gebirglande:		
Saalfelden . .	6361	6361
Loſer . . .	2466	2719
Windiſchmaterey .	4745	3500
Lengberg . .	795	780
Zell im Zillerthale u.		
Fügen . .	14000	13253
Hopfgarten . .	6352	5758
Summe b) .	103572	**b)** . 100817

Der Bevölkerungsſtand des ganzen Erzſtiftes iſt demnach nach

Nro. 1) 200495, und nach Nro. 2) 193608.

Unterſchied 6887.

Dieſer Unterſchied, welcher ſich bey Nro. 2) ergibt, wird aber ſo ziemlich aufgehoben, wenn man die Anzahl der in den befreyten Hofmarken Biſchofshofen, Fiſchorn, Koppel, Lampodingen und Wolfersdorf, Leopoldskrone, Mauterndorf, Sigbartſtein, Tengling und Törring, Thurn, Triebenbach und Urſprung befindlichen Menſchen, welche an den hochfürſtl. Hofrath beſonders eingegeben, aber bey Nro. 1) beygezählt worden iſt, nebſt den überall zerſtreuten Befreyten des geiſtlichen und weltlichen Standes hinzuzählt, welche ebenfalls unter Nro. 1) ſchon begriffen ſind. Zudem, wer bürget uns auch dafür, ob nicht in der erſten ſowohl als zweyten Zählung hier und da ein Verſtoß ſich eräugnete, beſonders, nachdem die Verzeichniſſe in einer ſehr kurzen Friſt gemacht wer-

den

den mußten, und die Weise, wonach sie verfertiget werden
sollten, weder genau vorgeschrieben, noch von den Einsen-
dern angegeben ward? Nach allen diesen Betrachtungen ist
also die runde Zahl der Bevölkerung 200000 die wahrschein-
lichste, und auch den allgemeinen politischen Berechnungen die angemessenste: wir führen ein Par von diesen
letzteren an.

1) Den an den hochf. Hofrath zugleich mit der Be-
völkerungsangabe von 1794 überreichten Berichten zu Folge beläuft sich der Wehrstand des Erzstiftes (das männl.
Geschlecht von 16 bis 59 Jahren einschließlich) auf 46187
Köpfe, welches etwas mehr als der vierte Theil der ganzen Bevölkerung ist; wie er es auch seyn muß, wenn man
Kinder und Jünglinge bis an 16 Jahre, das ganze weibliche
Geschlecht, die alten Männer von 60 Jahren an, und
die befreyten Stände davon wegzählet. Selbst bey den einzelnen Gerichten trifft dieß genau zu. Z. B. im Pfleggerichte Laufen ist die Volksmenge 10460, der Wehrstand
2704; im Pfleger. Werfen die Volksmenge 5758 und
der Wehrstand 1316, im Pfleger. Mattsee die Volksmenge 4589, und der Wehrstand 1176, im Pfleger.
St. Michael im Lungau die Volksmenge 4800, und
der Wehrstand 1144, im Pfleg- und Stadtgerichte Hallein die Volksmenge 4926, und der Wehrstand 1000
u. s. w. In denjenigen Gerichten, wo dieses Verhältniß
nicht vorkommt, ist die Abweichung ungezweifelt außerordentlichen Ursachen zuzuschreiben.

2) Man kann überhaupt annehmen, daß in dem
ganzen Erzstifte jährlich einige über 5500 sterben, welches
auch mit den jährlichen Verzeichnissen in den Salzb. In-
telligenzblättern (nach ihrer nothwendigen Ergänzung in
Hin-

Hinsicht auf die Hauptstadt, und die außerdiöcesanischen Ortschaften 2c.) so ziemlich übereinkommt. Nun wird insgemein auf 36 Lebende 1 Gestorbener gezählet, das ist, aus 36 Lebenden stirbt jährlich Einer. Vermehrt man nun 5500 mit 36, so kommt die Zahl der Lebenden heraus, welche der Hauptsumme 198000 so ziemlich gleich kommt.

Die Bevölkerung des Erzstiftes ist, allen Erfahrungen und den jährlichen Verzeichnissen zu Folge, in der Abnahme, ob man gleich nicht unbemerkt lassen muß, daß diese Abnahme seit einigen Jahren verhältnißmäßig kleiner wird, weil die Regierung ernstliche Maßregeln ergriffen hat, derselben Einhalt zu thun °).

Einwohner.

Alle Einwohner des Erzstiftes können füglich in folgende Classen abgetheilet werden:

1) Der regierende Landesfürst,

2) der hochfürstl. Hofstaat,

3) die hochfürstl. Beamten,

4) der inländische geistliche sowohl als weltliche hohe Adel,

5) die Erbämter des Erzstiftes und der Landadel,

6) die hohe Landschaft,

7) die Geistlichkeit

8) der Kriegsstand,

9)

°) Vergl. S. 91. II. B. der Beschreibung der Hauptstadt Salzburg.

9) der Handelsſtand,

10) der Bürgerſtand,

11) der Bauernſtand.

Von den hierarchiſchen ſowohl als politiſchen
Würden und Vorzügen des regierenden Landesfürſten, welcher zugleich des heil. R. R. Fürſt und Erzbiſchof iſt, findet man in der Beſchreibung der hochf.
erzbiſchöfl. Haupt = und Reſidenzſtadt Salzburg II.
Bande S. 93 u. ff. ausführliche Nachricht.

Der hochfürſtl. Hofſtaat beſteht aus dem von
dem Landesfürſten ſelbſt ernannten Miniſterium, und
den verſchiedenen Stäben, denen daſſelbe vorgeſetzt
iſt.   Die hochf. Miniſter ſind der Oberſthofmeiſter,
der Oberſtkammerer, der Oberſthofmarſchall, der
Oberſtſtallmeiſter, der Oberſtjägermeiſter und der
Leibgardehauptmann.

Den Stab des Oberſthofmeiſters machen aus,
der hochfürſtliche Leibmedicus, die Truchſeſſe, gegenwärtig 14 an der Zahl, die 3 Hofkapläne, nebſt dem
Kapelldiener, der Hoffourier und die Hofmuſiker.

Den Oberſtkämmererſtab, die hochf. Kammerherren (gegenwärtig 30 an der Zahl) der Kam-
merfourier, der Gallerieinſpector, die Garderobiers,
die Leibkammerdiener (gegenwärtig 3 dienende), die
Antekammera = Kammerdiener, die Kammerportiere,
die Kammerheitzer, und Kammerlakayn.

Den Oberſthofmarſchallſtab, das Perſonal der
Hofküche, Silberkammer *) und Confectſtube.

                                  Den

---

*) Beyde, die Hofküche und Silberkammer, haben zugleich ih-
re unmittelbaren Oberaufſeher in den Perſonen eines
Oberſtküchenmeiſters, und eines Oberſtſilberkämmerers.

Den Oberststallmeisterstab **), die hochf. Edel-
knaben (itzt 7 an der Zahl) nebst ihren Hofmeistern und
Dienern, die Exercitienmeister, nämlich der Oberbe-
reiter und Gestüttinspector, der Unterbereiter und Cam-
pagne-Bereiter, der Bastin und Leibcampagne-Berei-
ter, der Hofscholar, die Zeichen-Sprach-Tanz- und
Fechtmeister, die hochf. Futter- und Gestüttmeisterey,
das ganze Personal des Hofmarstalls, die Hof- und Feld-
trompeter, die Laufer, Hoflakays und Heyducken.

Das Oberstjägermeisterey-Amt hat einen
Oberstjägermeister, einen Viceoberstjägermeister, einen
Oberstforst- und Wildmeister, unter denen alle Beam-
te des Jagdwesens, Büchsenspanner, Zerwirchmeister,
Fasanjäger, Meisterjäger und Jägerknechte stehen.

Die hochfürstl. Leibgarde hat einen Leibgarde-
hauptmannn, und einen Leibgardelieutenant, denen 1
Premier- und 2 Secondwachtmeister, 1 Auditor, 1
Rechnungsführer, 30 Karabiniers, 20 Trabanten und
8 Reitknechte untergeben sind.

Die hochfürstliche Garderobe, die Futtermeisterey, und das
Gestüttwesen, das Oekonomische der Jägermeisterey, und
die Hofkellerey, und Hofgärtnerey sind der Hofkammer
einverleibt.

Zum hochfürstlichen Hofstaate kann man auch die
Ritter des Ruperti-Ritterordens zählen, welche
aus dem inländischen Adel von Sr. hochfürstl. Gnaden unmittelbar ernannt werden. Sie bestehen aus
einem Commandeur, 5 präbendirten Rittern, 4 Rit-
ter-Exspectanten, und einem Ordensverwalter (S.
Beschreibung der Hauptst. Salzburg II. B. S. 221 ꝛc.)

Fer-

) Dem Oberststallmeister ist ein Viceoberststallmeister beygege-
geben.

Ferner gehören auch hierzu die hochfürſtl. geheimen Räthe, deren Anzahl gegenwärtig ſich auf 18 beläuft. Sie genießen den Rang nach den Kammerherren; haben aber übrigens keine geheimen Geſchäffte.

Die hochf. Beamte, unter welche die verſchiedenen Regierungs-Zweige getheilt ſind, befinten ſich zum Theile in der Hauptſtadt, zum Theile durch das Land zerſtreut. Unter die erſteren gehören die hochf. geheime Kanzley und die Dikaſterien; die übrigen ſind die Pfleger, Landrichter und übrigen Landbeamte.

Die geheime Kanzley ſteht unter der Direction des Hofkanzlers, welcher einen Archivar, der zugleich Sekretär iſt, einen Regiſtrator und Taxator, einen Concipiſten, 4 Kanzelliſten und einen Curſor unter ſich hat. Unter der nämlichen Direction befindet ſich das hochfürſtl. Hofpoſtamt, ein dem Erzſtifte im J. 1665 von Kaiſer Leopold beſtätigtes Regale. Es wird von einem Verwalter, einem Controleur und einem Schreiber verſehen, und ſteht im Oekonomiſchen unter der Hofkammer.

Die hochfürſtl. Dikaſterien ſind:

1) In geiſtlichen Geſchäfften — das Conſiſtorium, welches aus einem Präſidenten, der ein Domherr iſt, einem Director, Kanzler, Sekretär und einigen Räthen beſteht, denen ein Regiſtrator, ein Protokolliſt, ein Expeditor und 4 Kanzleyſchreiber beygeordnet ſind. Alle Conſiſtorialräthe ſind zugleich Chorherren eines Stiftes, Maria-Schnee genannt, deſſen Pfründen ſie anſtatt des Soldes genießen.

Mit dem Conſiſtorium iſt ſeit 1788 eine Buchhalterey der milden Orte verbunden, welche einen eigenen Inſpector, Buch-

Buchhalter, Oberrevisor, 2 Revisoren, einen Expeditor und Cursor hat.

Der Erzbischof ernennt auch Titular; geistliche Räthe, welche weiter nichts als den Rang genießen.

2) In politischen Geschäfften

a) der Hofrath; er besteht aus einem Präsidenten (einem Domherrn), dem Hofkanzler, dem Director, mehreren (itzt 19) Hofräthen, 6 Sekretarien, einem Registrator und Taxator, einem Expeditor, 8 Kanzellisten, und 1 Rathsdiener.

Es gibt auch mehrere Titularräthe, welche hier gewöhnlich nur Räthe genannt werden, und den Rang nach den wirklichen Räthen haben.

Unter dem hochfürstl. Hofrathe steht das Collegium medicum; das aus einem Director und 5 Beysitzern besteht; ferner das Advokaten; Collegium, das 5 Advokaten zählt.

b) die Hofkammer; aus einem Präsidenten (einem Domherrn) Vicepräsidenten, Director, mehreren (itzt 21) Räthen, worunter 4 Bergräthe sind, 8 Sekretarien, 1 Registrator, 1 Protocollisten, 1 Ingrossisten, 1 Expeditor und Taxator, 19 Kanzellisten und 1 Cursor.

Unter der Hofkammer stehen die Oberstfischmeisterey, die Oberstwaldmeisterey, das General Einnehmer; und Hofzahlamt, die Kammeral; Hauptbuchhaltung, die Hauptbuchhaltung im Berg; und Münzwesen, das Münzamt, die Haupthandlung, das Hauptmauthamt, das Garderobeamt, das Hofungeldamt, das Hofkastenamt, das Hofkelleramt, das Hofbauamt, und die Hofgärtnerey; ferner alle

alle Pflegämter und Gerichte in dem ganzen Lande, wie auch alle Berggerichte und Verwesämter.

c) Die Deputation der auswärtigen Geschäffte, welche aus dem Oberstkämmerer, dem Hofkanzler und einem Hofkammerrathe, einem Referendar, einem Sekretär und Registrator, dann einem oder zwey Kanzellisten besteht.

d) Der Hofkriegsrath; dieser hat einen Vicepräsidenten (der Präsident war ehedem auch ein Domherr), einen Director, 5 Räthe, einen Sekretär und Auditor, einen Registrator, einen Expeditor und 2 Kanzellisten, wovon einer zugleich Cursor ist.

Uebrigens zählet man im ganzen Lande 28 Pfleger, nämlich zu Abbteuau, Neumarkt (Alt- und Lichtenthann), Zell im Pinzgau (Caprun), Teisendorf (Raschenberg), Zell im Zillerthale (oder Kropfsberg, womit auch das Pflegamt Fügen verbunden ist), St. Gilgen (Hüttenstein), Glaneck (Hellbrunn), Golling, Hallein, Ytter (Hopfgarten), Laufen, Saalfelden (Lichtenberg), Lofer, Mattsee, St. Michael, Mitterfill, Mühldorf, Neuhaus (Gnigl), Radstadt, Staufeneck (Plain und Glan), Straßwalchen, Tamsweg, Taxenbach, Waging (Tättelham), Thalgau (Wartenfels), Tittmoning, Werfen und Windisch-Materey; 7 Pflegscommissäre, nämlich zu Abbtenau, Neumarkt, Goldeck, St. Johann, Lengberg, Mühldorf und Staufeneck; 1 Stadtsyndikus und Landrichter (zu Salzburg), 9 Landrichter, nämlich zu Gastein, Großarl, Laufen, Mitterfill, Neuhaus, Radstadt, Rauris, Wagrain und Windisch-Materey, und in jeder Stadt einen Stadtrichter nebst mehreren Gerichts- und

Lll

Stadt-

Stadtschreibern, Ungeldern, Bergrichtern, Mauthnern, Bergverwesern, und übrigen Unterbeamten.

Auch auf seinen ausländischen Besitzungen hat das Erzstift einen Vicedom in Kärnthen, welcher jederzeit der Bischof zu Lavant ist, nebst einem Vicedomamts-Verweser, einen Pfleger zu Altenhofen in Kärnthen, einen Pfleger zu St. Andre 2c. in Kärnthen, einen Pfleger zu Haus und Gröbming, einen Pfleger zu Maria-Saal, beyde in Steyermark, einen Pflegscommissär zu Arnstorf in Oesterreich, und noch 5 bis 6 Pflegverwalter, nebst mehreren Unterbeamten.

Der inländische geistliche sowohl als weltliche sogenannte hohe Adel besteht größten Theils aus eingewanderten Geschlechtern, und ist nicht sehr zahlreich. Den geistlichen hohen Adel macht das Domcapitel aus, welches aus 24 Domherren (Fürsten oder Grafen) besteht, wovon einer Dompropst, und einer Domdechant ist; übrigens aber (außer einem Grafen von Künburg und einem Grafen von Lodron) keinen einzigen gebohrnen Inländer in seinem Schoße zählt. Der weltliche hohe Adel besteht größten Theils aus den hochfürstlichen Ministern, einigen Oberbeamten, den Hofcavaliers und Räthen, aus den a) reichsgräflichen und b) reichsfreyherrlichen Geschlechtern, a) Arco, Firmian, Galler, Königl, Künburg, Lamberg, Lehrbach, Lodron, Lützow, Platz, Ueberacker, Waldstein, Wicka; b) Auer, Dücker, Gemmingen, Kürsinger, Moll, Motzl, Negri, Paplus, Petermann, Reichersberg, Rheling, Schmidt zu Schernberg, Zillerberg 2c., worunter aber nur etwa 17 Familien oder Ehegenossenschaften sich befinden.

Dieser hohe Adel genießt (mit sehr wenigen Ausnahmen) nebst dem Offizierkorps allein den Zutritt zu den

Hof-

Hofgeſellſchaften, welche dreymahl in der Woche gehalten zu werden pflegen, und wird von Zeit zu Zeit zur hochf. Tafel gezogen.

Der eigentliche inländiſche Adel wird in 3 Klaſſen getheilt: 1) in die 4 Erbämter (den Erblandmarſchall, den Erbſchenk, den Erbkämmerer, und Erbtruchſeß), welche von den alten inländiſchen Geſchlechtern Lodron, Kůnburg, Tørring (Grafen) und Lamberg (Fůrſten) erbrechtlich verſehen werden, 2) in die Erbausſergen, oder Lehenträger des Salzburg. Salzausführungsamtes, die alten inländiſchen Geſchlechter von Gutrather, Cammerlohr, Důcker und Auer, und 3) in die Landleute, welche eigentlich Patrizier ſind, und gewiſſe Vorzüge und Freyheiten genießen. Die Anzahl der letzteren beläuft ſich auf einige und 30, worunter die Altengutrath und Gutrath, Antrettern, Důcker, Feyertag, Grimming, Kammerlohr, Kleinmayern, Laſſer, Lůrzer von Zehenthal, Mølk, Mozl, Negri, Platz, Pichl, Prank, Rehlingen, Schiedenhofen, Staudacher und Zillerberg (alle mit dem Prädikate von, viele als Barone und Grafen) ſich in den hochfürſtlichen Dienſten, und die meiſten in der Hauptſtadt befinden *).

Die

*) Eine genaue Beſchreibung von allen 3 Klaſſen des inländiſchen Adels findet man im II. Bande der Beſchr. der Hauptſtadt Salzburg auf S. 347. und ff. Auf dem Lande trifft man außer einem oder dem anderen Oberbeamten und einigen Familien, welche den Sommer über ihre Landgüter, deren Anzahl aber ſehr klein iſt, bewohnen, Niemanden vom hohen Adel an.

Die hohe Landschaft, oder das landschaftliche Collegium besteht aus Verordneten des größeren und des kleinen Ausschußes. Erstere versammeln sich jährlich einmahl zu Anfange des Frühjahres auf dem jährlich gewöhnlichen Landtage; die zweyten monathlich einmahl. Die Verordneten des größeren Ausschußes sind 1) aus dem Prälatenstande, der Fürstbischof zu Chiemsee, der Domdechant, als Gewaltträger des Domkapitels, der Abbt zu St Peter, zugleich General-Steuer-Einnehmer aus dem Prälatenstande, und der Propst zu Högelwerth; 2) aus dem Ritterstande, der Erblandmarschall, der Commandeur des Ruperti-Ritterordens, und noch 6 Ritter aus der Landtafel, wovon einer Generalsteuereinnehmer aus dem Ritterstande ist, 3) der Landschaftkanzler 4) vier Verordnete aus dem Bürgerstande, wovon einer stäts von Salzburg aus dem Stadtrathe, und zugleich Generalsteuereinnehmer, einer von Hallein, und die übrigen zwey abwechselnd von den Städten und Märkten des Erzstiftes sind. Die Abwechselung der städtischen Verordneten geschieht, sowie jene der märktischen, alle 3 Jahre. Abwechselnde Städte sind 4, Radstadt, Laufen, Tittmoning und Mühldorf; und abwechselnde Märkte 23.

Das untergeordnete Personal der Landschaft besteht aus einem Sekretär und Kassirer, einem Buchhalter, einem Registrator, einem Steuercontrolor und 6 Kanzellisten. Bey dem landschaftlichen Bauamte ist ein Bauverwalter angestellt, der zugleich Kastner und Pensionsverwalter ist.

Die Geistlichkeit dieses Landes besteht aus der sogenannten höheren und niederen Geistlichkeit, welchen Unterschied der Benennung Geburt und Einkünfte eingeführt haben.

Die

Die höhere Geiſtlichkeit macht das Domcapitel zu Salzburg aus, welches aus 24 Domherren von durchgehends gräflichen oder fürſtlichen Geſchlechtern beſteht, unter denen immer mehrere Biſchöfe, ein infulirter Propſt und ein infulirter Domdechant ſich befinden.

Zu der niederen Geiſtlichkeit werden alle diejenigen gezählet, welche zu der eben genannten nicht gehören, ob gleich dieſer Unterſchied für Männer von wirklichen Verdienſten etwas zu verſchwinden ſcheint.

Das Erzſtift hat

a) ein Conſiſtorium, unter deſſen Gerichtsbarkeit die ganze Geiſtlichkeit des Landes ſteht. (S. oben). In der Kanzley des Conſiſtoriums befinden ſich 3 Weltgeiſtliche, zwey als Regiſtratoren, und einer als Protokolliſt.

b) 5 Collegiatſtifte: 1) das Coll. Stift zu Maria-Schnee in der Hauptſtadt, aus 11 oder 12 Perſonen beſtehend, 2 — 5) die Coll. Stifte zu Laufen, Mühldorf, Seekirchen und Tittmoning, erſtere zwey aus 8, letztere zwey aus 7 Chorherren beſtehend.

c) 3 Hofkapläne und 3 Stadtkapläne: den letzteren ſind 6 Gehülfen zugegeben.

d) 19 Chorvikarien der Domkirche.

e) ungefähr 12 Weltgeiſtliche (Beneficiaten, Präfecten, Hofmeiſter und andere), welche in verſchiedenen anſtändigen Beſchäfftigungen in der Hauptſtadt wohnen.

f) hochf. Alumnen im ſogenannten Prieſterhauſe zu Salzburg, welchen ein Regent, ein Subregent, und ein Spiritual vorgeſetzt ſind; ungefähr 50 Perſonen an der Zahl.

g)

g) im übrigen Laude 13 Stadt- und Rural-Dekane, 19 Pfarrer, 17 Pfarrvikare, 89 Vikare (mit eigenem Herde versehene, übrigens den Pfarrern oder Dekanen untergebene Seelsorger), 18 Beneficiaten, und ungefähr 144 Helfpriester, die zu Kirchenthal befindlichen 12 Geistlichen mit gerechnet. (Also sind im ganzen Erzstifte ungefähr 440 — 41 Weltgeistliche.)

h) 8 Gemeinden von Religiosen in der Hauptstadt, nämlich, Benedictiner zu St. Peter 35 (11 oder 12 in dieses Stift mit Profession gehörige Geistliche sind immer zu Wieting, Dornbach, und in der Abbtenau in der Seelsorge ausgesetzt), Cajetaner 7, Augustiner 12, Franciscaner 14, Kapuziner 14, Benedictinnerinnen 40, Ursulinerinnen 24, Klarisserinnen 26; in allen nebst den 4 Benedictinern an der Plainer Wallfahrt und 14 Professoren des näml. Ordens an der Universität 100 männliche, 90 weibliche Religiosen.

i) 7 Gemeinden von Religiosen im übrigen Lande, nämlich Benedictiner zu Michaelbeuern 28, regul. Augustiner zu Högelwerth 13, Augustiner Eremit. zu Tittmoning und Hallein ungefähr 24, Kapuziner zu Mülldorf, Laufen und Radstadt ungefähr 30, nebst 3 Missionen der Benedictiner zu Schwarzach ꝛc, der Kapuziner zu Werfen 4, und der Franciscaner zu Hundsdorf 4, in allen 109 Religiosen.

Im ganzen Erzstifte befinden sich also ungefähr 440 Weltgeistliche, und gegen 300 Religiosen; also überhaupt ein Personal von 740 Geistlichen. Bey einer Bevölkerung von 200000 Menschen ist also nur der 270ste Mensch ein Geistlicher, welches in einem ganz geistlichen Staate merkwürdig ist.

Der

Der Kriegsstand, oder das hochfürstl. Militär besteht zu Friedenszeiten a) aus einem Bataillon von 600
Mann, das man das Stadtkomando nennt, in 6 Com-
pagnien, jede zu 100 Mann ohne die Offiziere getheilt ist,
die Stadtwachen zu versehen hat, täglich eine Anzahl von
125 Mann auf die Parade gibt, von einem Obersten, der
zugleich Stadtcommandant ist, einem Oberstlieutenant, einem Oberstwachtmeister, 3 Hauptleuten, 3 Capitäns, 6
Ober - und 6 Unterlieutenants, und 2 Fähnrichen comman-
dirt wird, und einen Stabsauditor mit Hauptmannsran-
ge, einen Regimentsauditor, einen Rechnungsführer, und
einen Regimentschirurgus, alle 3 mit Lieutenantsrange hat.
b) aus dem Landcommando, das 220 Mann, insgemein alte, aus dem Stadtcommando ausgemusterte Soldaten zählt; und von einem Obersten, der zugleich Lando-
berster ist, einem Hauptmanne und 4 Lieutenants com-
mandirt wird. Dieses Landcommando hat die Festungen
zu Salzburg und Werfen, den Mönchberg zu Salzburg,
und die Gränzpässe zu besetzen. c) aus dem Artillerie-
korps, welches aus einem Hauptmanne, einem Lieutenant, 2 Stückforporalen und 19 Gemeinen besteht; übrigens den Befehlen des Commandanten der hohen Festung
zu Salzburg, wo es einquartirt ist, untergeben ist. Uni-
form, Exerzierart und Mannszucht sind überhaupt ganz,
wie bey der kaiserl. königl. Armee *).

Das sämmtliche hochf. Militär mit Einschluße der
Offiziers besteht demnach in Friedenszeiten aus 876 bis
880 Köpfen.

Die

---

*) Sieh Beschreib. von der Hauptst. Salzb. II. B. S. 355.
u. ff.

Die hochf. Leibgarde, aus 30 Carabiniers und 20 Trabanten, 8 Reitknechten, einem Hauptmanne, einem Lieutenant, 1 Premier = Wachtmeister mit Hauptmanns= range, 2 Secondwachtmeistern mit Oberlieutenantsrange, einem Auditor und einem Rechnungsführer. bestehend, ist hierzu nicht gezählt, indem sie unter ihrem eigenen Com= mando steht, und schon oben beschrieben worden ist. Zählt man aber auch diese 65 Köpfe dazu, so macht das sämmtl. hochfürstl. Militär über 941 Mann aus, über welche der hochfürstl. Hofkriegsrath gesetzt ist. Das Oekono= mische ist unter der Direction der Landschaft.

Der Handelsstand ist in der Hauptstadt und in ei= nigen Städten und Märkten des Erzstiftes, obgleich nicht mehr so blühend, wie vor Zeiten, wo noch beynahe der ausschließliche Handel nach und von Italien in Salzburg sich befand, dennoch immer sehr ansehnlich, und in guten Vermögensumständen. Die Hauptstadt zählt 5 Spedi= tionshandlungen, die ehemahls Hafnerische, itzt Triend= lische, die Mayrische, Casp. Freysaufische, Raym. Anwangerische und* Spathische, 15 Schnittwaaren= 13 Spezereyhandlungen, 2 Galanterie=, 4 Eisen= und 2 Buchhandlungen, ohne die übrigen Kleinwaaren= Früchte= Geschmeid= und Papierhandlungen zu zählen. Im übrigen Erzstifte sind nicht minder beträchtliche Tuch = Spezerey= und Eisenhandlungen zerstreuet, worunter Hallein nach der Hauptstadt unstreitig den Vorzug hat. Der Handels= stand ist überall dem Bürgerstande einverleibt, dessen Interesse mit dem seinigen innigst verbunden ist.

Der Bürgerstand wird eigentlich derjenige genannt, welcher das Bürgerrecht einer Stadt oder eines Marktes erhalten hat, bürgerliche Gewerbe treibt, und durch ge= wisse

wiſſe bürgerliche Freyheiten für die Bürden ſchadlos gehalten wird, die er zur Erhaltung der ganzen bürgerlichen
Geſellſchaft trägt.

Uneigentlich zählet man alle Einwohner der Städte und Märkte zu dem Bürgerſtande, welche keinen Feldbau treiben, und ſich an Kleidung und Sitte von dem gemeinen Landmanne unterſcheiden, ob ſie gleich das Bürgerrecht nicht erhalten haben. Die eigentliche Bürgerſchaft des Erzſtiftes beſteht in der Hauptſtadt aus ungefähr 500 Köpfen, zu Mühldorf ungefähr 150, Tittmoning 112, Laufen 104, Hallein 200, Radſtadt 60, —
alſo zuſammen aus ungefähr 1126 ſtädtiſchen Bürgern.
Rechnet man hierzu die Bürgerſchaft aus den 22 Märkten
des Erzſtiftes (50 Bürger auf jeden Markt im Durchſchnitte
gezählt), alſo 1100 in allen; ſo beläuft ſich die eigentliche
Landesbürgerſchaft auf 2226 Köpfe.

Die Bürger genießen überall die Freyheiten einer
Schützengeſellſchaft und bürgerl. Milizen bey öffent-
lichen Feyerlichkeiten. Die zu Salzburg hat eine Infan-
terie und Cavalerie, welche vortrefflich organiſirt ſind *).

Der Bauernſtand macht mehr als 3 Fünftheile der
erzſtiftiſchen Bevölkerung aus. Der Bauer im flachen Lande iſt im Durchſchnitte weniger vermöglich, als der im
Gebirglande: allein beyde ſind, im Ganzen betrachtet,
wohlhabend; beſonders haben ſie in den letzten Jahren der
Theurung ſich überaus anſehnlich emporgeſchwungen, indem während dieſer Zeit die meiſten verſchuldeten Güter
ſchuldenfrey geworden ſind.

Re-

---

*) S. Beſchreib. der Hauptſtadt Salzburg II. B. S. 369.

Regierungs-Anstalten.

Das Haupt und der Mittelpunct der sämmtlichen Staatsverwaltung ist der Landesherr. Er ernennt, wenn es außerordentliche Fälle erheischen, eine geheime Conferenz [*]), oder beruft die Landstände außerordentlich [**]) zusammen,

In ordentlichen Fällen gelangen die Regierungsgeschäffte an die Dikasterien, oder, wenn dem Landesherrn unmittelbare Bittschriften überreichet werden, so pflegen sie von Ihm um Gutachten an dieselben hinüber gegeben zu werden. In Gnadensachen behält er die Entscheidung sich selbst vor.

Die geheime Kanzley besorgt die geheimen Staats- und Cabinetsgeschäffte, vorzüglich die Reichstags- und Kreisgeschäffte. Was der Fürst unmittelbar beschließt, wird von ihr ausgefertiget. Das Consistorium hat unter der Oberaufsicht des Erzbischofes selbst, der sich alle Protokolle desselben vorlegen läßt, über die gesammte Geistlichkeit, alle Kirchengüter und milden Stiftungen des Landes zu wachen. Alle Geschäffte desselben sind in Pastoralia, Judicialia und Oeconomica getheilt [***]). Der Hofrath hat in Justiz- und Jurisdictions-, in Polizen- und Criminalfällen zu entscheiden, ist auch zugleich eine Revisionsstelle [****]) Die Hofkammer hat über die ganze Oekonomie des Landes die Aufsicht. Unter ihr stehen alle Pflegämter und Gerichte in dem ganzen Lande, wie auch alle Berggerichte und Verwesämter, die einzigen Fälle ausgenommen, welche von dem Hofrathe

---

[*]) S. Beschr. der Hauptst. II. B. S. 231.

[**]) Ebendas. S. 256.

[***]) Ebendas. S. 237.

[****]) Ebendas. S. 241.

rathe allein zu entscheiden sind. Die Deputation der auswärtigen Herrschaften führet nach den auswärts bestehenden Landesgesetzen die Oberdirection im Kameral-sowohl als Justiz-Polizey-und Kirchenwesen über diejenigen innerösterreichischen Immediat-Herrschaften des Erzstiftes, wovon dieses noch das Grundeigenthum, doch ohne Landeshoheit, rettet hat. Der Hofkriegsrath hat die Gerichtsbarkeit über alle dem Soldatenwesen unterworfene Personen. Das Oekonomische des Militärs besorgt die Landschaft. Die Landschaft oder das landschaftliche Collegium besorgt die Steuer-Einnahme des ganzen Landes, hat alle Befestigungswerke, Pässe, Casernen, Pulverthürme, Thore, Blockhäuser, Barrieren Wachstuben, überhaupt alle Soldaten-und Landesbefestigungsgebäude zu unterhalten, und für den Unterhalt des Militärs in allen Stücken zu sorgen rc.

In den Städten haben eigene Stadtrichter, welche von dem Landesfürsten aufgestellt sind, auch unmittelbar von ihm abhangen, die Polizeygeschäffte zu verwalten, und den Rathssitzungen der Ortsmagistrate vorzustehen. In der Hauptstadt führt der Stadtrichter bey Titel Stadtsyndikus, ist zugleich Landrichter im Urbaramte Glan, und hochf. wirkl. Hofrath. In den Märkten sind Marktrichter (obgleich nicht in allen Märkten), welche zwar der Ortsmagistrat aufzustellen hat; die aber in allen Justiz-und Polizeyfällen von den Pfleg-und Landgerichten, in deren Bezirk sie gehören, unmittelbar abhangen, so wie ihre Magistrate selbst, denen nirgends mehr als einige kleinere, der Landesoberaufsicht unpräjudicirliche Freyheiten und Fälle der niederen Gerichtsbarkeit zugestanden sind. Das Personale der Gerichts-Ober-Mitterschreiber und Accessisten ernennt die hochf. Hofkammer an allen ihr unmittelbar untergebenen Amtsstellen des Landes, und besoldet es.

Jede

Jede Stadt, ſo wie jeder Markt, hat einen
Magiſtrat. Zu Salzburg, Laufen, Hallein,
Tittmoning und Radſtadt ſind ein Bürgermeiſter
und 12 Räthe (in Hallein und Laufen nur 11); in
Mühldorf (welche Stadt ſich etwas mehr der Verfaſſung des benachbarten Bayerns nähert) zwey Bürgermeiſter, 7 Räthe, und 16 Viertelmänner. Die
Märkte haben ihre Magiſtrate von ſehr ungleicher
Anzahl und Benennung; Waging hat 4 Vorſte-
her, die der Pfleger ernennt; und wovon immer zwey
mit Feldbaue verſehen ſeyn müſſen (man nennt ſie auch
Bürgermeiſter), Teiſendorf — einen Ober- und einen Unterführer und 12 Ausſchüſſe, Neumarkt —
einen Ober- und einen Unterkämmerer und 4 Ausſchüſſe (oder das Kammeramt, welches die Gemeinde
wählt), Seekirchen — keinen eigenen Magiſtrat,
Straßwalchen wie Neumarkt, Golling, 2 Bürgermeiſter, wovon der erſte der verrechnende iſt, und
2 Ausſchüſſe, Kuchl — keinen Magiſtrat; Abbtenau
— zwey Bürgermeiſter, Werfen 2 Bürgermeiſter,
(den Ober- und Unter-), und 4 Ausſchüſſe, St.
Veit — 2 Bürgermeiſter, St. Johann — 2 Bürgermeiſter und 4 Ausſchüſſe; Wagrain — einen Bürgermeiſter und 6 Ausſchüſſe; Hof in Gaſtein wie St.
Johann; St. Michael — einen alle 2te Jahre aus
dem Rathe neu zu erwählenden Marktrichter und 10
auch 12 Rathsglieder, Mauterndorf — einen alle 3
Jahre neu zu erwählenden Marktrichter, und 8
Rathsfreunde, nebſt 2 Gemeinderednern; Tamsweg wie Mauterndorf; Taxenbach — 2 Bürgermeiſter, und 2 Ausſchüſſe; Zell im Pinzgau — einen
Bürgermeiſter und 6 Ausſchüſſe, oder Räthe; Mit-
terſill, Saalfelden und Lofer wie Zell; Windiſchmatrey — einen Marktrichter und 3 Ausſchüſſe; endlich Hopfgarten — einen Ober- und einen Unterführer nebſt 6 Ausſchüſſen.

Die

Die Bauerngemeinden im ganzen Lande sind Theils in Obmannschaften (wie in den Pflegger. Mühldorf, Tittmoning, Straßwalchen, Mattsee und Rauris), Theils in Viertel (wie in den Pflegger. Waging, Laufen, Staufeneck, Teisendorf), Theils in Schrannen und diese in Rügate (wie in den Pfleggerichten Neuhaus, Neumarkt, Thalgau, St. Gilgen), Theils in Rotten (wie in den Pflegger. Glaneck, Hallein, Golling und Windischmatterey), Theils in Rieden, und diese in Rotten (wie in den Pfleg- und Landger. Abbtenau, Goldeck, Wagrain, Großarl und Lengberg), oder in Viertel, und diese in Rotten (wie im Pflegger. Werfen), oder in Zechen, und diese in Rotten (wie in den Pflegger. Radstadt, St. Johann, Zell im Pinzgau, Saalfelden), oder in Kreutztrachten, und diese in Zechen (wie im Landgerichte Gastein), oder in Schrannen, und diese in Hauptmannschaften (wie in den Pflegger. St. Michael und Tamsweg), oder in Kreutztrachten und diese in Rotten (wie in den Pflegger. Taxenbach und Mittersill) oder in Kreutztrachten, und diese in Viertel (wie im Pfleggerichte Hopfgarten), oder in Zechen, und diese in Häuser (wie im Pflegger. Lofer) endlich in Aemter, und diese in Hauptmannschaften (wie in den Pflegger. Zell im Zillerthale und Fügen) abgetheilt. Jede Schranne, Rotte, Kreutztracht, Hauptmannschaft, Riede, Zeche, und jedes Amt, Viertel, Rügat haben ihre eigenen Ausschüsse und Rott-Rug-Hauptmänner und Viertelmeister, welche den ihnen zugetheilten Gemeinden anzusagen, und die gemeindlichen Geschäffte zu besorgen haben.

Die letzte Abtheilung der Rotten, Rügate re. ist überall in Höfe, Lehen, Huben, Herdstätten, Lägeln, Vierteläcker oder Anschläge, Viertelhöfe, Viertellehen, Sölde und Kleinhäuschen, Zu- oder Viertelhäuschen, deren Bedeutungen bey
den

den verschiedenen Pfleggerichten selbst nachgesuchet werden müssen. Die einzelnen Urbarstücke werden Iteme genannt.

§ Auf diese Weise ist der ganze Staat gehörig organisirt, und der Landesherr mit dem Lande genau in Verbindung gebracht.

Topographische Skizze.

Das Erzstift enthält innerhalb seines ununterbrochenen Umfanges 5 Städte, Salzburg, Hallein, Laufen, Tittmoning und Radstadt, und eine sechste, Mühldorf, ganz von Bayern umgeben. In Kärnthen besitzt es die zwey Städte Friesach und St. Andre im Lavantthale, worüber es aber die Landeshoheit verloren hat.

Märkte zählt es 23, nämlich Golling, Kuchel, Waging, Straßwalchen, Neumarkt Teisendorf und Seekirchen im flachen; Werfen, Tamsweg, St. Michael, St. Johann, St. Veit, Hof in Gastein, Zell im Pinzgau, Mittersill, Saalfelden, Taxenbach, Hopfgarten, Lofer, Abbtenau, Mauterndorf, Windischmatrey und Wagrain im Gebirglande.

Hofmarken sind 11, nämlich Koppel (Fürst-Chiemseeisch) Lampoding und Wolkersdorf (Lodron-Secundogenitur), Leopoldskrone (Graf-Firmianisch), Sighartstein (Graf-Ueberackerisch), Thurn, (Graf-Platzisch), Törring und Tengling (Graf-Törringisch), Trübenbach (des Hn. von Schidenhofen) und Ursprung (Bar. Rehlingisch), im flachen; Mauterndorf (domcapitelsch), Fischorn und Bischofshofen (fürstl. chiemseeisch) im Gebirglande.

Dörfer, in der eigentlichen Bedeutung des Wortes, hat das Erzstift bloß im flachen Lande. Was

im

im Gebirglande unter dieſem Nahmen vorkommt,
ſind größten Theils 5 — 6 Bauerngüter, die in einer
geringen Entfernung von einander ſtehen, und alſo unter eine gemeinſchaftliche Benennung gebracht ſind.
Im flachen Lande ſind ungefähr 347, und im Gebirglande 215 — in allen 562 Dörfer, und einige
tauſend kleinere Ortſchaften.

Kirchen und öffentliche Kapellen zählt man
im flachen Lande ungefähr 203, im Gebirglande 137,
in allen 340; bewohnbare Schlöſſer im erſteren 57,
im zweyten 35 — in allen 92.

Herrſchaftliche Bräuhäuſer ſind im Erzſtifte
5, nämlich 4 hochfürſtliche zu Kaltenhauſen, Lofer, Henndorf und Teiſendorf; das Baron ‑ Reh-
ſingſche zu Urſprung und das Schnedizeniſche zu Lueg,
bey St. Gilgen. Außerdem haben noch Bräuhäuſer die Auguſtiner zu Müllen an der Hauptſtadt, zu
Hallein (ißt ohne Betrieb), und zu Tittmoning, und
die regulirten Chorherren zu Högelwerth. Alle übrigen
ſind Privatgewerbe, deren Anzahl beträchtlich iſt.

Staatswirthſchaft.

Es iſt kaum ein geiſtlicher Staat anzutreffen, welcher alle Finanzquellen in ſo genauer Verbindung be-
ſißt, wie das Salzburgiſche Erzſtift. · Die Kaſſe des
Landesfürſten iſt zugleich die Kaſſe des Staates, und
aus jener fließen alle Ausgaben des leßteren, wie ſie
immer Nahmen haben mögen, die einzige Steuerkaſſe
der Landſchaft ausgenommen, welche von der landes-
fürſtlichen getrennt iſt, und alſo auch ihre eigenen Ausgaben zu beſtreiten hat.

· In die landesfürſtliche Kaſſe, welche unter dem
Generaleinnehmer ſteht, fließen alle Einkünfte von den
aus-

ausländischen Herrschaften und Gütern, welche man zwischen 70 und 80000 fl. berechnet, und alle Gefälle von den zur Landeshoheit gehörigen Regalien °), in die landschaftliche die Steuern, und in außerordentlichen Fällen die sogenannten Aufschläge oder Accise °°). Letztere Casse steht ebenfalls unter oberster Aufsicht des Landesfürsten. Was von der Kammeralkasse nach Abzuge der Ausgaben erübriget wird, fällt dem Landesfürsten als Lehensfrucht zu; daß also die hochfürstliche Chatoulle mit der Kammeralkasse beynahe eine und dieselbige ist.

Die Einkünfte der Kammeralkasse sind von den statistischen Schriftstellern verschiedentlich angegeben worden. Schlözer hat im 62sten Hefte seiner Staatsanzeigen S. 243 — 247 dieselben, einem bey dem kaiserl. Reichshofrathe im J. 1783 übergebenen Revenüen-Etat des Erzstiftes gleichlautend, auf 2338793 Fl. angegeben, ohne die Einkünfte aus den ausländischen Herrschaften dazu zu rechnen. Allein ob gleich in der Hauptsumme vielleicht nicht zu weit gefehlt seyn dürfte, so sind doch gewiß die zugleich angegebenen theilweisen Summen zu unrichtig, als daß man der ganzen Angabe einen unbedingten Glauben beymessen könnte. Einige andere haben die Staatseinkünfte des Erzstiftes unter 2 Millionen, wieder andere über 3 Millionen berechnet. Verlangt man aber einen Ausspruch des Verfassers in dieser Sache; so glaubt er, ohne sich in eine partielle Angabe jedes einzelnen Finanzzweiges einzulassen, nicht sehr zu irren, wenn er die Angabe der 2 Millionen für zu niedrig, und jene von 3 Millionen

°) Sieh Beschr. d. Hauptst. II. B. S. 148 u. ff.
°°) Ebendas. S. 154 in der Anmerk.

lionen für zu hoch erklärt *). Genaue Finanztabellen
sind übrigens, wie bekannt, Staatsgeheimnisse, die freylich

*) In Merians *Topographia Bavariae* lesen wir S. 99
folgende seltsame Angabe, der wir aus guten Gründen
nichts beysetzen wollen: „Es schreibet Galeatius Gual-
dus libro 4. hist. pag 94. im Jahr 1632., daß des
Herren Erzbischoffs allhie jährlich Einkommen bey die
dreyhundert tausend Thaler ertrage. Wie dann dieses
Erzstiffts Monatlich einfacher Reichs - Anschlag ist 60 zu
Roß, 277 zu Fuß, oder an Geld 1828 Gulden, und zu
Unterhaltung des Cammer - Gerichts, wie ich gelesen,
jährlich nach dem erhöhten Anschlag 375 fl. den Thaler
zu 69 Kreutzer gerechnet. Welcher hohe Anschlag son-
der Zweifel von denen sehr stattlichen Bergwerden, die
es in diesem Land hat, herkommen wird. Dann sonsten
auf dem Reichstag zu Regenspurg die Salzburgische Gesandten bey ihrem Voto contributionis, Anno 1640
den 12. Novembris, unter anderem eingebracht, daß,
was von Land und Leuten dem Erzstifft Salzburg auf
des Reichs Boden zustehe, ein rauh gebürgig, unfruchtbar und wenig einträgliche Landschafft seye, darinnen
kein Weinwachs, des Getrayds, zur Leibs - Nahrung
nicht genug, die Viehezucht das meiste, und doch wenig ersprießliche vermögen: Der Residenz - Stadt Salzburg Vermögen bestehe in Gewerb, welches der Zeit,
wie man aller Orten erfahre, beynahe darnieder gelegt;
in den übrigen fünf kleinen Städtlein seye, ausserhalb
der blossen mühesamen täglichen Nahrung wenig zu er-
ringen: Von anderen des Stiffts Gütern in Oesterreich,
Steyer, und Kärndten, müsse man daselbst auch contri-
buiren. Siehe Herrn Johannem Limnaeum in f. an-
not. ad capitulationem Imper. Ferdinandi III. Besie-

he

lich nicht immer gehörig bewahret; doch selten zur Bekannt-
machung mitgetheilet werden, weßhalb der Verfasser sich
auch nicht darum umgesehen hat.

Die Einkünfte einzelner Finanzzweige, z. B. Ungeld,
Salzverschleiß, Bräuhäuser und Bergwerke ꝛc. könnten
vielleicht im Durchschnitte so ziemlich zutreffend angegeben
werden. Allein wozu, da sie so sehr unbeständig sind;
und womit sollten wir die Authentizität solcher Angaben be-
legen? Es ist, wie wir in der Beschreibung der Hauptstadt II. B. S. 247 bemerkten, nur eine Sage, daß alle hochfürstl. Berg - und Hüttenwerke jährlich einen reinen
Gewinn von 227000 fl. geben, wovon das Salzwerk zu
Hallein 150000, die übrigen Werke 77000 betragen sollen.
Allein wir wissen soviel gewiß, daß wenigstens die letztere
Angabe von den Einkünften der Bergwerke nicht alle Jahre gleich, und vielleicht in einer Durchschnittrechnung von
mehreren Jahren, in denen die Bergwerke zu Rauris,
Hirzbach, Ramingstein, Schellgaden, Leogang,
Kirchberg, und die mit dem Bergwesen verbundene
Haupthandlung selbst wahren Verlust erlitten, um meh-
rere Tausende zu hoch angesetzt ist. Nur in die Zukunft
hat man die schmeichelhafte Aussicht, daß dieser Finanz-
zweig bey der gegenwärtigen überaus verbesserten Verfassung des sämmtlichen Bergwesens allmählich eine reichere
Ausbeute gewähren werde.

Die

he von dem, was gesagt worden, über die oben angezo-
gene Autores, auch P. Bertium de rebus germanicis,
Caspar. Ens delicias apodemicas per Germaniam,
Stephani Pighii Herculem prodicum, Munsteri Cos-
mographiam, Casparum Bruschium, Dresseri Städt-
Buch, Scoti Itinerarium, und Martini Zeillers Teut-
schen Reißbuchs ersten und andern Theil."

Die Einkünfte der zweyten Hauptkasse, der landschaftlichen, sind die Steuern, und die in außerordentlichen
Fällen, und mit landesherrlicher Bewilligung zu erheben-
den Aufschläge und Accisen, worüber aus jedem der 3
Stände (Prälaten- Ritter- und Bürgerstand) eigene Einnehmer aufgestellt sind. Der iztregierende Landesfürst fand
bey seinem Regierungs- Antritte das inländische Steuerwe-
sen in einer so schlechten Verfassung, daß er es eine seiner
ersten Regentensorgen seyn ließ, dasselbe, sobald nur möglich, zu verbessern. Im J. 1778 erschien wirklich eine
ganz neue Steuerverfassung, welche von Finanzkennern
für ein Meisterstück gehalten wird, und von Seite des
Rechts den Beyfall des Reichshofraths in einem deßhalb
ergangenen Conclusum vom 22. July 1782. davon getragen hat *). Dieser Verfassung gemäß ist anstatt der Ver-
mögenssteuer eine dauernde Grund- und Gütersteuer bey
dem Landmanne und dessen Inhaben eingeführt, und letzteres nebst Häusern und Gewerben in eine pflichtmäßige
Peräquation (oder Gleichstellung) gebracht worden. Nur
der dritte Theil des erhobenen Güterwerthes ist mit der
Grundsteuer dergestalt belegt, daß z. B. derjenige Unter-
thau, welcher auf 3000 Fl. Grundwerth peräquirt worden
ist, nur auf den dritten Theil, oder auf 1000 Fl. mit der
Steuer beleget wurde. Dieser Grundanlage zu Folge
wurde jedes Hundert des peräquirten dritten Theils des
Grundvermögens mit 8 Schilling laufender Steuer, mit
Ausnahme der Zulehen, welche, so lang sie als Zulehen
be-

---

*) Dieses Conclusum ist in Zauners Sammlung der wich-
tigsten Urkunden S. 18 und ff. abgedruckt, auch in Reuß-
deutscher Staatskanzl. VI. Th. S. 211, und in der all-
gem. Jurist. Biblioth. II. B. S. 450 zu finden.

Mmm 2

beſeſſen werden, ein Sechstheil mehr abzureichen haben, auf 2 Friſten, zu St. Georg und St. Martin, beleget. (Dieſes neue Steuermandat iſt in Siebenkees neuem Juriſt. Magazin I. B. S. 435 — 445. und in dem Götting. hiſtor. Magazin V. B. II. St. S. 181 — 189 ausführlich zu leſen. H. Meiners hat im letzteren ſogar einen kurzen, aber, einiger eingeſchlichenen kleinen Fehler ungeachtet, ſehr merkwürdigen Vorbericht über das Steuerweſen im Salzburgiſchen vorangeſetzt. Ein Auszug dieſes Mandats befindet ſich in Zauners Auszug der wichtigſten Salzburgiſchen Landesgeſetze I. B. S. 201, nebſt den nachgefolgten Zuſätzen und Erläuterungen.)

Der ganze inländiſche Steuerfuß wird im ganzen Erzſtifte auf mehr als 12,230000 Fl. angeſchlagen, woraus man auf die betreffende Peräquationsſumme ungefähr ſchließen kann.

Einer in der Beſchreibung der Hauptſtadt Salzburg II. B. S. 265 befindlichen Angabe zu Folge, welche aber, wie wir wiſſen, nicht ohne Widerſpruch geblieben iſt, ſollen ſich die ſämmtlichen Einkünfte der Landſchaft nach einem 10jährigen Durchſchnitte in den neueſten Zeiten auf die Summe von 317166 Fl. belaufen haben, und zwar benanntlich

Die Georgi-Steuer . . .	130740 Fl.
Die Martini-Steuer . . .	140736
Die Rüſtgelder . . .	11250
Die Abzuggelder *) . . .	3440
Die grundherrſchaftlichen Decimationen	31000
Summe	317166

Wir

*) Dieſe Gelder, die ſogenannten Nachſteuern ſind ſo wie die Rüſtgelder vor Zeiten unter die Kameralgefälle gezählet.

Wir nehmen zwar diese Summe, die ohnehin in einzelnen Theilen gar sehr der Veränderung unterworfen ist, eben nicht für zuverläßig an; können uns aber auch nicht vorstellen, daß der wahre Befund jener Einnahme gar so sehr verschieden seyn sollte *).

Die

let; aber nachher ganz der Landschaft überlassen worden. S. in Zauners Samml. Nachsteuer. Dafür hat im J. 1730 die Landschaft die Kammerzieler, 1826 Fl. 18 Kr. im 20 Fl. Fuße in zwey Fristen an das Kammergericht zu Wetzlar zu zahlen übernommen.

*) Es ist sehr merkwürdig, den Zustand der Landschaft, der Steuereinnahme und des Decimationswesens im Erzstifte vor dem Antritte der itzigen Regierung kennen zu lernen. Wir glauben, daß dieß nicht besser geschehen könne, als indem wir hier folgendes kleines handschriftliche Promemoria mittheilen, welches bey Gelegenheit des wegen der neuen Steuerverfassung mit dem Domcapitel entstandenen Prozesses, und über die landesherrliche Decimation zu Salzburg von Hand zu Hand umhergegangen, und im J. 1784 im Journal von und für Deutschland, April, öffentlich gedruckt erschienen ist:

„Es ist bis zur Evidenz wahr, daß von den ältesten Zeiten des Erzbißthums bis in die Regierungsjahre Erzbischof Wolf Dietrichs die Landesherren keinen Beytrag nach einem bestimmten Fuße, oder aus einer strengen Schuldigkeit, sondern bloß gutwillig aus Gnaden geleistet.

Also war es auch, nach aufgehobener Versammlung der Landstände, einzig Erzbischof Wolf Dietrich, und seine Nachfolger, welche maaßgebend bestimmten, was das Land beyzutragen habe. Dieses zogen sie zur Cammer, und ließen es durch selbe zu den Landesoblagen verwenden.

In

Die Landschaft hat seit 1781 auch den sogenannten Hieronymus-Fond in der Weise eines Amortizations-Fon-

In der Ao. 1620 errichteten Landschafts-Fundations-Urkunde selbst ist gar nichts weder von einer zeitlich noch ewigen Verbindlichkeit des Landesherrn zu einer Cammeral-Decimation begriffen.

Nur in dem eod. ao. errichteten Landtagsabschiede erbietet sich Erzbischof Paris auf 3 Jahre lang, den 10ten Theil seiner Einkünfte zu reichen. Er schlug solchen überhaupt auf 30000 Fl. an, ohne daß jemand dem widerredet, oder eine Einsicht der Cameral-Rechnungen gefodert hätte. Man vertraute ganz in seine landesherrliche Angabe.

Diese 30000 Fl. versprach Erzbischof Paris auch nach dem Ausgange der 3 Jahre auf fernere 2 Jahre zu zahlen; er ließ sie aber im Jahre 1629 in Außstand erwachsen, und solche sodann abschreiben.

Im Jahre 1635 moderirte Erzbischof Paris die 30000 Fl. wegen Abnahme seiner Cameralintraden auf die Hälfte herab, und erklärte anbey, so oft es die Landesnoth erforderte, daß der Prälaten- und Ritterstand sich angreifen sollte; alsdann wolle auch er, und seine Nachkommen sich gleichergestalt mitleidig erzeigen, und dero gebührende Portion proportionabiliter mittragen.

Hiermit zahlte Erzbischof Paris und sein Nachfolger Guidobald pro Decima ein mehres in den damahls üblichen zwey Fristen nicht, als jährl. 15000 Fl.

Ao. 1674 wurde beschlossen, daß den 2 Steuer-und Decimations-Terminen der 3te beyzufügen sey; und so erklärte sich Erzbischof Max. Gandolph, daß er auch den 15000 Fl. den 3ten Termin mit 7500 Fl. beysetzen

und

des zu verwalten. Die Entstehung und Absicht desselben
ist in folgender Verordnung enthalten, welche bey dieser
Ge-

zahlen wolle 22500 Fl., jedoch mit Vorbehalt seiner Lan-
desherrl. Freyheit.

Ao. 1691 reichte man mit den bisherigen 3 Terminen
nicht. Es wurde also der 4te beliebt. Erzbischof Johann Ernst setzte hiemit obigen   -   22500 Fl.
weitere .   .   .   .   7500 -
dazu, und so wurde die Cameral-Deci-
mation nach und nach erhöhet auf   -   30000 -
Auf die nämliche Weise verhielt es sich mit den Decima-
tionen der übrigen Stände.

Ao. 1674 setzten sie ihrer Ao. 1635 regulirten Gabe
den 3ten Termin, und Ao. 1691 den 4ten hinzu. Dadurch ward das Domcapitel von den Anfangs auf zwey
Termine dargebothenen 9000 Fl. nach und nach auf 4,
und beym 4ten Termin auf 5000 Fl. erhöht.

In effectu ward daher bey sämmtlichen Decimanten
die ursprüngliche Decima nach und nach von dem 10ten
in den 5ten Theil verwandelt.

Nun kam es endlich unter dermaliger Regierung Erzbischofs Hieronymi zur neuen Contributional-Reforme.

Hiebey wurde der Rustical-Contribuent aus seinem
Real-Inhaben nur mit dem 6ten Theile seiner Nutzung
in die unmittelbare Steuer gezogen; denn so viel beträgt
40 Xr. jährl. Steuer von einem Gutswerth von 100 Fl.;
wenn er aber Capitalien besitzet, so leidet er eine mit-
telbare Steuer mit 6 Xr. Abzug von jedem Zinsgulden,
welches nur den 10ten Theil beträgt.

Bey dieser Bewandtniß konnten Landesherr und Stände mit bestem Fug darauf antragen, daß sie nicht allein
mit

Gelegenheit von dem regierenden Landesfürſten erlaſſen
worden iſt:

„Hiero؟

mit ihrer mittelbaren Contribution bey den Capitalien,
ſondern auch bey ihrer unmittelbaren Dominical ؟ Realiؚ
täts ؟ Steuer wieder in den 10ten Theil, oder wahre Deؚ
cima zurückgeſetzet werden.

Dem Ruſticalſtande gehet dadurch nicht die geringſte
Unbilde zu: denn die Stände tragen in allen Ländern
eine mindere Quotam, und ſind auch im Erzſtifte von je
her mehr privilegirt gehalten worden.

Ueberdem iſt hiedurch auf das Ruſticale keine höhere
Gabe in totali gegen jenes, was ſie vormals nach den
unentbehrlich gehaltenen 5 Terminen hätten reichen ſolؚ
len, aufgelegt worden. Die 5 Termine betrugen
. . . . 235108 Fl. 25 Xr.
und nach dem Steuerfuße bezahؚ
len ſie . . . . . 242598 ＊ 32 ＊
Folglich um einige ＊ ＊ 7490 ＊ 10 ＊

So gerade und ſo ſo knap auf einige tauſend Gulden
ließ es ſich nicht zutüpfeln; man mußte auf einiges Surؚ
plus antragen, weil man nicht wußte, ob nicht durch
die Superreviſion eine ſtärkere Moderation bey ein und
anderm Individuo erfolgen würde.

Zudem ſind auch die Zulehen darunter begriffen, deؚ
ren mehrere Gabe 7000 Fl. beträgt, die aber ſich minؚ
dern, und größten Theils wieder wegfallen kann, ſobald
die Zulehen in Hauptbeſitze verwandelt werden.

Endlich iſt einiger Surplus nicht überflüßig, weil die
Landſchaft mit drey Millionen Schulden behaftet iſt,
auf deren allmälige Tilgung man endlich in mittelmäßiؚ
gen Jahren denken muß, und nicht immerfort in das
Weiؚ

„Hieronymus von Gottes Gnaden 2c. Mit dem Antritte Unsrer Regierung haben Wir die einem jeden Regenten

Weite, wo etwa wiederum extraord. Auslagen sich ergeben, spielen kann.

Wenn es also nicht unbillig ist, daß sämmtliche decimable Stände von dem 5ten Theile auf den 10ten rückgesetzet worden, so wäre es ja sehr unbillig und ungerecht, wenn man den Landesherrn allein bey der seit Anno 1635 von dem 10ten auf den 5ten Theil, oder altero tanto erhöhten Gabe hätte stehen lassen.

Aber so, wird man einwerfen, hätte er wenigstens die Anno 1635 vom Erzbischofe Paris pro Decima anerkannte Gabe der 15000 Fl. bezahlen, und sich nach diesem Maaßstabe auch für die künftigen Mehrungen herangeben sollen.

7777 Fl. wären zu wenig, sie machten nur den 10ten Theil der Urbarial = Einkünfte aus. Erzbischof Paris hätte sich zu den 10 von sämmtl. Cameral = Revenüen erboten, und nicht das bloße Urbariale für decimable erachtet.

Dieser Einwurf würde allerdings ein großes Gewicht haben, wenn die jetzigen Cameral = Umstände mit jenen des Erzbischofes Paris und Guidobalds in einem gleichen Verhältnisse stünden.

In Acten liegen die Zeugnisse und Beweise, daß zu Zeiten Paribis und Guidobalds die monatlichen Auslagen um die Hälfte geringer, als jetzo gestanden, und daß die Einnahme keinesweges seitdem solchen Zuwachs oder Mehrung erhalten habe, daß sie über die gewöhnliche Auslage einen Ueberschuß gebe.

Paris und Guidobald hatten jährliche Ausbeute; dermalen zeigt sich ein Deficit, und wenn man nicht hätte

mit

genten heilige Pflicht vereinigt, das Beste Unsrer Unterthanen zu wirken. Um diesen Mittelpunkt drehten sich alle
Unsre

mit Ernst durch die Accise zu retten gesucht, so wäre
ein voller Banquerott in wenigen Jahren eine unver-
meidliche Folge gewesen.

Bey dieser Lage und Verhältniß des Cameral-Zu-
standes ist es die platte Unmöglichkeit, von allen Ca-
meral-Einkünften die Decimam darzugeben. Erzbischof that mehr denn genug, daß er die Urbarialge-
fälle dazu preis gab: die Decima der übrigen ist durch
die Staatsauslagen schon absorbirt, und wo nichts übrig
bleibet, davon kann man nichts reichen.

Gleichwie also Erzbischof Paris, Anno 1635, 15000
Fl. zum Grunde der Decimation, und der bey künftigen Mehrungen zu regulirenden proportionablen Portion
gelegt, so erschöpfen auch Se. hochfürstliche Gnaden damit alles, wenn Sie 7777 Fl. pro basi sowohl der dermaligen Gabe, als auch der künftigen Mehrungen der
Decimations-Reichnisse annehmen, und Sich erklären,
daß, wenn die Noth erfodert, daß die übrigen Stände
sich höher angreifen, alsdann auch Se. hochfürstl. Gnaden verbunden seyn wollen, obige Gabe proportionirlich
zu erhöhen.

Zu einem weiteren können Sie sich aber stricto jure
unmöglich verbinden lassen.

1. Ist es ohnehin eine Frage, ob der Landesherr de
rigore juris zur Decimation verbunden? Da aber Se.
hochfürstl. Gnaden sich nichts desto minder zu obigen
7777 Fl. und deren proportionirlichen Erhöhung verbind-
lich erklären, und der vorhin jedesmal bedungnen Lands-
fürstl. Freyheit sich begeben, so gehet dadurch dem Lande

Unsre Bemühungen, und lediglich nach diesem Zwecke hatten Wir Unser unverrücktes Augenmerk gewendet. Wir wid=meten

· de und der Landschaft ein sicheres, verläßiges unwiderspro=chenes Recht zu, welches selbe bisher noch nicht hatten.

2. Ist es den Ständen, und zur Richtigkeit ihres Etats besser gerathen, eine mindere Cameral = Decimam auf die sie eine sichere Rechnung machen können, und wobey sie nicht immer Gefahr der Ausstände — und Abschreibungen laufen.

3. Ist nicht vorzusehen, wie die Cameralumstände sich so außerordentlich verbessern können.

Bey dem Salz riskirt man, bey immer mehr höher steigenden Erzeugungskosten, ehe mehr zu verlieren, als zu gewinnen. Bey den Bergwerken hat es eben keinen Anschein größerer Ausbeute, oder da sich etwa eine er= gibt, so ist es auf keine Dauer; etwa nur ein oder an= deres Jahr.

Bey den Bräuhäusern läßt sich wiederum kein höhe= res Conto machen: wo also die Cammer eine notable Besserung erhalten könnte, wären es Aufschläge, Licen= ten oder Accise, die man im Erzstifte sonst als Cameral= Gefälle angesehen hat. Allein das Conclusum vom 31ten August 1779 schob hier den Riegel vor, da es solche nur als landschaftl. Gefälle behandelt.

Se. hochfürstl. Gnaden ließen ihres Orts dieses Con= clusum auch wirklich in rem judicatam erwachsen, und gaben durch dieses Benehmen allein zu erkennen, wie fern sie vom Eigennuße wären, und wie Sie für das Land und die Unterthanen väterlich denken, und selbst gern solchen Verfügungen beypflichten, welche solche vor unnöthig eigenmächtiger Ueberbürdung und Erpressungen des Landesfürsten sicher stellen.

4.

meten Unſre Stunden der Verbeſſerung der Rechtspflege, und der Verfeinerung der Unſerm Lande anpaſſenden Poli‑ zey:

4. Im J. 1635 ſagte man nicht: wenn die Noth fo‑ dert, die Decimationsgaben bey Prälaten und Rittern zu erhöhen; ſo ſoll Erzbiſchof 30000 Fl. und mehr ge‑ ben: ſondern es hieß, daß er ſolchen falls ſeine gebüh‑ rende Portion proportionabiliter mit tragen helfen wolle; folglich, weil jezo 7777 Fl. ſo wie Anno 1635 es die 15000 Fl. waren, alles ſind, was die Cammer geben kann, ſo wird man paritate argumenti mehr nicht auf‑ bürden können, als daß, wenn andere Decimanten auch ſich höher angreifen, auch Erzbiſchof ſeine Portion pro‑ portionirlich mit trage; das iſt: wenn die übrigen Deci‑ manten ihre dermal fixirte Quotam um einen Termin erhöhen, alſo auch Erzbiſchof ſeine dermal auf 7777 Fl. regulirte Portion, oder Quota, proportionirlich mit an‑ dern erhöhen wolle.

In ein mehreres ſtricto jure den Landesfürſten zu verbinden, würde gegen Billigkeit, und die Analogie der Handlung von Anno 1635 ſelbſten laufen.

5. Je ſtrenger man die Landesfürſten feſſelt, deſto härter kommen Sie an die Erfüllung. Man muß etwas ihrer Fürſten = Ehre und Großmuth überlaſſen. Dieſe ſpornet ſie mehr, als angelegter Zwang.

Wollte man den Erzbiſchof auf das äußerſte treiben, und auf 15000 Fl. jährliche Gabe (denn 30000 Fl. kön‑ nen wohl unmöglich mehr in der Frage ſeyn) verbinden, ſo würde er ſolche endlich bezahlen; allein er würde ſich auch mit den Ausgaben in die Umſtände des Erzbiſchofes Paris zurückſetzen, und vieles Perſonale reduciren müſ‑ ſen, wobey das Land wiederum auf einer andern Seite empfindlich verliert, was es auf einer andern zu gewin‑ nen ſcheint,

7.

zeyanstalten, und dann beschäfftigten Wir Uns, das ver=
lorne Ebenmaß zwischen den Einnahmen und den Ausga=
ben wieder zu finden.

Nie=

7. Alle obstehende Gründe und Umstände haben die
Stände reif geziemend abgewogen; folglich genugsamen
Stoff gefunden, sich mit der Urbarial = Decimation von
7777 Fl. zu begnügen, wegen dessen künftigen Mehrun=
gen aber auf kein strenges Recht anzutragen, sondern den
Hulden und Gnaden ihres Landesfürsten sich zu überlas=
sen. Und da

8. Se. hochfürstl. Gnaden dieses wirklich bald dar=
auf bey erster möglicher Gelegenheit erfüllet, und 400000
Fl. auf einmal der Landschaft zu einem Amortizations=
Fond gewidmet haben, welches eine sichere jährl. Rente
von 16000 Fl. gibt, so würde es höchstselben zu schmerzlich
fallen, wenn man Sie dem unerachtet bey künftigen all=
gemeinen Mehrungen der Decimanten in einem höheren
Grade, als nach der dermal erfundenen Portion der
7777 Fl. im strengen Wege verbinden wollte. Die Fol=
ge davon würde und müßte

9. diese seyn, daß Se. hochfürstl. Gnaden obige
400000 Fl. von der Landschaft wiederum reclamiren müß=
ten; denn nur in Ansicht ihres getreuen und schiedli=
chen Betragens, nämlich, daß Sie sich mit der Fatirung
des Urbarialis zu Frieden gestellet, und die weitere Hül=
fe nicht aus strengem Recht, sondern aus Landesfürstl.
Gnade zugemuthet hat, haben Sie sich zu obiger Schen=
kung bewegen lassen, und das ständische Vertrauen
respective damit vergolten. Hört aber diese Bewegur=
sache auf, und man wollte sich mit dem, was Sie theils
durch jährl. 7777 Fl. und durch das Erbiethen, solche
bey künftigen Decimations = Mehrungen gleichfalls propor=
tionirlich zu erhöhen, thun, und durch 400000 Fl. in

voraus

Niemand kann die Folge verläugnen, daß ein Land seinen eigenen Umsturz wirke, wenn die Ausgaben gegen die Einnahme höher stehen, und wenn man diesem Mißverhältniß durch außerordentliche, das ist, solche Mittel steuern will, welche, wie Wir in Unserm Accispatent vom 19ten Herbstmonats 1775 bereits bemerkt haben, das Uebel zum Scheine bedecken; in sich selbst aber vergrößern, und unheilbar machen.

Die Hauptrichtung, welche Wir Unserm Vorhaben gaben, dessen Grundsätze Wir mit Uns auf den Fürstenstuhl gebracht, bestand darin, daß Wir den Staat durch das bezeichnete Ebenmaß decken, zugleich aber dem Unterthane durch ein Gleichverhältniß (einen gegen den andern betrachtet) jene Leistungen erleichtern möchten, welche eine Folge jenes Schutzes und jenes Bandes sind, welchen der Unterthan, und der Ingesessene in dem Lande genießt, und durch welches Unsre Lande an Se. kaiserl. Majestät und das Reich angeknüpft zu seyn die Ehre haben.

In der Wesenheit ist es zwar nur eine, dermal aber eine in Unserm Lande getheilte Kasse, welche des Fürsten und des Landes Nothdurft überträgt, und die unter dem zweyfachen Nahmen einer Kammeral- und einer Landschaftskasse bekannt ist. Wir blieben in der Ausführung Unsers Vorsatzes dieser Abtheilung getreu; Wir behandelten den Zustand der ersten und der zwoten zwar abgesöndert; in dem allgemeinen aber knüpften Wir den Entwurf der nöthigen Hülfe zusammen. Als Wir unter getreuer Beywirkung unsrer Landstände und Unterthanen der erstern die erste Hülfe gaben, wandten Wir Unsre Absicht unter einem dar-

voraus gethan haben, noch nicht sättig, und eine strengere Bürde, als die Stände selbst verlangen, aufladen, so müssen Se. hochfürstl. Gnaden auch auf das geschenkte zurückgreifen, und mit ihren eigenen getreuen Landständen darüber in Contracte gerathen.

Anstatt Ruhe und Richtigkeit für die Hinkunft zu befestigen, welches das einzige Ziel Sr. hochfürstl. Gnaden war, würde nur neuer Anlaß zum Zwiste und Irrung Erzbischöfen und Ständen selbsten geleget."

darauf, um der letztern niemahls läftig zu werden; und als
Wir bey der Steuereinrichtung die nach dem denkwürdi-
gen Ausspruch des fel. Erzbischofes Paris von Lodron schon
vor mehr als 150 Jahren vermißte Gleichverhältniß die
individuellen Summleistungen suchten, so suchten Wir diese ohne Beschwerung des Unterthans in dem Ebenmaße
aller Contribuenten, und in der Verbannung unächter
Verschleifungen, oder gewissenloser Begünstigungen, welche mit dem Schweiße der Bedrückung bemackelt sind.
Schon zu der Zeit, als Wir durch Einführung der wirth-
schaftlichsten Mäßigung, welche Wir auf Unsre eigene Person und Bedürfnisse erstreckten, der ersten einen Schwung
gaben, wandten Wir die Mittel einer gleichen Mäßigung
auch bey der Steuerkasse an, und auf solche Weise verei-
nigten Wir immer eine Handlung unzertrennt mit der andern.

Unsre sogenannte Kammeraldecimation wollten Wir
nicht mit einer Hand aus einer Kasse heben, und in die
andre in der sichern Voraussetzung hinüberlegen, daß,
weil hierdurch die erste unbedeckt würde, Wir gleich wieder
von der andern die Hülfe verhältnißmäßig zurücknehmen,
und also auch diese wieder entblößen müßten. Wenn wir
also aus der ersten jenes hinübergaben, was diese ertra-
gen konnte, so war die erste besorgt, und die zwote des
Beystandes überhoben, welchen sie der erstern auf alle Fälle hätte zurückleisten müssen.

Aus diesem Standorte betrachten, zu Unserm aus-
nehmenden Vergnügen, Unsre getreuen Landstände und
Unterthanen alle Unsre dahin sich beziehenden Handlungen,
und diesen und keinen andern Endzweck hatten auch dieselben. Aber aus eben diesem Endzwecke floß die natürliche
Folge, daß man diesen gesonderten Kassen nicht nur das
Ebenmaß, sondern mittelst Tilgung der angehäuften Schul-
denlast den Schwung wieder geben sollte, daß nach und
nach auch der Contributionsstand herabgesetzt, und der
Unterthan und das Land erleichtert werden könnte.

Bey der Kammeralkasse erreichten Wir diese Absicht
durch die Accisgefälle, und bey der Landschaftskasse suchten
Wir solche in einem Ueberschusse des jährlichen Beytrages
zu finden. Nur mit Unserm großen Bedauern mußten Wir

bis-

bisher geschehen lassen, daß Wir einen solchen Ueberschuß
vermissen, und bis auf jene Hülfe, welche Wir in Auffin-
dung einiger Kapitalien mit 3 von Hundert antraffen,
Wir nicht weiter, als zur Bedeckung der gewöhnlichen Ausgaben mit der gewöhnlichen Einnahme vorschreiten konnten, wenn Wir dem Unterthan keine neue Gabe auflegen
wollten. Eine solche Operation widersteht Unsern Gesinnungen; Wir dachten auf erleichternde Mittel, uud Wir
geben die Hoffnung der Rettung nicht verlohren.

Auf einmal hat es die Güte des Allmächtigen geord-
net, daß Wir Uns mit des Herrn Kurfürsten zu Pfalz,
Liebden über mehrere rückgestandene Forderungen vor
der Hand in einer Präliminar-Abrede vereiniget haben;
und diese Vereinigung war für Uns der erste glücklichste Augenblick Unsrer Regierung, welcher Uns eben diese so em-
sig gesuchte, so sehnlich gewünschte Mittel an die Hand
gibt, unsern Entwurf mit einem guten Ende zu krönen.

Unsre getreue Landschaft hat jene Milde nicht vergessen, mit welcher Wir derselben bereits 50000 fl. von Unsrer Kammer zur Abledigung theils Schulden, theils aus-
stehender Extraordinari-Posten haben bezahlen lassen. Und
bey der belobten Handlung mit des Herrn Kurfürsten zu
der Pfalz Liebden wegen des Herzogthums Bayern waren wir so glücklich, daß jene 30653 Gulden, welche Unsre Landschaft von rückgebliebenen Römermonaten an Weyl.
Kaisers Karl des 7ten Majestät schuldig war, und jene
47593 Gulden, welche Unsre Landschaft von dem letzten
Preußischen Reichskriege liquidationsmäßig an Bayern zu-
rück zu erstatten gehabt hätte, gänzlich abgeschrieben und
getilgt worden, durch welche zwey Posten Unsre getreue
Lande eine Summe von 128246 Gulden gewonnen haben.

Da Wir aber, damit nicht zufrieden, Unserm Lande
Gutes zu thun niemahls müde werden; da uns jede Gelegenheit die willkommenste ist, die Gutthaten nicht zu be-
schränken, sondern Wohlthaten auf Wohlthaten zu häufen;
da Wir jenes, was Wir als Landesfürst erobern, in der
angenehmsten Eigenschaft eines Vates des Landes zum
Wohlstande desselben mit Freuden verwenden: so haben
Wir mit wonnevollem Vergnügen den Tag begrüßt, welcher Uns zur Abledigung der von Unsers Erzstifts wegen an
das

das Haus Bayern gemachten Forderungen eine Aversal:
Summe versichert hat.

Beseelt von reinsten Gesinnungen weihen Wir dieser
segenreichen Ereigniß Unsre lebenslängliche Dankfeyer,
und übergeben Unserm getreuen Lande in der Gestalt einer
unwiederruflichen Schankung nicht nur allein die bedungenen
385000 Gulden zahlbarer bayerischer Wechselscheine; son:
dern Wir werden demselben sogleich, als der Hauptvertrag
ausgewechselt seyn wird, noch 15000 Fl. baares Geld zu
dem Ende beylegen, daß außer den schon bezeichneten
128246 Fl., und also einer eine halbe Million mit 28246
Gulden übersteigenden Summe dermal Unsre Lande ein
sicheres Kapital von 400000 Gulden gewinnen, welches zur
Erleichterung des Landes und der Landschaft in jener Wei:
se verwendet werden soll, wie Wir solche bey dem künfti:
gen großen Landtage näher zu bestimmen Uns vorbehalten.

Vor der Hand geht Unsre landesväterliche Absicht da:
hin, daß diese 400000 Gulden, was davon gleich nach
den ausgewechselten Verträgen eingehet, und an den Wech:
selscheinen von Zeit zu Zeit eingehen wird, in eine beson:
dere von den Ordinari = Steuergeldern abgesönderte Kasse
gelegt, und unter besondern Schlüsseln, und einer beson:
dern Rechnung, auch eines besondern Rechnungsführers,
welcher aus dem Mittel der Landschaftsverordneten uns
vorgeschlagen werden mag, bewahret und besorget werde.

Man soll die dem Lande aufliegenden lästigsten Schul:
den von Zeit zu Zeit damit abledigen, und aus der Er:
trägniß einen Amortizationsfond zur Bezahlung landschaft:
licher Schulden formiren. Bloß dahin sollen die jährlichen
Nutzungen von diesen 400000 fl. verwendet werden; und
bloß dahin soll man sorgen, daß, wenn hiedurch die land:
schaftlichen Schulden nach und nach fallen, und die Zins:
ausgaben leichter werden, diese Erleichterung den Steuer:
kontribuenten in der Folge der Zeit mittelst thunlicher Ab:
schreibung ein = oder des andern Schillings zu Hülfe ge:
hen, und unter keinem Vorwand anderstwohin verwendet
werden soll.

Die Rechnungen sollen Uns, und in der Zeitfolge je:
des Jahr Unsern Regierungsnachfolgern in das Kabinet ge:

Nnn   legt

legt werden, und nur Uns und diesen soll es vorbehalten
seyn, daß, wenn etwa Unsre Lande durch Kriege, Theurung oder andre Unglücksfälle in einen Nothstand gerie-
then, welchem durch eine Extraordinari-Landsteuer abgeholfen werden müßte, Wir oder Sie in solchen außerordentlichen Fällen gestatten können, daß Unser getreues Land
aus den Nußungen dieses Kapitals, doch niemahls von dem
Kapital selbst eine zeitliche Hülfe für einen solchen Fall
nehme, und also auch hier wiederum der Steuerkontribuent,
so viel es thunlich ist, überhoben werde.

Dieses ist Unsre bloß zum Besten Unsrer Lande abzwe-
ckende Verordnung; dieses ist Unsre Gabe, welche Wir
dem großen Gotte zur Verherrlichung der eintretenden Ju-
belfeyer des zwölften Jahrhunderts Unsers Erzstiftes opfern
wollen; und dieses ist Unser Wille, welchen Wir Unsern
getreuen Lande zur Erkenntlichkeit jener Treue, jener Be-
reitwilligkeit und jenes Eifers bringen, mit welchem dasselbe Unsre bestgemeinte landesväterliche Absichten unterstützet, und mit Thaten befördert hat. Noch forthin zählen Wir auf ein gleiches Attachement an Unsre Person,
und an Unsre das Beste des Landes bezielenden Verordnungen; lediglich der Fall, wenn man diesen zuwiderhan-
deln, wenn man Unsre in Rücksicht auf beyde Kassen ver-
einigte Anstalten bey der Kammeralkasse vor der Zeit unter-
brechen, mithin Uns nöthigen würde, in dem genauen
Verbande einer Kasse gegen die andere jenes von Unserm
Lande zurückzunehmen, was man dieser zu ihrer Selbstkas-
sirung entwenden würde, würde uns zur Ausnahme die-
nen; ein Fall, welcher bey der bekannten Treue und den
Umständen Unsrer Lande wohl niemahls eintreffen kann,
und an welchen Wir also Unsre Schankung in der Gestalt
der einzigen auflösenden Bedingniß wohl anbinden können.

Uebrigens betrachten Wir die Unsrer getreuen Landschaft
zu der bezeichneten Absicht mit 385000 Gulden auszuhän-
digenden Wechselbriefe in so ferne als die Unsrigen, daß
Wir derselben Abführung in eben jener Weise beschirmen
werden, als wenn solche Uns selbst noch ausstünden.

Mit diesen reinigkeitsvollen Gesinnungen treten Wir
froh die Reise an das allerhöchste Hoflager Sr. röm. kaiserl. Majestät an, Wir werden dort das treuvolle Betragen

gen Unsrer ergebenen Stände selbst eben so erheben, als
sicher erwarten, daß dieselben in ihrem vaterländischen Eifer nicht nur allein niemahls erkalten, sondern auch während Unsrer Abwesenheit das Beste Unsrer Lande zu bera-
then, mit jener Wärme sich angelegen seyn lassen werden,
mit welcher Sie sich Zeit Unsrer Regierung zur heilvollen
Erhaltung dieses Endzweckes tapfer und mannhaft, auch
da, wo man gegen solche grundlose Anfälle wagte, ausge-
zeichnet haben. Salzburg den 16ten Jänner 1781."

Die im J. 1775 eingeführte Accise oder Besteue-
rung aller Getränke ist im J. 1789 wieder aufgehoben
worden. (Man lese über die deßhalb ergangenen Verordnungen, und dadurch veranlaßten Streitigkeiten Reußens
Staatskanzley VI. Th. S. 221, und IX. Th. S. 201;
auch in Zauners Sammlung II. und III. B. unter den
Wörtern Accise und Accise-Aufhebung. Man kann
ferner das Benöthigte über Ungeld und Accise im II.
Bande der Beschreibung der Hauptstadt Salzburg
finden.)

Die Einkünfte des **Domcapitels** sind hier, wie
überall, von allen übrigen des Erzstiftes abgesondert, und
unter eigener Verwaltung. Ueberall durch das Erzstift
sind dessen Güter und Unterthanen zerstreuet. Unter
den Besitzungen des Domcapitels sind der Markt und
Burgfriede **Mauterndorf**, und die fünf Thäler **Tweng,
Weißbriach, Göriach, Muhr,** und **Rendlbruck**
im Lungau die vorzüglichsten, worüber es eine mehr
oder minder beschränkte Hofmark-Gerichtsbarkeit besitzt.
In der Hauptstadt selbst zählt das Domcapitel nebst dem
Capitelhause, und den Wohnungen des Capitelsyndikus
und Kastners 15 sehr schöne Canonicalhöfe, und außerhalb der Stadt etliche Schlösser und Meyerhöfe *).
Der **Dompropst** genießt für sich allein die Einkünfte
von

---

*) S. I. B. der Beschreib. der Haupt(t. Salzburg.

von der Herrschaft und dem Schloße **Windischmate-**
rey, wozu das Domcapitel eigene Dompropstische Unterthanen bestimmt hat; ferner hat er außerhalb der
Stadt an der österr. Straße den Genuß eines schönen
Gartens und Lustschlößchens, **Röggelbrunn** genannt.

Wenn man annimmt, daß die hiesigen Domherren wenigstens 3000 Fl. jährliche Präbende genießen, und die
Anzahl der Präbenden auf 25 (der Domdechant genießt eine doppelte), also auf eine Summe von 75000 Fl. fest-
setzt; ferner für Gebäude, Beamte, Chorgeistliche, Spi-
talbesorgungen und alle übrigen Domcapitelschen Ausgaben
eine Summe von 100000 Fl. rechnet; die ganze Summe
von 175000 aber (welche mit allen besonderen Einkünften
und ausländischen Unterthanen, der Oblay, des Domde-
kans, Dompropstes ꝛc. nicht viel von 200000 Fl. abstehen
dürfte) als Interesse eines zu 4 Procent angelegten Capi-
tals betrachtet; so kann man das sämmtliche Vermögen
des Domcapitels auf mehr als 5 1/2 Millionen Rhein-
Gulden berechnen *).

Hierüber ist eine nicht unbeträchtliche Anzahl von
Beamten aufgestellt. In der Hauptstadt wohnt der Capitelsyndikus, welchem alle andere Beamte in Jurisdic-
tionssachen untergeben sind. Er hat einen Sekretär, zwey
Kanzellisten und einen Copisten bey sich, und verwaltet
auch das Domcapitelsche Amt **Glaß.** Ferner sind hier ein
Urbarscommissär mit einem Schreiber; ein **Rentmei-**
ster,

---

*) Vergleicht man hiermit das kleine Fürstenland **Berchtes-**
gaden, dessen sämmtliche Einkünfte im J. 1792 auf
183052 Fl. 41 1/2 Kr. und Ausgaben auf 156486 Fl.
18 1/2 Kr. berechnet wurden, so kann man sich von dem
Reichthume des Salzb. Metropolitan-Capitels einigen
Begriff machen.

ster, welcher zugleich Verwalter der Oblay, und des Be-
neficiums St. Martins ist, und einen Schreiber unter
sich hat; ein Domkastner *), welcher das dompropstey-
sche Lehensekretariat, die Verwaltung Anthering und Pe-
brarn, die Kirchenverwaltung der Domcapitelschen Pfarre
zu Siezenheim, die Verwaltung der Beneficien St. Johanns in aula und St. Erentrudis zugleich versieht, und
einen Schreiber nebst einem Accessisten unter sich hat; ein
Bauverwalter, welcher zugleich domdekanischer Obverwalter ist; endlich ein Spital-Obverwalter **) mit einem Schreiber. Auf dem Lande hat das Domcapitel folgende Aemter und Verwaltungen:

1) Das Pfleggericht zu Mauterndorf im Lungau. Hier sind ein Pfleger, ein Mauthgegenschreiber,
der zugleich Gerichtsschreiber ist, ein Ober- und ein Mitterschreiber nebst 1 Accessisten. Hierunter befinden sich die
Aemter der Anwaldschaft, A. Muhr, A. St. Michael,
A. Göriach, A. Weißbriach, A. Altenhofen, A. Sonder-
gut, A. Groß- und Kleinkendelbruck, A. Judendorf, A.
Altmauterndorf, A. Neumauterndorf und Tamsweg, das
Burgrechtbuch Mauterndorf, verschiedener Lungauischer
milder Orte, und freyeigenen Unterthanen, von welchen
die Vogtey und Fertigung dem Domcapitel zugehört. Der
Gerichtschreiber hat die Verwaltungen der Oblay, der
Dompropstey, einiger Domcapitelschen Beneficien, auch
der milden Orte allein zu besorgen.

2) Die Verwaltung zu Seehaus, 4 Stunden von
Salzburg an der Münchner Strasse. Diese hat die Aemter

*) Unter dem Rent- und Kastenamte sind auch die rings um
die Stadt gelegenen Burgrechts-Güter enthalten.

**) Obverwalter soll etwa so viel heißen als Oberverwalter.

ter Thundorf, Saaldorf, Petting, Pietling, Freyt-
ling und die Törringiſchen, Rueniſchen und Lamber-
giſchen Güter zu verſehen. Der Beamte hat einen Schreiber unter ſich.

3) Die Verwaltung und das Kaſtenamt zu Traun-
ſtein in Bayern. Hier iſt ein Beamter (mit einem Schreiber), welcher die anwaldſchaftlichen Aemter Mieſenbach,
Grabenſtätt, Obing und Hierzing, und die dortigen dom-
propſteylichen Güter zu verwalten hat.

4) Das anwaldſchaftliche, oblayiſche und domprop-
ſteyiſche Amt zu Ruchel. Der Beamte hat auch die Rueni-
f.hen Unterthanen zu verwalten, und einen Schreiber bey
ſich.

5) Die Verwaltung zu St. Veit im Pangau.
Der Beamte hat die anwaldſchaftlichen, dombechantlichen
und oblayiſchen Güter, und verſchiedene Zehende z. B. zu
Mitterſtein, Ytter, Ebbs und Buchberg (in Tyrol), und
einige anwaldſchaftliche Thöringiſche Unterthanen zu verwalten, und einen Schreiber bey ſich.

6) Die Verwaltung am Schober in Aberſee; ein
anwaldſchaftliches und oblayiſches Amt. Der Beamte ver-
ſieht zugleich mit einem Handſchreiber einige Güter des
Stiftes zu ſt. Peter.

7) Die Verwaltung zu Neukirchen im Pinzgau,
ein anwaldſchaftliches und oblayiſches Amt in Ober- und
Unterpinzgau, nebſt dem St. Erhard-Spitaliſchen Amte
Pieſendorf. Es wird von einem Beamten nebſt einem
Schreiber verſehen.

8) Die Verwaltung zu Radſtadt, ein anwaldſchaftliches und oblayiſches, auch Thöringiſches Amt, mit
einem Beamten und Schreiber.

Das

Das anwaldschaftliche und oblayische Amt im Pfleggerichte Reichenhall verwaltet der Hofrichter zu St. Zeno, das
oblayische Amt in der Windischmaterey der dortige Gerichtsschreiber, und einige wenige Unterthanen im Innviertel der
Hofrichter zu Michaelbeuern. Die Ennsthalischen Unterthanen, welche einst unter der Verwaltung zu Radstadt standen,
sind in der Hälfte dieses Jahrhunderts erkaufet worden. Alle Schreiber auf dem Lande, außer denen zu Mauterndorf,
sind unbekretirt.

Die Stifte zu st. Peter, auf dem Nonnberge, zu
Michaelbeuern und Högelwerth haben ebenfalls ihre
eigenen Hofrichter, und mehrere Unterbeamte. (Die sehr
beträchtlichen Besitzungen des Stiftes zu st. Peter sind im
II. B. der Beschreibung der Hauptstadt S. 325 genau angegeben). Die sämmtlichen Besitzungen der Hofmarkher-
ren im Lande sind auf einen Steuerfuß von 154065 Fl.
angesetzt.

Der sämmtliche Vermögensstand aller im Erzstifte befindlichen milden Orte wird auf 5,486,600 Fl.
geschätzet, worüber eine eigene Buchhalterey aufgestellt ist, deren Administrationsbezirke die Orte Altenmarkt, Tamsweg, Gmünd, Hallein, Kösten-
dorf, Laufen, Piesendorf, Saalfelden, die Hauptstadt Salzburg (deren mildoriliches Vermögen, die
dazu gehörigen Ortschaften mit eingeschlossen, allein die
Summe von 2,687,129 Fl. beträgt), Seekirchen,
Teisendorf, Mühldorf, Tittmoning und Zillerthal ausmachen, und wozu auch die Dekanalkassen
mit ungefähr 11000 Fl. Vermögen gezogen werden.
Die Summe aller milden Orte, über deren Vermögen besondere Rechnungen jährlich geführet, und von
der Buchhalterey geprüfet werden, beläuft sich auf
607. Lungau, oder der Administrations-Bezirk
Tamsweg zählt allein 33 derselben.

In

In allen Zweigen der landesfürstlichen Finanzen sowohl, als der landschaftlichen, kirchlichen und mild, ortlichen Einkünfte herrscht gegenwärtig ein so genauer, und nur auf das Nothdürftige beschränkter Haushaltungsgeist, daß die Summe aller Art Vermögens überall in der fruchtbarsten Aufnahme sich b findet.

Die Gerechtigkeitspflege ist allenthalben sehr pünctlich, und der vor Zeiten zu willkührlich um sich greifenden Sportel-und Taxirsucht ist im J. 1786 durch eine festgesetzte Taxordnung für die hochfürstlichen Pfleg-Stadt-Land-und Berggerichte abgeholfen worden *), so wie auch die Geistlichkeit im J. 1784 eine eigene Stolordnung erhalten hat **).

Landwirthschaft.

Die Forstwirthschaft wird unter der gegenwärtigen Regierung immer mit wachsender Sorgfalt betrieben. Der hier und da bemerkte oder besorgte Mangel des Brennholzes hat eine genaue Aufmerksamkeit rege, und den Landesfürsten auf den Besitz seiner höchsten oberförstlichen Gewalt eifersüchtig gemacht. Man sieht an vielen Orten beträchtliche junge Anflüge (Maise in der Landessprache), und für die Zukunft berechnete schöne Pflanzungen. Allenthalben sind Waldmeister, die unter der Direction der Hofkammer und eines Oberstwaldkommissärs stehen, auf genaue Vermessung der Reviere und wirthschaftliche Anweisung der haubaren Stämme, ohne welche gar keine Fällung des Holzes erlaubt ist, streng angewiesen. Auf die Schonung des Nachwuchses wird überall scharfe Obsicht getragen.

Man

*) Sie ist in Zauners Sammlung II. B. S. 177 u. ff. vollständig abgedruckt zu finden.

**) Sieh ebendas. I. B. S. 206. u. ff.

Man hat hier folgende Abtheilungen der verſchiedenen
Waldungen: 1) Hoch- und Schwarzwälder, welche aus
Tännen, Fichten, Föhren und Lerchen mit Ausſchluße alles Laubholzes beſtehen, und an Bayern zum Reichenhal-
liſchen Salzſudweſen laut Verträgen überlaſſen ſind. 2)
Halleiniſche Hölzer, welche in verſchiedenen Pfleggerichten bloß zum Halleiniſchen Salzſude beſtimmt ſind. 3)
Handelwälder, zum Gebrauche der inländiſchen Bergwerke. 4) Bannwälder, unmittelbare landesfürſtliche
Wälder an den äußerſten Gränzen, welche zur Landesſi-
cherheit verſchont werden müſſen. 4) Freywälder, welche Eigenthum der Hofkammer, und deren freyer Beſtim-
mung überlaſſen; alſo weder zu den Bergwerken gehören, noch fremdes Eigenthum ſind; hiermit gegen jährliche Abgabe zur Benützung überlaſſen werden. 5) Eigen-
oder Urbarswaldungen, welche inner Band und Stecken ſich befinden, und alſo fremdes grundherrſchaftliches
Eigenthum ſind. 6) Freygeldcke und Hofſachen, oder
ſolche Waldungen, welche den Gütern oder Gemeinden
durch die Hofkammer zu ihrer Nothdurft, gegen Abgabe
des Stockrechtes, zugetheilt ſind. Hofſachen nennt man
eigentlich jene Holztheile in den Hoch- und Schwarzwäl-
dern, welche durch einen Vertrag von den an Bayern
überlaſſenen Waldungen den anliegenden Inländern zu ihrer Nothdurft zugetheilt ſind. 7) Heimwälder, alle
Waldungen inner Band und Stecken, oder wovon der
Unterthan beweiſen kann, daß ſie anleitbar, alſo Gurs-
Eigenthum ſind. 8) Fürſtl. Berchtesgadenſche Amts-
waldungen, oder ſolche Hoch- und Schwarzwälder, welche an Bayern überlaſſen, dem Stifte Berchtesgaden ei-
genthümlich, in der forſtwirthſchaftlichen Pflege aber dem
Erzſtifte unterworfen ſind.

Das

Das Holztriften ist im Erzstifte eben so gewöhnlich als nothwendig. Es geschieht überall in den größeren Bächen, welche nahe an waldichten Gebirgen vorbeyströhmen. Wie mit den sogenannten Riesen und Klausen verfahren werde, um das Holz von den hohen Gebirgen herabzuschaffen, ist im II. Bande dieser Beschreibung S. 664 zu lesen. Kohlenbrennereyen trifft man in allen Gegenden des Erzstiftes an; doch sind die stehenden Meiler die gewöhnlichsten.

Die Viehzucht, besonders die Rindviehzucht macht den beträchtlichsten, in einigen Gegenden sogar den einzigen Nahrungszweig des Salzburgischen Gebirglandes aus. Im Pinzgau werden starke und große Pferde gezogen, welche für den Dienst der Cavalerie sowohl als zum Schiffziehen sehr gesucht werden. Das Rindvieh im Lungau kommt dem Steyermärktschen sehr nahe, und der Lungauische Ochs wird wegen seiner außerordentlichen Stärke und Schwere häufig gekauft. Das Lungau zählt jährlich mehr als 6000 Ochsen, über 600 Stiere, gegen 9000 Kühe, über 6500 Kälber; dagegen nur ungefähr 800 Pferde. Im Pinzgau werden die Pferde zahlreicher gezogen, wozu die vielen grasreichen Niederungen an den Bergachen sehr gute Dienste leisten; dagegen wird auch mehr auf die Menge und Güte der Kühe als der Ochsen gesehen, weil hier auf den sehr zahlreichen Alpen die Käserey stärker als irgendswo betrieben wird. Im Zillerthale ist ebenfalls die Pferdezucht ansehnlich: aber die Rindzucht weniger beträchtlich als im Pinzgau, ob sie gleich daselbst in sehr gutem Stande sich befindet, wie man aus den bereits mitgetheilten Beschreibungen ersehen kann. Schweine werden überall sehr viele gezogen, obgleich die Eichelmast von gar keiner Beträchtlichkeit ist. Im Lungau sind sehr viele Bauern, welche sich auf das Castriren der Schweine (Schweinschneiden) verlegen, jährlich in fremde Gaue auswandern,

dern, und sich mit dieser Kunst, die sie mit dem Kastriren der Pferde, Stiere, Böcke rc. verbinden, ein schönes Stück Geld erwerben. (Sieh Beschreib. des Pfleg= und Landger. St. Michael S. 491 II. B. der Beschreib. des Erzstiftes.) Man trifft von diesen Leuten sehr viele auch in den übrigen Gegenden des Salzb. Gebirglandes an. Die Schafzucht ist überall in genauem Verhältniß mit dem häuslichen Bedürfniß. Der Bauer kleidet sich in den meisten Gegenden, wohin noch kein städtischer Luxus Eingang gefunden hat, besonders in den Seitenthälern aus der Wolle seiner Schafe, die ihm Röcke von Loden, Strümpfe, Beinkleider und dergleichen liefern müssen. Der Verkauf der Wolle in das Ausland ist daher nirgends beträchtlich. So werden auch Ziegen nirgends in zu großer Menge gezogen; doch immer die meisten im Pinzgau, wo man die Ziegenmilch zu den Käsereyen gebraucht. (S. Charakteristik von Pinzgau II. B. Beschreib. des Erzstiftes. S. 668.)

Die Zucht des heimischen Federviehes, und der Bienen ist weder im flachen, noch im Gebirglande des Erzstiftes sehr beträchtlich; doch im ersteren beliebter als im letzteren. Man sieht zwar überall Enten, Gänse, Hühner und Tauben; auch stehende und liegende Bienenkörbe: aber überall ist mehr nicht als Hausnothdurft: nur um die Hauptstadt und einige Landstädte des Erzstiftes wird derselben eine größere Anzahl gezogen, weil man sie für eine größere Zehrung berechnet. Truthähne und ausländische Gänse und Enten sieht man sehr selten.

Den Seidenbau kennt man nur seit ungefähr 20 Jahren in der Hauptstadt, wo er einige Familien mehr zum Vergnügen, als in anderer ins Große gehenden Absicht beschäftiget.

Der

Der Ackerbau ist dem flachen Lande das, was dem Gebirglande seine Viehzucht ist: doch dürfte der Gewinn des letzteren im Ganzen um sehr vieles beträchtlicher ausfallen. Im Lungau steht der Ackerbau der Viehzucht weit nach; und im Pinzgau ist er sehr kümmerlich; dagegen im Zillerthale sehr gesegnet und ergiebig; aber nicht hinlänglich, um die Einfuhr des fremden Getreides unnöthig zu machen; so auch im Brixenthale. Die Weise des Anbaues in den verschiedenen Gegenden, den Gebrauch der Ehgärten und Tratten findet man bereits in den verschiedenen Abtheilungen dieser Beschreibung der Länge nach angeführt.

Die köstlichen Gräsereyen der Alpen zum Behufe der Viehzucht im Lungau, Pinzgau und in den übrigen Gebirggegenden, und die zahlreichen Viehweiden z. B. die Pinzgauerischen Niederungen sind aus dem Angeführten schon hinlänglich bekannt.

Der Garten-Obst-und Kohlbau wird zwar überall (die ersteren zwey im Lungau ausgenommen) betrieben: allein nirgends im Ueberflusse. Hanf und Flachs werden am häufigsten im flachen Lande gezogen.

Die Jagden sind nirgends rauschend und lärmend: Parforcejagden sind Theils nicht üblich, Theils an den wenigsten Orten anwendbar. Man hat Hirsche, Rehe, Füchse, Dachse und Hasen in Menge; doch wird ihrer jährlich eine beträchtliche Anzahl erleget. Gemsen halten sich nur auf den höchsten Gebirgen, vorzüglich des Pinzgaues, z. B. um Saalfelden, auf, und ihre Jagd ist sehr gefährlich.

Unter den Fischen sind die Salmlinge und Forellen in den Bergseen und in einigen der größeren Landseen die vorzüglichsten und schmackhaftesten.

Hand-

Handlung, Gewerbe, Manufakturen, Fabriken.

Die Handlung dieses Landes war einst ungemein blühend; es führte zwischen Italien und Deutschland bis in die Niederlande einen überaus gewinnreichen Zwischenhandel. Daher kam es, daß von Zeit zu Zeit die reichsten und angesehensten Italiänischen Kaufleute sich hier niederließen, und überall Wohlhabenheit um sich her verbreiteten. Seit dem aber die benachbarten österreichischen und anderen Lande mit Manufacturen und Fabriken aller Arten sich selbst zu versehen und die Einfuhr der ausländischen Waaren wo nicht zu verbiethen, doch wenigstens zu erschweren angefangen haben, ist die Handlung im allgemeinen von ihrer Höhe herabgesunken, und der Familien-Reichthum, der einst die Geschlechter der hiesigen Handelsleute überall mit Ansehen und Credit verherrlichte, ist um ein Merkliches beschränkter geworden. Der ergiebigste Zwischenhandel ist hier noch mit Eisen und Stahl. Der größte Theil des Stahls und Stangeneisens (aus Steyermark) wird nämlich an die hiesigen Eisenhändler verkauft, und von diesen nach Bayern, Tyrol, in das Reich 2c. weiter versandt.

Der Speditionshandel ist, besonders in den gegenwärtigen Kriegszeiten sehr lebhaft und ansehnlich. Der Transito-Handel zu Lande wird durch die Unsicherheit zu Wasser und die Sperrung vieler im Kriege befangener Länder sehr begünstiget, wie nicht minder durch die überaus häufigen Lieferungen von Kupfer, Eisen und allerley Provisionen an die Armeen.

Der übrige Zwischenhandel von Seidenwaaren, Tüchern, Kaffee, Weinen, Tabak, Leinwand, Berchtesgadner Holzwaaren, Nürnberger Waaren, Büchern 2c. ist weniger beträchtlich. Der größte Theil ist

auf

auf das inländische Consumo, oder die Abnahme der benachbarten Krämmer berechnet.

Von eigenen Erzeugnissen werden ausgeführt — Salz (von Hallein, der beträchtlichste Nationalreich: thum, indem jährlich über 300000 Centner Salz (das Pfund auf 240 Stöcke, und den Stock auf 120 — 136 Pfund gemeinen Gewichts gerechnet) gesotten werden), Kupfer, Messing und messingene Waa: ren, Stangen: und Gußeisen, Kobalt, Vitriol, Schwefel, Arsenicum, Pferde, Rindvieh, Schmalz, Leder, verschiedene Thierhäute, baum: wollene Waaren (von Hallein) Dräthe 2c und ver: schiedene minder beträchtliche Dinge, z. B. Schuf: ser, Speick, Theriack, Käse, Oehle, Brannt: weine 2c.

Eingeführt werden Getreide von allen Gat: tungen, Hopfen, Weine, Seide und seidene Zeu: ge, Tücher, feine Leinwand, Galanteriewaa: ren, Spezereyen und mehrere andere Dinge.

Die inländischen Gold: und Silberbergwerke ver: sehen das Land mit eigener Münze, wovon jährlich ge: gen 300000 Fl. am Werthe im 24ger Fuße geprägt werden.

In der Hauptstadt befindet sich eine hochf. Haupt: handlung, welche aus einem Verordneten und Kas: sirer, der zugleich wirklicher Hofkammerrath und Rath im Bergwesen ist, 2 Buchhaltern und 2 Schreibern besteht, und die hochfürstl. Bergproducte in Verschleiß bringt. Mit ihr ist eine Hauptbuchhalterey im Berg: und Münzwesen, und das mit dem Münzwesen verbun: dere Einlösungsamt verbunden, welche einen Oberwar: dein, der zugleich Bergrath ist, und 5 Buchhalter über die a) Messing:, b) Gold: und Silber:, c) Eisen:, d) Schwefel:Vitriol:und Kupferwerke und e)

e) über die Haupthandlung und das Münzwesen hat.
Die Haupthandlung löset von allen hochfürstl. Berg=
werken und Fabriken Gold, Silber, Kupfer, Eisen,
Messing, Kobalt, Schwefel und Vitriol um die ge=
nauesten Preise ein, versorget die nämlichen Aemter und
Werke mit dem benöthigten Verlagsgelde, und erlegt
nach einer hinreichenden Selbstbedeckung mit dem Schlu=
ße eines jeden Jahres den reinen Geldüberschuß als ein
Bergwerksregale zur landesfürstlichen Kammer. Man
sagt, daß alle hochfürstliche Berg = und Hüttenwerke
jährlich über 77000 Fl. reinen Gewinn geben. (S.
Beschreib. der Hauptstadt Salzburg II B. S. 247,
wo alle hochfürstl. Bergwerke genannt und gewürdi=
get sind.)

Von Fabriken und Manufakturen zählt das
Erzstift nur folgende: 1) die Salzsiederey zu Hallein,
2) eine Baumwollen=Manufaktur zu Hallein, 3) eine
Klusenfabrik zu Hallein, 4) 3 Drahtziehereyen bey Salz=
burg, die Sinnhuberische in der Riethenburg, eine, die
ein Bauer betreibt zu Käferham, und eine zu Thalgau.
5) die Lederfabrik der HH. Christian Zezi und Vital
Gschwendtner zu Salzburg, 6) die Sensenfabrik des
Hn. von Robinig zu Thalgau, 7) Mehrere Privat=
und hochfürstl. Eisenhammerwerke, 8) zwey Feilenhaue=
reyen, eine zu Stein in Salzburg, und die zweyte in der
Gnigl, 9) eine Kartenmanufactur zu Salzburg, 10)
eine Majolika = oder Weißgeschirrfabrik in der Riethen=
burg bey Salzburg, 11) 2 hochfürstl. Messingfabri=
ken zu Ebenau und Oberalm, 12) zwey Papiermüh=
len zu Salzburg und Werfen, 13) 4 Pulvermühlen,
3 bey Salzburg, und 1 zu Werfen, 14) eine Socken=
manufaktur im Zuchthause zu Salzburg, 15) zwey
kleine Tabaksfabriken bey Salzburg, 16) eine kleine
Fabrik von irdenen und glasirten Bauern = Tabakspfei=
fen unweit Wals, 17) ein Par Torfstechereyen bey
Salzburg, 19) mehrere Ziegel = Kalk und Gypsbren=
nereyen

nereyen an der Hauptſtadt und im übrigen Erzſtifte, 19) zwey Glashütten unweit St. Gilgen, 20)
mehrere Schuſſermühlen, 21) Marmorbrüche am Untersberge, und zu Abneth, 22) Mehrere Sandſtein-
brüche.

Von Künſtlern und Gewerbsleuten trifft man
beynahe alle Arten im Erzſtifte überall in Menge an.
So haben wir nur allein im flachen Lande gezählt 366
Schuhmacher, 404 Schneidermeiſter, 669 Webermeiſter,
93 Wagnermeiſter, 49 Tiſchlermeiſter, 37 Spänglermei-
ſter oder Klampferer, 22 Sattlermeiſter, 22 Schloſſer-
meiſter, 51 Zimmermeiſter, 29 Maurermeiſter, 118 Metzger, 342 Mühler, 109 Krämmer, 23 Lederer, 14 Lebzel-
terer, 20 Mahler, 9 Meſſerſchmiede, 15 Hutmacher,
15 Kirſchner, 14 Bordenmacher, 3 Apotheker, 44
Wundärzte, 7 Bildhauer, 7 Buchbinder, 1 Betten-
oder Roſenkränzmacher, 1 Bilderdrucker, 3 Bürſten-
binder, 78 Bierbrauer, 202 Bierwirthe, 5 Büch-
ſenmacher, 1 Büchſenſchäfter, 144 Bäckermeiſter, 4
Buchhandlungen, 2 Buchdruckereyen, 12 Drechsler,
3 Brunnenmeiſter, 18 Färbermeiſter, 75 Faßbinder,
27 Fragner, 9 Gahrköche, 1 Geigenmacher, 8 Gold-
und Silberarbeiter, 1 Goldſchläger, 21 Gerber, 3
Glockengießer, 8 Gürtler, 18 Glaſerer, 223 Huf-
ſchmiede, 7 Hackenſchmiede, 12 Hafner, 4 Handſchuh-
macher, 1 Kryſtallſchneider, 2 Kartätſchenmacher, 1
Korbmacher, 5 Kammmacher, 8 Kupferſchmiede, 4
Kaminkehrer, 2 Knopfmacher, 1 Leinwanddrucker,
4 Nadlermeiſter, 13 Nagelſchmiede, 1 Neſtler, 2
Orgelmacher, 5 Perückenmacher, 1 Pflaſterermeiſter,
1 Pergamenterer, 1 Ringelſchmied, 10 Riemerer, 4
Säckler, 2 Sporer, 7 Seifenſieder, 17 Seilerer, 6
Steinmetzen, 5 Strumpfwirker, 1 Seidenfärber, 2
Siebmacher, 3 Schleiferer, 1 Stukadorer, 15 Kaffee-
ſchenken und Schokolademacher, 6 Tuchmacher, 1
Taſchner, 21 Tuchſcherer und Walker, 2 Thürmer-
meiſter,

meister, 9 Groß- und Klein-Uhrmacher, 30 Weinwirthe, 1 Windenmacher, 6 Waffenschmiede, 5
Zinngießer, 3 Zirkelschmiede, 13 Zuckerbäcker rc. In
diesem Bezirke befinden sich auch 8 Wasenmeister.

Große oder beträchtliche Tuch-, Schnitt-Spe-
zerey- und Materialien-Handlungen und dergleichen befinden sich nur in den Städten und Märkten des Erzstiftes, wo sie überall, so wie alle kleinere hier nicht
angezeigte Gewerbe, bey jedem Orte genau in dieser Beschreibung angeführt sind. Zählt man hierzu die Summe aller Gewerbsleute des Gebirglandes, so kommt
eine gewiß nicht unansehnliche Anzahl derselben heraus.

Uebrigens dürfte die Bilanz zwischen dem Activ-
und Passivhandel des Erzstiftes keine gar zu großen
Differenzen geben, ob man gleich mit einiger Zuver-
läßigkeit annehmen kann, daß letzterer vor dem ersteren
den Vorzug gewinne.

Die Salzb. Gewichte und Mäßereyen sind im
II. Bande der Beschreib. der Hauptst. S. 421 u. ff.
angezeigt.

Münzlauf.

Im ganzen Erzstifte ist der 24ger oder Reichs-
Conventionsfuß angenommen: nach diesem werden
alle gangbare ausländische Münzen berechnet, und in
Handel und Wandel angenommen.

Das Erzstift pflegt gegenwärtig nach dem Con-
ventions-Normale nur einfache Dukaten zu 5 Fl. 24
Kr. nebst einer geringen Menge halber und Viertels-
dukaten, ganze und halbe Conventionsthaler, Vier
und Zwanziger, Zwölfer und Sechser, und als Schei-
demünze nur eine höchst geringe Münze ganze,

Ooo

halbe

halbe und Viertelkreuzer in Kupfer auszuprägen. Von den vorigen Regierungen und Zeiten cursiren noch im Lande erzstiftische mehrfache Dukaten und Thaler, Silberbatzen und solche halbe Batzen, auch Kreutzer. Die zahlreichsten sind im inländischen Handel die Salzburgischen ganzen und halben Batzen, welche außer Landes nicht angenommen werden; sich also stäts auf ihr Vaterland einzuschränken gezwungen sind.

Der gegenwärtige Münzkurs ist im Erzstifte nach der neuesten Verordnung folgender:

Der Ducat. wiegt 60 Gran.		Goldmünzen.	Wiener Währ.		Salzb. Währ.	
Duc.	Gran		fl.	kr.	fl.	kr.
	60	Kais. Königl. und Kremnitzer Dukaten	4	30	5	20
	30	— — halbe	2	15	2	40
	15	— — Viertel	1	7½	1	20
	60	Salzburger Ducaten . .	4	20	5	24
	60	Bayerische und alle auf den Reichsconstitutionsfuß geprägte Ducaten . . .	4	18	5	12
1	53½	Bayrische Maxdor . . .	5	54	7	20
	56½	— halbe	2	57	3	40
2	48	Bayrische, kurpfälzische und Wirtembergische Caroline .	8	52	11	—
1	24	— halbe	4	26	5	30
2	53	Französische doppelte Louis .	14	36	17	31
1	55	— einfache . . .	7	2	8	45½
	57½	— halbe	3	31	4	22¾
2	20	— alte Schild-Louis .	9	12	11	—
7	44	Spanische vierfache Doppien .	28	25	35	—
3	52	— doppelte . . .	14	12½	17	30
1	56	— einfache . . .	7	6¼	8	45
	58	— halbe	3	33	4	22½

Oester:

Der Dukat. wiegt 60 Gran.	Goldmünzen.		Wien. Währ.		Salzb. Währ.	
Duc. | Gran			fl.	kr.	fl.	kr.
3 | 11	Oeſterr. Niederländ. Souveräne		13	20	15	25
1 | 35½	— — halbe		6	40	7	42½
60	Neugeprägte Zecchini von Mailand und Mantua . .		4	22	5	9
60	Holländiſche Dukaten . .		4	28	5	9

	Silbermünzen.		Wien. Währ.		Salzb. Währ.	
			fl.	kr.	fl.	kr.
	Alte Conventionsthaler, die inländiſchen ſowohl als die ausländiſchen		2	—	2	24
	— — halbe		1	—	1	12
	— — Viertel		—	30	—	36
	Oeſterr. Zwey-Guldenſtücke . . .		2	—	2	24
	Franzöſ. alte Thaler, oder Louis blancs		2	—	2	16
	— — halbe		1	—	1	8
	— — Feder- oder Laubthaler . .		2	16	2	42
	— — halbe		1	8	1	21
	Alte Kaiſ. Thaler		2	5	2	30
	Oeſterr. Guldenſtücke		1	—	2	12

Straſſen, Fuhrweſen.

Die Straſſen des ganzen Erzſtiftes ſind zwar nirgends in der Geſtalt der Bayeriſchen und Oeſterreichiſchen Chauſſeen angelegt; allein dennoch größten Theils in ſo gutem Zuſtande, als es Grund und Verhältniſſe möglich machen. Die Wegzölle ſind aber auch ſo gering, daß man den Unterſchied auf jeder ausländiſchen Gränze ſogleich bemerket.

Dddd 2   Nach

Nach Wien und Innsbruck kann man abwechselnd alle 8 Tage, einmahl nach der ersteren, und einmahl nach der zweyten Stadt mittelst des Postwagens
reisen; so auch wöchentlich an den Sonntagen nach
München und ins Reich. Freytags Nachmittags geht
ein Postwagen durch das Salzburgische Lungau nach
Kärnthen u. s. w. Nach Steyermark fährt wöchentlich an Sonnabenden ein Bothe, an Freytagen einer
nach München, ein anderer nach Burghausen, ein
dritter nach Passau; und in beynahe alle Ortschaften des
Erzstiftes sowohl als der benachbarten Städte und Märkte ein fahrender oder gehender Bothe. Die Tage ihrer Ankunft und Abreise sind in den inländischen Ka-
lendern verzeichnet.

Lohnkutscher sind in der Hauptstadt, so wie in einigen der vorzüglicheren Städte des Erzstiftes zu haben, welchen man ohne Zehrung des Tages einen Gulden zu bezahlen hat. Die Posten werden durch das
Gebirge zu 3 Stunden, durch das flache Land aber zu
4 Stunden oder 2 Meilen gerechnet. Dort zahlt man
für das Pferd 45 Kr., hier einen Gulden.

Mo-

Moralischer Zustand des Erzstiftes.

Erziehung.

Die Erziehung der bürgerlichen und Landjugend wird unter der gegenwärtigen Regierung mit einem täglich wachsenden Eifer betrieben. Se. hochfürstl. Gnaden haben die Lehranstalt der deutschen Schulen einer eigenen aus 2 Räthen des Consistoriums und eben so vielen des Hofraths zusammengesetzten Commission übergeben, welche dieselbe mit Rath und Ansehen unterstützen sollen. Die unmittelbare Aufsicht über die Stadt : sowohl als sämmtliche Landesschulen ist einem Director, der zugleich Referent in Schulsachen ist, anvertraut : und diesem zugleich ein sogenanntes Präparanden : Seminarium von 4 Schullehrer : Candidaten zum Unterrichte übergeben.

In der Hauptstadt sind 2 Hauptschulen, deren jede in 3 Classen getheilt ist, eine für Knaben, die zweyte für Mädchen. Mit der Knabenschule ist eine Zeichnungs : und mit jener der Mädchen eine Arbeits : schule für weibliche Arbeiten verbunden. Ein eigener Geistlicher besorgt hier, so wie in den übrigen Schulen jenseits der Brücke und in den Vorstädten, die Katechetik. Diese deutschen Schulen haben ihren eigenen Fond. (S. Beschreib. der Hauptst. II. B. S. 457). Zu Salzburg sind überhaupt nebst einer guten Mädchenschule bey den Frauen Ursulinerinnen die Hauptschule, 3 Schulen in den Vorstädten, und eine in der Leopoldskrone, in allen 6 deutsche Schulen. Im übrigen Erzstifte befinden sich 140 Schullehrer, wovon das flache Land allein

allein, nebft den ftädtifchen gegen 80 zählet. Ueberall
find die Coadjutoren zugleich Katecheten in den deutfchen Schulen. Die neue Lehrmethode, fo wie öffentliche Prüfungen find beynahe überall eingeführt. Für
zweckmäßige Erziehungsfchaften ift reichlich geforget;
und der raftlofe Eifer des Directors der deutfchen Schulen, Hn. M. Vierthaler, wird gewiß nicht ermü-
den, jede noch hier und da fich äußernde Lücke auszu-
füllen.

Die Hauptftadt befitzt eine im J. 1621 errichtete
Univerfität, welche unter der Oberaufficht des Landesfürften, und der unmittelbaren Leitung der Benedictiner Mönche aus einer hierzu verbündeten Confödera-
tion mehrerer Klöfter diefes Ordens fteht (S. Befchr.
der Hauptft. I. B. S. 80 und II. B. S. 501.) Sie
hat einen Rector, Vicerector und Prokanzler, Sekretär, Bibliothekar, 4 Lehrer der Theologie, 5 Lehrer
der Rechte, 5 Lehrer der Philofophie, einen Notar,
Pedell und Pulfator. Die medizinifche Facultät fehlt
ganz. Mit der Univerfität ift ein Gymnafium mit
6 Lehrern für die unteren Schulen verbunden. Die
Anfangsgründe der Vorbereitungsklaffe, oder die fo-
genannten Principien werden fowohl an der Univerfität
als in einer eigenen Schule im Stiftsbezirke von ft. Peter mitgetheilt.

Von eigenen mit der Univerfität in keiner genaue-
ren Verbindung ftehenden Lehrern wird auf Begehren
in der Civil- und Militär-Baukunft, in der metal-
lurgifchen praktifchen Chemie, und in der Docimazie,
in der Wundarzneykunft und Entbindungslehre, in der
franzöf. und italidnifchen Sprache, in der praktifchen
Meßkunft und Forftwiffenfchaft, in der Mineralogie
und Bergkunde, in der Klinik, und über Pädagogik
und Methodik Unterricht ertheilet.

Zum

Zum Gebrauche der Studierenden ist die Universitäts = sowohl als Hofbibliothek gewidmet. Bereiter, Tanz = und Fechtmeister sind ebenfalls hier, um in ihren Künsten Unterricht zu ertheilen.

Im Hübnerischen Staatszeitungs = Comtoir wird seit 1788 eine allgemeine Litteratur = Zeitung wöchentlich in Größe von 3 Bogen, und in Quartformat ausgegeben, welche von einer Gesellschaft mehrerer durch Deutschland zerstreuter Gelehrten, ohne die geringste Verbindung mit der Universität, unter Direction des Herausgebers, Mitarbeiters und Redacteurs L. Hübner verfaßt wird. Zur Verbreitung politischer sowohl als moralischer neuer Anstalten, zur Beförderung besserer Gesinnungen, und zum Behufe öffentlicher Anzeigen und Bekanntmachungen ist seit 1785 ein Intelligenzblatt errichtet, und mit der seit 1784 bestehenden Staatszeitung verbunden worden.

D. Hartenkeil, hochfürstl. Leibwundarzt gibt seit 5 Jahren eine medicinisch = chirurgische Zeitung in Verbindung mit mehreren Aerzten heraus.

Religion.

Im ganzen Erzstifte herrscht die katholische Religion. Fremde Religionspartheyen können sich nirgends auf Grund und Boden ansiedeln, obgleich bey Professionen, Handwerken rc. mehrere derselben als Gesellen geduldet werden. Seit der im J. 1732 geschehenen Emigration wird über ersterem Puncte strenge gehalten.

Der Judenzoll ist im J. 1791 aufgehoben worden. Nur behauptet noch die Hauptstadt das Recht, daß die Juden in den Vorstädten absteigen und wohnen müssen.

Kirch =

Kirchliche Ordnung.

Von der kirchlichen Verfassung des Erzstiftes ist bereits im 11. B. der Beschreib. der Hauptst. S. 372 alles Wesentliche angeführt worden, wohin wir unsere Leser verweisen müssen, um uns nicht selbst abzuschreiben.

Die Hauptquelle aller Verordnungen im Kirchenwesen ist jederzeit der Erzbischof des Landes selbst: von ihm gehen alle Verfügungen und Anstalten aus, welche die religiösen Gebräuche sowohl, als die sämmtliche Kirchenzucht in Hinsicht auf Personen sowohl als geheiligte Sachen und Oerter betreffen. Zur Ausführung seiner kirchlichen Plane bedient er sich des Consistoriums, dem alle Vorträge und Untersuchungen dieser Art übertragen sind. Dieses ist das eigentliche Generalvikariat und Officialat des Erzstiftes, dem alle die Geistlichkeit, die kirchlichen Personen und Gebäude, die kirchliche Sittenzucht, die Ehescheidungsprozesse, und die Oberverwaltung aller milden Orte betreffenden Geschäffte anvertraut sind. Alle Besetzungen der geistlichen Aemter und Stellen im Erzstifte hängen unmittelbar von dem Erzbischofe selbst ab, welcher auch von fremden Präsentirten in seinem Kirchsprengel die Bestätigung sich vorbehalten hat.

Im Erzstifte selbst befinden sich ein Archidiaconal-Commissariat im Lungau, das mit dem Dekanate zu Tamsweg vereiniget ist, und noch 12 Land- oder Rural-Dekanate, denen die Pfarrer, Vikarien und Beneficiaten der ihnen zugetheilten Gegenden untergeordnet sind. In allen zählt das Erzstift, das Tamsweger dazu gerechnet, 13 solcher Dekanate, nämlich im flachen Lande — zu Mülldorf, Teisendorf, Laufen, Tittmoning, Kessendorf, Seekirchen und Hallein; im Gebirglande Saalfelden, Piesendorf, serdorf, Taxenbach, Tainsweg, Altenmarkt und Zell im Zillerthale.

Die Dekane haben überall die Oberaufsicht über ihren eigenen pfarrlichen sowohl als den ganzen dekanatlichen Bezirk; alle Befehle gehen von dem Consistorium unmittelbar an sie ab, und von ihnen dann in ihre zugetheilten Bezirke umher. Selbst die von der höchsten Stelle anbefohlenen Quartallisten, welche in Hinsicht der inländischen Bevölkerung dem Salzb. Zeitungscomtoir zur Berechnung mitgetheilet werden, müssen von ihnen aus jeder Pfärre, und jedem Vikariate eingesammelt, und dann in einem Packe zugleich eingesandt werden. Jedes Dekanat besitzt eine eigene Dekanalkasse, in welche gewisse Opfer, milde Beyträge, und andere dergleichen Zuflüsse gesammelt werden, und deren Summe an die Buchhalterey der milden Orte verrechnet werden muß.

Die gewöhnlichen Strafen der Kleriker bestehen Theils in Absetzungen und Verwechselungen, Theils darin, daß man sie auf einige Zeit zur Buße nach Kirchenthal, in das Salzb. Priesterhaus, oder in ein Kloster, z. B. zu Salzburg der PP. Franciscaner schickt, um daselbst die geistlichen Uebungen zu machen, und sich an eine strengere Lebensordnung zu gewöhnen.

Die im J. 1784 vorgeschriebene Stolordnung wird überall genau beobachtet.

Einen kurzen Auszug der in kirchlichen Dingen erlassenen Verordnungen von 1772 bis 1778 findet man in der Beschreib. der Hauptstadt II. B. S. 381 u. ff.

Um aber den Geist prüfen zu können, der in der inneren geistlichen Manns- und Kirchenzucht noch heutiges Tages herrscht, theilen wir den Lesern jene Fragen in der lateinischen Sprache, in der sie nur erst vor einem

einem Jahre an die sämmtliche Landesgeistlichkeit ergangen sind, mit, welche alle Quatember des Jahres, und dann diejenigen, welche am Ende des Jahres an das Consistorium beantwortet, und von den Decanaten eingesandt werden müssen.

Quaestiones
pro Relationibus angarialibus.

I. An singulis diebus dominicis et festivis de praecepto tam sub Missa aurorali (in locis videlicet, ubi duo saltem adsunt Sacerdotes) praescripti Sermones, quam sub Officio solemni praecepti alternis vicibus Conciones morales et catechetici habeantur, et an populus Officio solemni numerose ac devote intersit?

NB. Indicetur in charta separata breviter, quaenam materia a Curato loci et ejusdem Consacerdotibus in habitis per Angariam Sermonibus et Concionibus proposita et pertractata fuerit?

II. An iisdem diebus dominicis et festivis de praecepto etiam post prandium, et quidem in locis, in quibus plures Sacerdotes numerantur, tam in Ecclesia, quam in domibus ab ea longius dissitis; in iis locis vero, ubi unicus tantum Sacerdos adest, in Ecclesia vel domibus non longe ab ea remotis Catecheses pro parvulis habeantur?

NB. Indicetur breviter in charta separata, quibus diebus, a quo, de qua materia, et quali cum fructu praedictae Catecheses habitae, vel quibus ex causis omissae fuerint?

III. An per decursum anni etiam pro Adultis Catecheses domesticae (vulgo Hauslehren) et quidem quo tempore; quomodo et quo fructu habeantur? *IV.*

IV. An Aegrotis, quamprimum Sacerdos vocatur, prompte, bona cum voluntate, ac etiam gratis Sacramenta adminiſtrentur, ſimulque non tantum Aegroti, ſed etiam apud curiam ſaecularem Incarcerati ſaepius viſitentur?

V. An conſtet de indiciis haereſeos, de legentibus libros ſuperſtitioſos, ſeditioſos, fidem aut bonos mores pervertentes, vel veram devotionem non foventes, vel de tales libros praelegentibus?

VI. An ibidem Conjuges abs licentia diſcohabitantes, et quales dentur? Item an, et quaenam praecipue vitia, ſuperſtitiones, nocivae conſuetudines, et publica ſcandala in Communitate vigeant?

VII. An tam archiepiſcopalia, circa religionem et diſciplinam eccleſiae, quam territorialia circa mores (vulgo Sittenordnung) *emanata Generalia, Conſtitutiones, ac Decreta debite obſerventur, eorumque obſervatio etiam a Poteſtate laica urgeatur, ac Curato forſan deſuper imploranti ab eodem aſſiſtatur?*

VIII. An ſchola, et quamdiu habeatur? quot parvuli inſtructionis capaces in Communitate numerentur, et quot ex illis ſcholam frequentent? quaenam forſan, quod tantum a paucis ſchola frequentetur, impedimenta obſtent, et quomodo haec tolli poſſint? denique an et quoties in qualibet ſeptimana, et a quo ex Sacerdotibus ſchola viſitetur, et an tunc parvuli praeſentes non tantum circa Religionem et regulas morum catechizentur et examinentur, ſed etiam circa reliqua objecta inſtructionis ſcholaris tententur?

IX. An parvuli in ſchola a Ludimagiſtro ſecundum novam methodum inſtruantur, et an iisdem, ſaltem pauperibus,

peribus, libri praescripti, mediante pecunia ad munuscula catechetica destinata gratis distribuantur?

X. *Quot adsint Sacerdotes, et quomodo vocentur?* an cum tonsura et clericaliter vestiti incedant? an Breviarium recitent, et libris necessariis saltem, praecipue S. Scriptura, et Interprete ejusdem provisi sint? an obligationes status ac ministerii sui exacte adimpleant, et, ut Sacerdotes decet, pie ac exemplariter vivant, vel forsan debita contrahant, hospitia frequentent, otio indulgeant, vel lusui, aut aliis vitiis dediti sint?

XI. *An Aedituus, reliquique famuli Ecclesiae officia* ac ministeria sua fideliter et diligenter obeant, ac etiam erga Sacerdotes se reverentiales exhibeant?

XII. *In matrimonium contrahere volentes ante ac*tualem copulationem in fide, doctrina morum, et praecipue circa obligationes futuri status sufficienter instructi sint, ac examinentur, nec non an quoque praevie professionem fidei catholicae emittant?

XIII. *An obstetrices circa administrationem Baptis*mi in necessitate debite instructae sint?

XIV. *An fundationibus omnibus tam novis, quam* antiquis quoad Sacra, preces, tempus, et eleemosynas satisfiat?

XV. *An confessiones poenitentium, etiam tempore* hyemis in Ecclesia excipiantur?

XVI. *An populus in diebus festivis dispensatis labo*ret, ac eidem tam Curatus. quam saecularis Superior loci debito exemplo praeeat?

XVII.

XVII. An, et in quantum praescriptus Cantus germanicus in Ecclesia observetur, et praecipue parvuli in schola desuper instruantur?

XVIII. An superfluus Ecclesiarum ornatus omittatur, et praescriptus cereorum numerus juxta emanata Generalia observetur?

XIX. An non aliqui ex Communitate se per tam singulares ac praecipuos virtutum actus ita distinxerint, ut a Superioribus suis laudari, ac etiam publice manifestari mereantur?

XX. An, et quaenam forsan intuitu concreditae curae animarum tam ad veram fidem conservandam, quam ad rationabilem et purum Dei cultum confirmandum, et ad reformationem morum stabiliendam, vel abolenda et immutanda, vel de novo inducenda et statuenda sint?

Quaestiones
pro Relatione annuali.

I. Quot per annum praeteritum Infantes legitime nati, et solemniter baptizati sint?

II. Quot illegitimi?

NB. Si numerus talium Infantum Curato loci excessivus videatur, adnotentur ab ipso causae hujus morum licentiae, et media, quibus tolli possit.

III. Quot Baptismo necessitatis?

IV. Quot Adulti omnibus Sacramentis rite provisi mortui sint?

V. Quot abs Sacramentis?

NB.

NB. Hic addatur, quinam illi fuerint, et an, ex vel abs culpa aliorum non provifi obierint?

VI. Quot Infantes cum Baptifmo mortui fint?

VII. Quot abs Baptifmo?

NB. Addatur an hoc cum culpa parentum, vel ex quali forfan alia caufa contigerit?

VIII. Quot matrimonia contracta fint?

IX.   Quot adfint confirmati?

X.   Quot non confirmati?

XI.   Quot Communicantes?

XII.   Quot non Communicantes?

XIII.   Quot animae univerfim?

Praedictae Relationi annuali addatur quoque in charta feparata a quolibet Curato defcriptio tam Confacerdotum, quam Aedituorum, Ludimagiftrorum, et Cantorum in loco curae concreditae exiftentium, et quidem

in defcriptione Confacerdotum

a. *Nomen et cognomen,*

b. *Patria,*

c. *Aetas,*

d. *Studia,*

e. *Titulus menfae,*

f) *Annus Sacerdotii,*

g. *Annus expofitionis in cura,*

h. *Gradus aeftimationis apud plebem etc.,*

i. *Gradus habilitatis et capacitatis*

  1. *ad catechizandum,*

  2. *ad concionandum,*

  3. *ad reliquas curae functiones,*

k. *Vita et mores,*

l. *Caracter animi defiguentur.*   In

In defcriptione Aedituorum, Ludimagiftrorum et Cantorum vero exponatur eorum

    a. *Nomen et cognomen,*

    b. *Patria,*

    c. *Aetas,*

    d. *Gradus diligentiae,*

    e. *Annus fervitii vel officii,*

    f. *Summa redituum,*

    g. *Gradus habilitatis et capacitatis,*

    h. *Gradus aeftimationis apud plebem etc.*

    i. *Vita et mores.*

Da der Salzb. Kirchfprengel fich auch in die benachbarten Länder außer dem Erzftifte erftrecket; fo wer-
ben zwar dafelbft die herkömmlichen Ordinariats = Ge-
rechtfamen ausgeübet; allein die Difciplinar = Verordnungen haben keine weitere Kraft, als in fo ferne fie von den
Landesherren jener Kirchfprengel angenommen und beftäti-
get werden. (S. II. B. der Befchr. d. Hauptft. S. 373.)

Sittenordnung.

Unter diefer verftehen wir alle Anftalten, welche
die Wohlfahrt der bürgerlichen Gefellfchaft von morali-
fcher Seite zunächft betreffen. Das Erzftift befitzt in jedem Fache, das auf Volksglückfeligkeit einigen Bezug
hat, befondere zweckmäßige Verordnungen und Anftalten.
Es hat eine Sittenordnung für öffentliche Zucht und
Ehrbarkeit, eine Tanzordnung, Verordnungen wider
Hazardfpiele, Lotterien, Wucher und fleifchliche
Verbrechen; hat vortreffliche Einrichtungen wider und
bey Feuersgefahren, wider Diebereyen und nächtliche Gefahren (mittelft nächtlicher Beleuchtung der
Straffen), gute Gefundheitsanftalten, mehrere
Bequemlichkeits = und wohlgeordnete Befferungsan-
ftalten,

ftalten, welche alle in der Befchreibung der Hauptft.
II. B. ausführlich angeführt find.

Nur für Armenverforgung ift bis zur Stunde
wenig gefchehen. Vielleicht find es örtliche Umftände,
welche die Nachahmung anderer Staaten hierin widerra=
then; vielleicht will man nur noch günftigere Zeiten er=
warten, um dasjenige, was man fchon einmahl großen
Theils befchloffen hat, mit mehrerem Nachdrucke und
mit der geficherten Hoffnung eines glücklichen Erfolges
zu Stande zu bringen. Im J. 1785 zählte eine eige=
ne von dem Landesfürften zufammengefeßte Armen=
Commiffion alle Armen der Stadt, und ihres Burg=
friedens, und fand eine Summe von 1304 Armen,
worunter 174 ganz, und 460 zum Theile Arbeits=
fähige; die übrigen 670 im eigentlichen Verftande
Krüppel, oder dem allgemeinen Mitleiden anheimgefal=
lene Arme waren. Man kann, wenn man hiermit die
reichlichen Almofen des Fürften und der Stadt, nebft
den Capitalien der milden Orte berechnet, ungefähr er=
meffen, was für eine Hülfe diefem Theile der leidenden
Menfchheit auch im Bezirke des Erzftiftes einft geleiftet
werden könnte. Auf dem Lande ift die Einrichtung mit
dem Umlegen der Armen eingeführt, und hat ihren gu=
ten Gang; allein für fremde Bettler ift nicht überall
hinlänglich geforgt. Doch was können wir nicht alles
von einem Landesherrn, wie Hieronymus, erwarten,
wenn Ihm nur der Himmel glückliche Zeiten, und ho=
hes, gefundes Alter fchenkt!

Charakter der Einwohner.

Es würde sehr gewagt seyn, hierüber sich in ein absprechendes Urtheil heraus zu lassen. Deßhalb soll auch dieser Abschnitt der kürzeste des ganzen Buches seyn. Hr. von Kleinmayrn soll dessen kurzen Inhalt als einheimischer Zeuge mit der Charakteristik ausfüllen, welche er von dem Salzb. landmanne und Einwohner in seinen Nachrichten von Juvavia S. 454 entworfen hat.

„Der Charakter des landvolkes und Einwohners hat mehr gute als schlechte Seiten. Der Körper ist gesund, stark, gut gebildet: der Geist so gesund als der Körper, munter und zur Arbeitsamkeit aufgelegt. In der landescultur und Urbarmachung des landes mag Salzburg mehr Muster geben, als nehmen. In allen diesen Eigenschaften thut es aber dermahl noch der Bauersmann im Gebirge jenem im flachen lande bevor. Dagegen gibt die Geschichte den Flachländern dieses im Voraus, daß sie, außer was die Bürgerschaft der Stadt Salzburg in und vor dem J. 1525 unternommen, sich nie mit Empörungen und Aufruhr gegen ihren landesfürsten beflecket haben, obgleich es die Bewohner des Gebirges in verschiedenen Gegenden und zu verschiedenen Zeiten gewagt haben, sich ad Normam Helvetiorum — so träumten sie jedesmahl — in die Freyheit zu schwingen. Aber die unseligen heillosen Folgen, welche der Untreue und dem Ungehorsame auf den Fuß folgten, heilten auch die Nachkömmlinge von der Erbsünde ihrer Vorältern — der Reitzbarkeit zur Aufruhr und gefährlichem Widerstande. Die Gebirgleute sind derley Versuchun-

Ppp

gen

gen und Verführungen nicht mehr, wie vorhin, offen.
Sogar der dort und da noch übrige Sauerteig von sogenannten Bauernkönigen, oder jenen Afterwitzlingen,
welche Stolz und Reichthum aufblaset, oft auch die
Armuth selbst, nachdem sie vergandet sind, sohin von
dem Eignen nichts zu verlieren haben, so dreist machet,
daß sie sich klüger als andere dünken, und als Spre-
cher der Gemeinden, und ungebethene Censoren der landesfürstlichen und obrigkeitlichen Verfügungen aufwer-
fen — auch dieser verschwindet, nachdem die Erfahrung
vor Augen liegt, daß dergleichen von unächter Begeiste-
rung taumelnde Schwärmer nur sich und andere in
fruchtloser Irre herumführen, und am Ende nichts als
Verlust an Zeit, Kosten, Ehre und der Sache selbst
zum Lohn und Gewinn bringen.„

Salz-

Salzburgisches Idiotikon.

Wir haben hier die üblichsten Redensarten und eigenen Wörter gesammelt, die man sowohl in der Hauptstadt und im flachen Lande (welche beyde die größte Aehnlichkeit unter sich haben) als im Gebirglande des Erzstiftes zu hören gewohnt ist. Unrichtige, bloß verderbte Sprech-arten gehören nicht hierher, weil keine neuen, eigenen Wörter darunter versteckt liegen. Uebrigens dürfte es bey unserm großen Fleiße, diese Sammlung vollständig zu machen, uns dennoch nicht gelungen seyn, alles zu erschöpfen. — Immerhin! wenn nur das Meiste und Vorzüglichste gesammelt ist, um die Nachlese einst minder schwer zu machen!

A.

Aastall, Schafstall. (Pinzg.)

Aber, aufgethaut, z. B. es wird aber; es wird offen, schneelos; ist aufgethaut auf den Feldern; es wird grün. In einigen Gegenden spricht man aper, gleich-sam von apertus.

Abich, verkehrt, (auch in Bayern).

Achen, ein Bach, Fluß.

Adach, Attich (sambucus ebulus L.). Die Beeren dieser Hollunder-Art werden zu einer Lattwerge eingesotten, und von den Theriakkrämmern als harn- und wind-treibend verkauft.

Aechen, der dritte Theil eines Tagbaues (Sieh oberd. Beyträge von C. F. v. Moll. Vorber. S. 12.)

Aegarn,

Aegarn, Nebenstube, (Lungau).

Aeggeil, Hebamme (Lungau).

Aenl, Großvater, **Anl,** Großmutter.

Aenstag, vor Kurzem (im Thalgau.) z. B. Am Aenstag.

Aesten, Voralpen.

Aetze, Weide. Abätzen lassen — ein Feld, d. i. abweiden lassen.

Afalln, vergessen (Gebirg).

Affaritzen, oder **Dabernatschen,** der Straußbeerenstrauch (Gebirg).

Aftn, hernach.

Aga, ungeschickt (Gebirg).

Ageßla, vergessen (Gebirg).

Ahen, eine Egge (Pinzgau).

Akram, Buchecker, Buchmast (Gebirg).

Alaitn, Abhang des Hügels oder Berges.

Allwengst, allerdings (Gebirg).

Alm, eine Alpe.

Almenpros, die gemeine Pappel.

Alsma, anderswo (Gebirg).

Alsgfahr, zufällig.

Alspa, z. B. er ist von Alspa her; er ist von einem anderen Orte her (in Großarl).

Alt, Altel, der Dickkopf (*Cyprin. Cephal.*)

Amerig, lästern (Gebirg).

Andl, Anna.

Andrahn, einen andrehen, mit einem Händel anfangen.

Anfenstern, bey dem Fenster seiner Geliebten Nachts anklopfen. (Gebirg).

Anfrimen, bestellen, z. B. ein Kleid anfrimen, einem Schläg' anfrimen.

Anglay, sanft aufwärts (Gebirg).

Anhabig, anhaltend.

Anlaſſen einen, oder anreden; auch darüber ſpötteln.

Anpouſſen, anklopfen, anſtoßen.

Anſchmeiſſen, anreden. (Gebirg.)

Antappig, gerne zugreifend, antaſtend.

Antauchen, anſtämmen, mit Gewalt nachdrucken.

Antnklee, Schilf. (Gebirg.)

Antreſln, großſprechen. (Gebirg.)

Anweichen, gelüſten, z. B. das weicht mich an, dar-
nach gelüſtet mich.

Anzeck, verliebt. (Pinzg.)

Arſchkützler, Hötſchepötſchen.

Arſchlings, rückwärts, verkehrt, z. B. ein Kleid arſchlings d. i. verkehrt anziehen.

Aſchtla, ſonderbar (artlich anſtatt artig, wunderlich auf
dem flachen Lande). Pinzg.

Aubey, Eule. (Pinzg.)

Aufglein oder aufentlein, aufthauen, auch figürlich anſtatt Muth bekommen.

Aufhängen, aufhören (in einigen Gegenden des flachen
Landes, z. B. im Thalgauiſchen).

Aufſatz, Haarbund. (Lungau.)

Augaſſeln, ſich Nachts bey ſeiner Schönen melden; vom
Gaſſelgehen, das in den benachbarten Ländern ebenfalls üblich iſt.

Augenſtänl, Augenwimper.

Ausachten, tadeln.

Ausflaan, auswaſchen. (Lungau.)

Ausſpann, der dritte Theil eines Tagbaues. (Sieh oberd.
Beytr. von C. E. von Moll, Vorber. S. 12.)

B.

B.

Bachamsel, der Wasserstaar.

Bachltag, der heilige oder Christabend.

Baiten, warten, z. B. Bait a bois, wart ein wenig.

Barkirch, Emporkirche.

Barm, die Flußbarbe.

Bascht, Bartholomä, Bascht (mit einem tiefen a) Bart. (Pinzg.) So auch Baschtnuß anstatt Bartnuß.

Baschtnaggn, barbieren. Gebirg.

Batzig, großthuerisch, (verliebt. Pinzg.)

Beinhosen (Boanhosen), Strümpfe. (Pinzg.)

Beitn, borgen.

Bekema, begegnen, z. B. er ist mir bekema, oder begegnet.

Beuteln, einen beym Schopfe nehmen, d. i. einen bey den Haaren schütteln (auch in Bayern und Oesterr.)

Beylich, beyläufig.

Bies, die Milch, welche die Kuh nach dem Kälbern zu erst gibt. (Pinzg.) Daher Biessuppe.

Biessen, der Mangold (Beta cicla L.)

Birgstutzen, eine größere Art Eidechsen. Zillerth.

Bitter, viel, z. B. es regnet gar so bitter, es regnet gar so viel.

Blendte, Buchweitzen.

Bletzen, breite Blätter, z. B. Krautbletzen, auch Bletschen.

Boantscherggen, der Eichelheher. (Lung.)

Boanweich, der Hartriegelstrauch. (Gebirg)

Boatz (Beitz) auf jemanden haben; Groll auf jemanden haben.

Bösdirn, ein Mädchen (auch in Oberösterr.).

Bös.

Bösla, Uebel, arg (gleichsam bößlich).

Bogratn, eine leere Bettstätte, (Pinzg.)

Bola, beia, auch bella, garstig. (Pinzg.)

Bois, wenig, a bois, ein wenig, boisingweis, bisweilen (Gebirg).

Blumbesuch, Viehweide.

Brachten, sprechen, plaudern, z. B. wos is dös für a brachtn? was ist das für ein Geschwätze? Anbrachten, ansprechen.

Brandreiterl, der Rothschwanz, auch Rothbräutel.

Branteln, Goldmachen.

Bratteng, der hundertjährige Kalender. (Pinzg.)

Brodalpen, Alpen, die auf Bergabhängen liegen.

Bsechnerinn, ein Weib, das die Wöchnerinn bedient.

Bseichen, wird im Gebirge von einer Kuh gesagt, welche aufhört, Milch zu geben.

Bseichkraut, (Zillerthal) die Mondsraute (Sieh naturhistor. Briefe. II. B. S. 339.)

Bue, jeder unverheurathete Bursche.

Bürschen, arbeiten. (Pinzg.) z. B. das Holz bürschen, vom Berge herabschaffen.

Büßer, ein Züchtling.

Bunzat, klein und dick.

D.

Dab, entkräftet, matt. (Gebirg.)

Dachl, die Dohle.

Dachtel, eine Ohrfeige, z. B. gib ihm eine Dachtel, d. i. eine Ohrfeige (auch in Oesterr. und Bayern): Der gemeine Mann braucht hin und wieder noch niedrigere Ausdrücke, z. B. Flaschen, Fotzen ꝛc.; beyde letztere auch als Rede- oder Zeitwort.

Da-

Dadanten, dort daben, z. B. Dadanten auf dem Felde (vielfältig im flachen Lande).

Daded, zuvor. (Pinzg.) So auch Dadöst, kurz zuvor.

Dakema, erschrecken.

Dam, Anton. (Pinzg.)

Damisch, zornig (auch in Bayern, anstatt wild, feindse= lig, zänkisch).

Dappet, ungeschickt (auch in Oesterr. und Bayern) de= pat. (Gebirg.)

Daxen, Fichten. (Pinus abies L.)

Debet, anstatt darum (in der Gegend von Waging).

Dengeln, die Sense oder Sichel ausklopfen.

Denk, link.

Dill, (Zillerth.) Feldkohl (Brassica campestris L.)

Dödig, (gleichsam todtähnlich), schwächlicht, kränklicht.

Doggen, Hifeln, Haufen Getreid. (Lungau.)

Dörnkuchl, Hagebutte. (Pinzg.)

Döstig, vor Kurzem. (Pinzg.)

Dorren, anstatt donnern, es dorrt, es donnert.

Doxn, dumm, eigensinnig. (Pinzg.)

Dräschtig, voll (im flachen Lande) z. B. heut is dräsch= tig im Wirthshaus.

Drahling, (Drehling) ein runder Holzblock, dergleichen z. B. nach Hallein getriftet werden.

Dreindl, Katharina. (Pinzg.)

Duck, eine Neckerey.

Ducken, neigen; bücken (auch in Bayern und Oesterr.)

Duech, der Schenkel, Duech, die Schenkel.

Dümpl, dunkel (um Werfen).

Dusel, Krankheit. (Gebirg).

Duseln, prügeln. (Pinzg.)

Dusen, dämmernd. (Pinzg.)

E.

E.

Eben, die Mutterschafe (Zillerth.)

Ehblöß, eine Weide in einem Walde. (Pinzg.)

Ehgarten, ein Acker, worauf man in einem Jahre Getreid, und im folgenden Gras wachsen läßt.

Ehgarthols, Traubenkirschenbaum.

Eigelbeere, um Salzburg, d. i. Heidelbeere (Vaccin. Myrtill. L.), Mostbeere im Zillerthale, Schwarzbeere im Pinzgau und Lungau.

Einbüssen, geschwängert werden, z. B. das Mädchen hat eingebüßt.

Eitel anstatt leer. Der Magen ist mir ganz eitel.

Elbe, Schafe, Elbe Wolle, eine Abart der gemeinen Schafe oder Wolle von lohbrauner Farbe.

Eller, die gemeine, die Schwarzerle.

Enten, jenseits, entüberi, hinüber.

Eßbrettail, (Eßbrettel) ein hölzerner Teller. (Gebirg.)

Esta, die Eßglocke auf dem Hause des Bauers, womit zum Essen geläutet wird. (Pangau.)

Ergo, anstatt also (ist sehr häufig im Thalgauischen).

F.

Fack, ein gemeines Schwein; daher Facklar, ein Milchferkel.

Fäustling, ein Handschuh, ohne abgesonderte Finger, (auch in Oesterr. und Bayern).

Fahren auf die Alm, das Vieh auf die Alpe treiben. (Gebirg).

Fanelle, der Hänfling.

Fantihab, Hausgeräthe (im flachen Lande, z. B. im Thalgauischen).

Farch, Föhre, Kiefer.

Fart,

Fart, das Rinnsal eines größeren Baches.

Fedatag, vorgestern (der Vordertag).

Fegginn, eine Blödsinnige.

Feichte, eine Fichte.

Feindsig, feindselig.

Feinla, oder feinla, nit gar feinla, nicht gar sehr.

Feldschachen, Gehölze inner Band und Stecken, umringt von den Feldern des Besitzers.

Fallwild, Steinböcke.

Fempitzen, flimmern.

Ferchen, die gemeine Forelle.

Fert, Ferten, im vorigen Jahre.

Fex, ein Narr von friedlicher Art, dergleichen man in der Hauptstadt und auf dem Lande viele umher gehen sieht, und die gerne lustiger Dinge sind.

Flecken, spotten, Fleck, Spottrede. (Pinzg.)

Flötz, Stubenboden, (Lungau) sonst das Vorhaus.

Flötzbirnen, Erdäpfel. (Zillerth.)

Floß, flot, auch ledig, nicht sehr fest, im flachen Lande, z. B. floß stricken.

Frischling, Schaf (Lungau).

Fruetig, gesund, kräftig, wohlauf.

Fruetla, geschwind, thus fruetla, thu's freudig.

Fuichen, eine Stute von 1, 2 und 3 Jahren.

Füchsling, ein Fäustling aus Fuchspelz. Pinzg.

G.

Gach (jähe), steil, auch zuweilen geschwind, z. B. gach-zornig anstatt jähzornig.

Galtvieh, unfruchtbares Vieh, z. B. Galtgoaß, eine unfruchtbare Geise, Geitvieh (Pinzg.)

Gamen, das Haus hüten.

Gamitzen, gähnen.

Game-

Gamsbart (Gemsbart), eine Art Strauß aus den Haaren der Gemse in Gestalt eines Halbzirkels.

Gamset (gemsicht), hurtig, schnell, munter. (Pinzg.)

Gankel, der Teufel.

Gankl, gut zu Fuß (um Werfen.)

Ganzer, ein Hengst.

Garig, gelegen, bequem. (Gebirg.)

Garißen, knarren, auch figürlich für wimmern, auch

Garißer, einer, der immer klagt.

Gartiren, herumstreifen.

Gassel, ein nächtlicher Besuch bey Mädchen, (auch in Bayern und Oesterr.) Gasselbue, aufs Gassel gehen, Gasselreim.

Gaufen, ein Handvoll, Aufgaufen, aufhäufen.

Gauschat, fett, aufgedunsen. (Pinzg.)

Gax, plötzlich (Lungau).

Gehwegtag, der Dienstentlassungstag (in der Gegend um Waging).

Geische, die Hütte eines Leerhäuslers.

Geläck, eine landesfürstliche Waldung, worin die Unterthanen ihre angewiesenen Holzbezirke zur Hausnothdurft haben; daher einen Wald verläcken, ausläcken.

Gelder, ein Gläubiger, Gerichtswort.

Gellnkraut, Schafgarbe. (Gebirg.)

Gemachtn, Magendampf. (Pinzg.)

Giescht, ein Zaunpfahl. (Pinzg.)

Gigal, Gigelar, (Zillethal) ein Schaf.

Gigginn, Schimpfwort der Männer in Pinzgau.

Glag, sanft erhöht. (Pinzg.)

Glaskuh, eine Kuhe, welche dem Kälbern nahe ist. (Pinzg.)

Glenkapfoad (im Pinzg.), das Oberhemd der Weibsleute.

Gmähn,

Gmähn, Zugvieh (Lungau.)

Gnad, gänzlich. (Pinzg.)

Gnädig, eilfertig, geschäfftevoll, z. B. er hat's recht gnädig.

Gneissen, bemerken, gewahr werden (auch in Bayern).

Goasbart, Ziegenbart, oder Haberwurz (Trapopogon prat. L.).

Goaskrack, (Pinzg.) das Ziegenvieh.

Goasküchl, Bergweidereich. (Zillerth.)

Godschenti, Potztausend.

Göth, Pathe.

Gothn, Pathinn.

Gottsleichnamstag, der Fronleichnamstag.

Gottsprich, als wollte er sagen.

Graan, besorgt seyn, sich grämen.

Grantig, zornig, unwillig, oder auch übler Laune.

Granten, die Preuselbeere (Vacc. vit. Idaea. L.) Grangen. (Pinzg.)

Gras, Gräser, so viel von einer Alpe, als ein Pferd oder ein Rind den Sommer hindurch für sich nöthig hat. Pferdegräser sind größer und theurer, als Kühgräser. Eine Alpe hat also so viele Gräser nöthig, als sie Stücke Vieh zu füttern hat, doch nach Verschiedenheit ihres Frasses.

Grassen, schneiteln. (Pinzg.)

Greatn, Bank vor dem Hause. (Lungau).

Greifl, ein wenig. (Gebirg).

Greinen, zanken.

Grassach, die zur Streue abgehauenen Fichten = oder Tannenzweige.

Groan, (gerathen) gedeihen.

Gröhans, diesen Augenblick (in der Gegend um Tittmoning.)

Grop-

Gropper, derjenige, welcher die Aufsicht über die Packer der Fuhrwägen hat.

Gruebig, frisch, kräftig.

Grundalpen, Alpen, die in einem Thale liegen.

Gschändtig, unverschämt im Fordern.

Gschnappig, schnippisch (auch in Bayern und Oesterr.).

Gscheiblich, rund, kugelformig.

Gschmoassen, schlank. (Gebirg).

Gschrams (schrems) über die Querre.

Gschwerr, die Maulwurfsgrille.

Gspadl, Schachtel (Gebirg).

Gsiehn, kosten, z. B. was gstehts? was kostet es? (Gebirg.)

Gsteist, brauchbar.

Gstobn, außer sich, wahnsinnig. (Pinzg.)

Gstraun, Hammel.

Gutla, (gütlich) sachte; so auch sich gütlich thun, wohl- seyn lassen.

Guggizer, der Gukguk.

Gugukas, Sauerklee. (Gebirg.)

Gutding, ziemlich.

Guwanit, nicht doch, (Gebirg.)

Gwalter, Kammer. (Gebirg.)

Gwalt Gottes, jedes großes Unglück, jede schwere Krankheit.

H.

Ha (das), das Heu. (Gebirg.)

Haar, Flachs, Aferhaar, der Spätflachs.

Haar, Verding oder insgemein Darangeld bey Verdin- gung der Dienstothen.

Haarröllerl, Bachstelze.

Habagoaß, eine Art Uhu.

Hädachfel, Eidechfe. (Gebirg).

Häpp, ein Stück Vieh (Lungau).

Halay, ein Blödfinniger, (wird im Pinzgau beynahe al=
lein, und als Schimpfwort gehört.)

Hail, glatt, fchlüpferig (auch in Bayern).

Hailskelpern, Halsbinde. (Lungau.)

Haimgarten, Hausbefuch; haigarfchten (Lungau).

Hainzl, die fchlechtefte Biergattung.

Hain= oder Weißbuche, der Ahornbaum.

Handling, eine Gattung Handfchuhe. (Gebirg.)

Hanföl, ein kurzes weibliches Oberhemd ohne Aermel.
(Gebirg).

Hantig, bitter.

Hapedifch, fröhlich (um Werfen).

Hapl, ein armer, gebrechlicher Menfch, auch ein folches
Thier, z. B. ein Goasvieh=Hapl. (Pinzg.)

Harb, (herb) gut, nit harb, nicht gut. (Gebirg.)

Harberne Leinwand, eine Leinwand aus gehecheltem
Flachfe.

Harml, das gemeine Wiefel.

Hareil, die Waldrebe,

Hart, die Crufte des Schnees, z. B. übern Hart gehen.
(Gebirg.)

Haxen, niedrig, Füffe (auch in Bayern u. Oefterr.)

Hauchet, eingebogen, gekrümmt, z. B. diefer Menfch
geht hauchet einher, d. i. eingebogen (auch in De=
fterr. u. Bayern).

Hedail (Heday), eine junge Ziege. (Gebirg).

Heilignftuck, ein Gebäcke oder Brod von befonderer Ge=
ftalt, das am Allerheiligen=Fefte gewöhnlich ift.

Hemmern, die weiße Nießwurze.

Hengft,

Hengst, Wallach, ein geschnittenes Pferd.

Herenter, dießseits.

Hetz, oder Eichelheher. (Corv. glandar. L.) (Zillerth.)

Heppinn (eine), eine Unke, (Proß. Bayer.)

Heustehn, aufrecht stehen: wird vorzüglich von Kindern gesagt, wenn sie lernen, ohne Hülfe aufrecht zu stehen.

Hiebl, ein Mund= oder Löffelvoll Speise. (Pinzg.)

Hies, Matthias.

Himmelbrand, oder Pinzg. Himmelföschzn (Himmel= kerze) das Wollkraut.

Himmelkuhel, die Sammetmilbe.

Himmellachen, wetterleuchten. (Pinzg.)

Himmlitzen, blitzen, wetterleuchten.

Hinschlingerinn, ein Weibsbild, das sein Kind abtreibt (Pang. Schimpfwort.)

Hinst, bis.

Hinterkommen, in die Wochen kommen (gemeine Volkssprache, hintrikôma.)

Hisch, wunderlich im Abbtenauischen (fast in Werfenschen.)

Hoadach, Heidekraut. (Erica vulg. L.)

Hoadn, Halde oder Blendte.

Hochgsehn, stolz, (Gebirg.)

Hockwurm, so wird jeder große Wurm genannt, z. B. die Natter, die Blindschleiche, vorzüglich die Ringel= natter.

Hödig, männlich, so auch ein hödiges Roß, d. i. ein Hengst.

Hörndl, Bergspitze. (Gebirg).

Höswuchs Hosenwurzel, (Orchis L.) Zillerth. (S. Na= turh. Briefe II. B. S. 350.)

Hötschepötschen, Hagebutten.

Hosenkracks, Hosenträger. (Gebirg.)

Hoß,

Hoß, der Platz unter dem Dache der Alphütte. (Pinzg.)

Huildern, der Boden unterm Dache. (Lungau.)

Humlete Goaß, eine Geise ohne Hörner. (Zillerth.)

Husig, hurtig, geschwind.

Hus, Haar (in der Gegend von Teisendorf).

Hutn, ein schlechter Abwischlappen von Leinwand.

Jühler P. 39

J.

Jährling, ein einjähriges Pferd.

Jätgoas, der Block, worauf man das Jätkraut im Kor-
    be stellt. (Pinzg.)

Jarka, ein Kinderröckchen.

Igawitz, der Bergfink.

Ilme, die, der Ulmbaum.

Imp, eine Biene, auch ein Bienenstock (der Imp.)

Jodl, der Stier, (Gebirg.)

Joppen, der Rock.

Item, ein Theil des liegenden Besitzstandes.

Juten, die Molke.

K.

Kaaren, necken (Pinzg.)

Käs, Gletscher in den hohen Gebirgen.

Kaelberl, ein Schaf. (Pinzg.)

Kätschgä, Käsekübel. (Lungau.)

Kaig, mit Dünsten überzogen, z. B. ein kaiger Tag.

Kalm, oder Kalwelle, eine 1 oder 1 1/2jährige Kuh,
    auch ein Rindl.

Kamlete Goas (Pinzg.) eine Geise ohne Hörner.

Kaser (die Kase) die Alpenhütte.

Kasig (Pinzg.) angenehm; käsig im übrigen Lande so
    viel als blaß, abfärbig, z. B. der Mensch sieht ganz
    käsig aus.

Kas

Raskruck, ein Geräthe, dessen man sich bey Verfertigung des Käses bedient.

Rebl, der gemeine Wersich oder Herzkohl.

Reblrabi, Kohlrübe.

Remmathn, Speisegewölbe (Pangauisch).

Renöl oder **Röhnl,** ein Graben in einem Bergwalde, in welchen das Holz herabgeworfen, oder geschoben wird.

Renten, zünden, ankenten, anzünden, einheitzen.

Reyen, werfen, umkeyen, umwerfen ꝛc.

Rilperlar (Zillerth.), die weibl. Schafe.

Rlasen, unzüchtig reden. (Gebirg.)

Rlampferer, Spängler.

Rlapf, Felsen. (um Werfen.)

Rleber, schwächlich (auch in Bayern).

Rleim auch **Oleim** (klein) nahe, dicht daran.

Rlöcken, knallen mit der Peitsche. (Pinzg.)

Rlotzen, anstatt Kletzen, gedörrte Birnen.

Rlug, sparsam, karg.

Rlumse (eine), eine Ritze.

Rneisl, eine Alpenspeise von einem aus Mehl und Eyern würfelförmig zubereiteten Teige, der in Butter oder Schmalz gebacken wird. (Pinzg.) Diese Speise nennen die Pangauer den **Schnuraus.**

Roch, Mus, Brey.

Rogel, eine kegelförmige Bergspitze. (Gebirg.)

Rranbach, Wachholder.

Rratzbeere, der hohe Brombeerstrauch. (Pinzg.)

Rraut, der weiße Kopfkohl.

Rrautsolln, das Behältniß des Sauerkrautes.

Rräutstocker, (Pinzg.) die Krautstengel, **Rrautstiegn.** (Pang.)

Rrein-

Kreinzenmacher, Korbflechter.

Krewand, Bank vor der Hausthüre (in Rauris).

Kröchn, gerade. (Pinzg.)

Krón, Krähe.

Kruecken (Krücken) Füsse, (Gebirg.)

Kucheln, die Mädchen in der Küche besuchen. (Pinzg.)

Kudern, schäckern, **Kuderwoche**, die erste Woche nach der Trauung, soviel als Schäckerwoche.

Kühbue, der Stier. (Gebirg.)

Kuibig, wolkicht, trübe. (Gebirg.)

Kuchelmärgen, Speisebehältniß (in Rauris).

Kühhüten, Spaß verstehen (Pangau.)

Küesse, ein weibl. Kalb (Zillerth.) **Kusel** im übrigen Gebirge.

Küttel, weiblicher Rock, **Unterküttel**, Unterrock.

Kund, Liebhaber.

L.

Lab, in der verstümmelten Aussprache, ein Laub, lau; auch abgeschmackt, z. B. ein laber Mensch.

Lábn, Vorhaus (Lungau).

Lähne, Lauine, abgerollte große Schnee = Sand = oder Steinklumpen.

Lämpern, plaipern, plaudern (Lungau).

Lämpitzen, Mutterschaf.

Lagel, Viertel, Rotte. (im Zillerth.)

Lanta, ein Thor in einem Feldzaune. (Gebirg.)

Lanz, Lenz, **Lanzkorn**, Frühkorn.

Lanzing, Lenz.

Lasiter, Salpeter (Zillerth.) daher **Lasiterer**.

Lassig (lässig) ohne Gedränge. Z. B. in der Kirche war es ganz lassig. Man gebraucht es auch anstatt ungeschäfftig.

Latsch·

Latschbock, Gemsbock. (Gebirg.)

Latsche, der kleine Alpenkiefer. (Pinast. Pumilio L. Zillerth.) Latschach. (Pinzg.)

Laube (die), ein Fisch, der Weißfloßer (Cyprin. Gris-
lag.)

Launen, launen mit jemanden, (auf jemanden Verdruß
haben.

Laut, gut, schön, herrlich z. B. hier ist's laut; das ist
ein lauter Mensch; ein Mensch von lauter Raren.

Leba, viel. (Pinzg.)

Lecker, die Zunge (niedrig).

Leger (eigentl. Lager) die höhere, oder niedrigere Abtheilung einer Alpe, um das Vieh stufenweise hinanzu-
treiben.

Leggn, Lögn, Legföhre. (Pinus sylvestris.)

Leichen, loachen, betrügen, hintergehen, bevortheilen,
z. B. Ich will dich loachn (auch in Bayern).

Leicht, nämlich; z. B. woaßt leicht.

Leimahorn, der Spitzahorn.

Leinernes Holz, weiches Holz (im Thalgauischen).

Leitakoch, die Hefen, welche bey der Zubereitung des
Schmalzes übrig bleiben. (Pinzg.)

Leiten, ein Feld oder Acker auf dem Abhange eines Hügels.

Lembig anstatt Lebendig.

Leser, der Magen des Rindviehes.

Letz, schlimm, z. B. das ist letz, das ist schlimm, ein
letzer Mensch, ein schlimmer Mensch.

Liederla, sogleich (im Thalgauischen).

Loden, ein aus Schafswolle verfertigtes Tuch.

Loder, loda anstatt locker.

Lodern (dahin lodaan) nachläßig daher gehen. (Gebirg).

Loder (Pinzg.), der Stier.

Loderinn, ein Weibsbild. (Pinzg.)

Lön, so viel als das Bayerische lind, weich.

Lötschenmeister, Niederleger.

Losen, horchen, zulosen, zuhören.

Lüftig, geschwind.

Lus, ein Wiesengrund. (Gebirg.)

M.

Ma, Mähre, Geschichte. (Gebirg.) z. B. a noi Ma, eine Neuigkeit.

Mada, Marder.

Magirn? Kann ich davor? (Pangauisch.)

Magn, der Mohn. (Papav. somnifer. L.)

Mahd, Wiese, Bergmahd, Bergwiese.

Mahrinn, ein Schimpfwort, welches Verliebten gegeben wird, die ihre Liebe nicht zu verbergen wissen. (Pinzg.)

Mais, (Moas) ein Verhau, oder eine Stätte, wo ein Wald abgetrieben worden ist.

Mangl, Manglkatz, Murmelthier. (Gebirg).

Masinn, eine alte Stutte. (Pinzg.)

Mau, mürbe. (Pinzg.)

Maulizn, zanken. (Pinzg.)

Maurachen, Morcheln (Phall. escul. L.)

Maymilli (Maymilch) der Schaum bey der Bereitung der Butter. (Pinzg.) Tunk. (Zillerth.)

Medall, (Madan. Pinzg.) Maria.

Meiz, Mädchen. (Pinzg.)

Menze, (Zillerth.) eine Kuh, die man länger als gewöhnlich nicht zum Stiere läßt, oder menzt.

Milch

Milchdoip, gemeiner Augentrost. (Euphrasia officin.)

Miema, (Mirmen) zueignen.

Mißsüchtig, fränklicht, verdrossen.

Mittler, mittelmäßig, z. B. ein mittler Haar, ein mittelmäßiger Flachs.

Möscht, Martin. (Pinzg.)

Molthund, der Sumpfsalamander. (Lacerta palust.)

Monathblümchen, die gemeine Maßliebe.

Moosbeere, die Heidelbeere; hiervon Moosböfleck, ein flaches Stück, das aus diesen zu Brey gesottenen und mit Mehl vermengten Beeren als Arzeneymittel verfertiget wird.

Mooskuh, die Rohrdrommel.

Muessa, das Vorhaus. (Pinzg.)

Mücken, Bohnensäulen (Lungau).

Münach oder Münch, ein verschnittener Ziegenbock.

Mürchn, Mittwoch. (Pinzg.)

Murgeln, fallen. (Pinzg.)

Murmamentl, Murmelthier, auch Manglkatz im Pinzg.

N.

Nacht, gestern Abends. (Gebirg.) auch Znachtn und nachtn im flachen Lande.

Nachthoal, Abendessen (Pinzg.)

Nachtroas, Nachtbesuch (im Thalgau und in der Gegend).

Nackeln, etwas locker machen, z. B. an etwas nackeln.

Namla, nämlich, z. B. es ist namla wahr.

Napfitzen, schlummern.

Napn, Athem. (Pinzg.)

Narritzn, foppen. (Gebirg.)

Nase (die), ein Fisch, der Nasenfisch (Cyprin. Nasus).

Net:

Netter, netta, genau, netter so viel, genau so viel,
    netter daher wirft er, gerade, oder genau ꝛc.

Neuling, ebenerst (im Thalgauischen).

Nocken, ein Hügelchen in einer Pfütze. (Pinzg.) Sonst
    eine Art Mehlspeise, z. B. Butternocken (auch in
    Bayern).

Nohaintling, noch. (Gebirg.)

Noharist, nunmehr. (Gebirg.)

Nuesch, Dachrinne. (Pangauisch.)

O.

Oaterbatzen, (Eiterbatzen) Stachelbeere.

Oberes, der Rahm (bayerisch) oder die Sahne.

Obstn, die Vorhalle der Kirche. (Gebirg.)

Oed, traurig, ein öder Mensch, ein trauriger Mensch,
    auch, mir ist öd im Magen, anstatt übel.

Omahl, unter dem Abendessen. (Pinzg.)

P.

Pabl, Schlingenbaum (Viburn. Lont.) (Pinzg.)

Palfen, eine Felsenwand. (Gebirg.)

Pantschen, gelind peitschen; ein Kind pantschen; figür-
    lich, das Bier pantschen, durch Zuguß schlechter
    machen.

Parkeln, hin und her schwanken.

Pastöck, die Männchen des Hanfs (Cannab. sativa L.
    mas.) (Pinzg.)

Patz, das Aeußerste, z. B. auf die Patz köma, auf
    das Aeußerste kommen. (Pangau.)

Peterbart, die Waldrebe (auch Rateinl, und Wald-
    strick. Pinzg.)

Peterschlüssel, Mondsraute.

Peun-

Peunten, eine eingezäunte Wiese; auch Point.

Pfaid, Hemd.

Pfanne, eine, Holz, oder 60 Klafter Drahlinge (runde Holzblöcke).

Pfeifmutter, die, der Schmetterling oder Weinfalter. (Pinzg.)

Pfennwerth, Feilschaften, allerley Pfennwerth, allerley Feilschaften von Lebensbedürfnissen, z. B. Butter, Schmalz.

Piron, die Gabel. (Gebirg.) Pira um Teisendorf.

Poasselbeeren, die Früchte der Berberisstaude.

Plaicke, Erdfall, eine Abplaickung, eine abgefallene Wiese, eine Grundlähne. Ploack. (Pinzg.)

Plattat, unklug.

Plodern, von Kleidern, welche zu weit sind (auch in Tyrol, Bayern und Oesterreich.)

Plödderig, (gleichsam plauderig) plauderhaft, beredt. (Pinzg.)

Podach, der Hintere. (Gebirg.)

Podig, der Rumpf, oder der Leib ohne Kopf. (Pinzg.)

Poschandla, angesehen. (Pinzg.)

Prachten, sprechen.

Progeln, prahlen.

Prowenken, wenden, auch bewegen, z. B. Er prowenkt sich nicht; er bewegt sich nicht. Das Kleid prowenken, das Kleid wenden.

Pußschar, Naderinn, weibl. Schimpfwörter im Pangau.

R.

Raiten, rechnen, Rait, Rechnung, abraiten, abrechnen, Abrait, Abrechnung, Raitmeister, Raitmeisterey, Rechnungsmeister, Rechnungsmeisterey. Ran-

Ranten, Possen.

Rantig, prächtig.

Ranzen, sich strecken.

Rapfig, holpericht.

Rappig, ausfätzig. (Gebirg.)

Raß, herb. (auch in Bayern und Oesterr.)

Raß, eine Gattung Zeug aus Wolle und Flachs.

Raukizen, kläglich thun oder reden.

Refirig, vernünftig oder geschickt, z. B. ein refiriger
    Mensch.

Regeln, großsprechen. (Gebirg.)

Reitbrennen, das Verbrennen des ausgereuteten Un=
    krauts, oder der jungen Ellern, um den Boden zum
    Graswuchse zu bereiten.

Rem, Brücke. (Pinzg.)

Remp, Hirschkuh.

Renner, Rechnungs = Auszug, auch wohl Register.

Resch (von rasch), z. B. das Brod ist resch (neugebacken),
    dieser Mensch ist resch; er hat mich resch angeredet.

Reteln, Hausbesuch in der Küche.

Ribisel, Johannisbeere.

Ridel, ein Hügel. (Pinzg.)

Riderisch, zäh, z. B. ein riderisches Fleisch (auch in
    Bayern).

Riefeln, Schloßen.

Riefen, eine Art Graben zwischen langen Bäumen, zur
    Abrollung des Bergholzes.

Riggroamat (Riggrumet), das Gras, welches nach der
    Getreidärnte wächst; so auch Rigrüben, Rüben,
    welche auf den Ort gesäet werden, wo ehevor Getreid
    stand.

Rize

Ritze (Zill.) eine Kuh von dunkelrother Farbe, mit einer weißen Binde über den Rückgrat gezeichnet.

Röckel, weibl. Leibchen, oder Korset.

Röhrn, weinen.

Rogl, locker.

Rosen, das Getreid reinigen; auch figürlich, im Spiele verlieren. (Pinzg.)

Roßbauche, eine Pflaumenart. (Zillerth.)

Rothbrantel, das Rothschwänzchen, Brandreiterl. (Pinzg.)

Rüepl, Rupert (auch in Bayern und Oesterr.)

Rübeln, wiehern.

Rügat, eine Gerichtsabtheilung.

Rund, lustig, angenehm, z. B. ein runder Mensch.

Rupfen, eine aus Werg bereitete Leinwand.

Rüstgeld, eine jährliche Abgabe zur Landschaft, 5 Kr. 2 Pf. von 100 Fl. Steuerkapital, wovon die sogenannten geschriebenen Feuerschützen frey sind.

S.

Sagmehl, Sägemehl) Sägespähne.

Sagra oder **Sagara,** die Sakristey.

Salde, eine Kuh mit wagerechten Hörnern. (Zillerth.)

Sampinn, eine garstige, unfläthige Person weiblichen Geschlechtes.

Sapin, eine krumme, spitzige Haue. (Gebirg.)

Sattel, der Rücken eines Berges. (Gebirg.)

Sauer, feucht. (Pinzg.) z. B. ein saures Holz.

Säuer, der Sauerschotten.

Schalbossen, oder schalhausen, kalmäusen. (Pinzg.)

Schargn, den Dünger zusammenhäufen. (Gebirg).

Scharling, Bärwurz (Herac. sphondyl. L.)

Schar:

Scharten, der Rücken eines Berges, welcher eine scharfe Vertiefung hat.

Schatzen, sprechen.

Schauben, Küttel (im Abbtenauischen) Schäubn, (Lungau.)

Schaufel, (Pinzg.) niedrig, anstatt Vorderfuß.

Scheindsgeld, Kleingeld (Lungau).

Scher, der Maulwurf.

Scherm, (Schirm) ein Stall oder Unterstand für das Vieh. (Gebirg.)

Scherz, ein Stück Brod. (Brodscherz) (auch in Bayern).

Schicht lassen, oder machen, die Arbeit beschließen. (Gebirg).

Schider, auch schitter, undicht.

Schiech, garstig.

Schlänkeln, aus dem Dienste treten, z. B. der Schlänkl tag, der Tag, an dem man aus dem Dienste tritt.

Schlaun, geschwind vor sich gehen, z. B. es schlaunt ihm; es geht ihm schleunig von der Hand.

Schlecht, klein, z. B. ein schlechter Mensch, ein kleiner Mensch.

Schmeldmahd, eine Bergwiese, die nur saures, dürres Gras hat. (Gebirg.)

Schmidkäfer, Hirschschröter.

Schnackeln, mit der Zunge knallen.

Schnatzig, vorwitzig. (Gebirg.)

Schneid, Muth, z. B. der Mensch hat Schneid; auch der schmahle Rücken eines Berges.

Schneider, der langbeinige Spinner.

Schnödahüpfl, kurze Reime aus dem Stegreife.

Schöber, übereinander aufgehäufte Garben.

Schöppern, klirren, klingeln (auch in Bayern).

Schopf

Schöpfmeise, die Haubenmeise.

Schottig, abgeschmackt. (Pinzg.)

Schräg, eine Art Befriedigung aus Stangen, welche nach Belieben errichtet und wieder weggenommen wird.

Schratz, oder **Sambeiß,** der Flußbarsch.

Schustervei̇geln, der Frühlingsenzian.

Schwarzelsenbaum, der Traubenkirschenbaum.

Schwärtling, hölzerne, auf einer Seite runde Läden, von der Oberfläche des Baumes abgesägt.

Schwendten, die Samenloden des Nadelholzes an einem Orte abtreiben; auch soviel als abholzen.

Schwindholz, Jahrgetriebe der Eschen.

Senden, das Heidekraut, welches vielfältig große Strecken überzieht, und woraus Besen verfertiget werden.

Sendinn, eine Viehmagd auf den Alpen.   **Sender,** Viehhirt daselbst.

Sideln, Beichtstühle (im Thalgauischen).

Sinnlich, betrübt, z. B. er sieht ganz sinnli drein, so viel als nachsinnend.

Sönnern, sonnen.

Solle, eine hölzerne Hütte der Köhler oder Holzhauer auf Bergen. (Gebirg.)

Soller (Solla) der Gang über dem ersten Geschosse eines Hauses von Außen. (Pinzg.) das Vorhaus (Pang.)

Spannbüchl (auch Büchl allein) eine Spahnfackel, d. i. eine Fackel aus dünngespaltetem Holze. (Gebirg.)

Speik, eine Art Alpenpflanze. (Aretia alpina L.) Sieh Naturh. Briefe II. B. S. 363.

Spielleute, anstatt Musikanten (auch in Oesterr. und Bayern.)

Spinner, ein Ochs, der noch als Kalb verschnitten wird.

Spinnerinn, die Hausspinne.

Spön=

Spönling, Spilling. (Prunus domest. praecox.) (auch in Bayern.)

Spaiche, (Zill.) eine Ziege, die ein Jahr lang wider ihre Gewohnheit unfruchtbar blieb.

Stad, stille (auch in Bayern und Oesterr.)

Strah, Streu, Strahleiten, Unordnung. figürl.

Straucken, Schnuppen.

Steinhennel, (Stoanhändl) Berghuhn.

Steinrösel (Steinröschen) Rhodod. hirsut. L.)

Sterchen, ein männl. Schwein.

Sterr, Mietharbeit, in die Sterr gehen, auf die Arbeit zur Miethe gehen, insgemein von Schneidern, Schustern, Näherinnen gebräuchlich.

Stickl, steil. (Gebirg.)

Stieleiche (die), die Kohleiche.

Stifler, hölzerne Stangen mit 3 bis 4 Zoll langen Aesten, worauf die Garben gelegt werden, um daraus Schöber zu machen.

Stigl, (Steige) eine Art Stiege oder Leiter an einem Feldzaune.

Stihl, Christian. (Pinzg.)

Stoangadn, das Speisegewölb. (Pinzg.) Remmetn, (Pang.)

Stockante, die gemeine Wildente.

Stridori, Schreibzimmer (Gebirg) auch Verschlag. (Lungau.)

Striem, Strieminn, ein Mensch beyderley Geschlechts, welcher taub und stumm zugleich ist.

Summeraun, das im Frühling gefällte Holz zum Austrocknen liegen lassen. (Gebirg.)

Surmer, (Zill.) eine Mauerschwalbe.

T.

T.

Tagbau, ein Morgen Acker, ungefähr so viel, als man in einem Tage mit 4 Pferden umackern, eggen, und besäen kann: eigentlich von 6 — 700000 □ Fuß im Gebirge.

Tagweide, ein Stück Wiese, das eine Kuh an einem Tage abweidet.

Tamalischken, der deutsche Tamariskenstrauch (Tamarix germ. L.), woraus ein Oehl bereitet wird, das man sehr hoch schätzt. Die Stäbe werden ausgehohlt, und als Röhre zum Trinken gebraucht, damit kein Gift schaden könne.

Tangeln, soviel als Nadeln, **Tangelholz**, Nadelholz.

Tapfer, kräftig, z. B. tapfer darauf arbeiten.

Terzen, ein Ochs, der als dreyjährig verschnitten worden ist.

Tränzen, weinen.

Thörisch, taub. **Großghörig**. (Pinzg.)

Tratten, Gemeinweide, auch als Redewort, tratten, sein Feld zur Weide brach liegen lassen.

Traubeneiche, die Haseleiche.

Trenkfack, ein Bube (niedrig) Pinzg.

Tretten, Viehställe auf den Alpen. (Gebirg.)

Tuch, Leinwand, z. B. ein härbenes Tuch, eine feinere Art Leinwand.

Türken, Mays (Zea Mays L.)

U.

Valtl, Valentin. (Gebirg.)

Vanötn, darum.

Uebasted, genug. (Pinzg.)

Vergeben, vergiften.

Uebarechtinn, eine unfruchtbare Kuh. (Pinzg.)

Ueberlaßt,

Ueberigst, unvermuthet (im Thalgauischen) z. B. Ueberigst bin i da.

Uerisen, verschwenden. (Pinzg.

Verleutgeben, feilhaben.

Verschändeln, verunstalten.

Viel, so, anstatt sehr, so viel schön, so viel kalt, (von dem Ital. tanto bello, tanto freddo.

Undanks, unversehen. (Pinzg.)

Undera, unbaß (im Thalgauischen).

Unend, Possen, z. B. Der Mensch ist voll Unend.

Ungleichs, unerlaubt, ungesittet.

Ungut, übel.

Ungwerben, ungelegen. (Pinzg.)

Unheimlich (unhoamla Pinzg.) spuckend, z. B. hier ists unheimlich, hier spuckts.

Unöd, lustig. (Gebirg).

Unsattig, sehr. (Pinzg.)

U. L. Frauen Vogel, die Schwalbe.

Untern, der, das Abendbrod.

Unzhero, ein altes Kanzleywort für bisher.

Voneh, vorher.

Votz, der Mund.

Urbacha, herüber. (Pinzg.)

Urkauf, Geld zum Ankaufe.

W.

Wallitzen, flattern, in die Luft wehen. (Gebirg.)

Wandel, gerichtl., so viel als Geldstrafe, daher Gerichtswandel, jemanden abwandeln.

Wandschopper, der Mauerspecht. (Gebirg.)

Waulen, jammern. (Pinzg.)

Wax, sehr gut, z. B. ein waxer Wein, waxer Mensch.

Wegst

Wegst, beynahe. (Pinzg.)

Wegnarr, der Molch. (Lacerta Salam. L.)

Weinbeere, die Früchte der Johannisbeerstaude. (Ribes rubrum L.)

Weisen, ins Weisat gehn, der Wöchnerinn ein Geschenk bringen.

Weißfuß, ein alberner Mensch, weißfußet, angschrieben, abführig, schottig. (Gebirg).

Well, (Pinzg.) der Stier.

Wexeln, (Zill.) Wespen.

Wienerruben, Kartoffeln. (Pinz.)

Wildkerschen, (Zillerth.) die Früchte der Johannisbeerstaude.

Wildniß, eine Krankheit. (Gebirg.)

Wörgl, (Zill.) der Grünfink.

Woita, ziemlich, z. B. woita viel.

Z.

Zdubern (S. oben Roßbäuche.) Zill.

Zag, ein Zugochs (Pinzg.), auch Zugvieh überhaupt.

Zageln, Würmer auf dem Sauerkraute. (Zill.)

Zain, Haufe, aufzainen, aufhäufen.

Zam mi', es deucht mich (in Rauris).

Zargn, der Rand. (Pinzg.)

Zasan, ein Lappen. (Pinzg.)

Zascht, Ziererey (Pinzg.), daher zaschtig, ein Mensch, der Umstände macht. Zaschtskäfernsadla, ein Pinzg. Schimpfwort.

Zaunschlüpferl, der Zaunkönig.

Zeck, eine Art Milbe, z. B. der Hundszeck, die Hundsmilbe. Zeck wird überhaupt die Kuhmilbe genannt.

Zeitn, früher. (Pinzg.)

Zens, Vincenz. (Gebirg.)

Zestag, ein ungewisser Tag, (in der Gegend um Teisen=
, dorf.)

Zettach, die kleineren Sträuche mit Beeren.

Zetten, die kleine Alpenkiefer (Pinast. Pumilio L.)

Zirschen, Zirbelbaum. (Zill.)

Zistl, ein Handkörbchen.

Zitterbirke, die Zitterpappel.

Zkeit (zerkeyt), außer Fassung, z. B. er ist ganz zkeit.

Zmorgen, am Morgen.

Znachts, am Abend.

Zoamas, Käse und Schotten. (Gebirg).

Zugeln, gehen. (Pinzg.)

Zum Hörikait, soviel, „als wollte er sagen. (im Thal=
gauischen.)

Zuren, (Zill.) die Schnarre (tardus viscivorus L.)

Zurr, die Misteldrossel.

Zuserisch, sehr sparsam.

Zwagen, waschen (auch in Bayern und Oesterr.)

Zwegen kommen, zum Vorscheine kommen.

Zwo oder zwe, warum? Zwo denn? Warum denn?

Salzburgische Bibliothek
in Bezug
auf allerley Beschreibungen des Erzstiftes.

Wir machen hiermit eben nicht Anspruch auf Vollständigkeit:
Wie könnten wir das, da nirgends eine inländische
Bibliothek mit einer auch nur mittelmäßigen Sammlung von das Erzstift Salzburg betreffenden Schriften
vorhanden ist? Von einzelnen hier und da in ganzen
Werken, oder Journalen zerstreuten Aufsätzen kann ohnehin die Rede nicht seyn; indem hierzu mehr als eines
Mannes Alter, und mehr als eines Privatmannes Vermögen erforderlich wäre. Doch glauben wir, das Vorzüglichste und Merkwürdigste gesammelt zu haben, und
in dieser Rücksicht den Dank unserer Leser zu verdienen.
Das Fehlende wird Hr. J. Th. Zauner ersetzen, welcher eine solche Bibliothek in der Vorrede zu seinem Corpus
juris publici Salisb. versprochen hat. Er hat vermuthlich eine lange Zeit gesammelt, und wird also seinen
Landesleuten etwas Vollständigeres liefern können.

I. Geschichte.

Notitia imperii occidentalis vltra Arcadii, Honoriique
tempora (in Graevii Thes. Antiquit. T. VII.).
Eginhardus. Vita et Annales Caroli magni.
B. Fl. Alcuinus, Car. M. Magister (Edit. Frobenii).
Godefridi Viterb. Pantheon.
Aventini Annales Bavariae.

R r r   Mar-

Marci Velferi Annales Boiorum.

C. Baronii Annales Ecclef.

Hieronym. Megifers Kärntnerifche Chronik.

P. Raderi S. J. Bavaria fancta.

P. Brunneri S. J. Annales Boici.

Adelzreiter von Tettenweiß Annales Boic. Gentis.

Mabillonii Acta Sanctorum Ord. S. Benedicti.

Acta Sanctorum Bollandi etc.

P. Hieron. Pezii Scriptores Rerum Auftriae (Tom. II.
   pag. 427. Chronic. Salisb. vsque 1495.)

P. Bernard. Pezii Thefaur. Anecd. nquiffim.

P. Hanfitzii S. J. Germania f. Tom. II. Archiep. Salisb.

Chronicon Gottwicenfe.

P. Meichelbeck Hiftor. Frifingenfis.

Peters von Ludewig Reliquiae Manufcriptorum.

Antiquitates Nordgavienfes Falkenfteinii.

P. Stadler S. J. Baierifche Gefchichte.

Oefele Scriptores rerum Boicarum.

Heumanni opufcula diplomatica.

Jof. Refch Annales Ecclefiae Sabionenfis.

Jul. Caefaris Aquilini Annales Ducatus Styriae.

Monumenta Boica Monachii.

Gelehrte Abhandlungen der Baierifchen Akademie der Wif-
   fenfchaften.

Geh. R. von Loy Bayer. Bergrecht.

— — Auszug der Gefchichte Bayerns.

Von Ofterwald ꝛc. Bayrifche Kirchengefchichte IV. B.

J. N. Mederer Beyträge zur Gefchichte Bayerns.

Cathalogus Archiepifcoporum bis auf Erzbifchof Leonard.
   Deutfch. 1519.

De Introitu B. Rudberti (Nachr. von Juvav. Anhang S. 7; auch in Canisii Antiqu. Lection. und eine ähnliche Lebensbeschreibung in Papebrochii Tom. III. p. 702).

P. Canisii S. J. Antiqu. Lection. (worin verschiedene Salzb. Chronifen nebst eben angeführter Lebensbeschreibung abgedruckt find.)

Cathalogus Abbatum S. Petri Salisburgi. 1646. (von Abbt Albert.)

Historia S. Amandi Episc. Wormat. a S. Ruperto Salisb. transl. 1661.

Disquisitiones in vitam et miracula S. Vitalis etc. 1663.

Relatio historica de corpore S. Martini Episc. Thronenf. ex Gallia Salisb. delati. 1664.

Bellum Rusticum Salzburgense, per Egidium Rem a Conf. Arch. Matth. Lang. Salisb. 11. Nov. 1525.

Hundii Metropol. Salisburg. cum Annotat. Gewoldi. T. III. 1660. Fol.

Franz Dückers von Haslau und Winkel Salzburgische Chronika. 1666.

Brevis Historia de origine, Confecratione et reparatione fpeluncae ejusque capellae in monte prope Coemeterium S. Petri 1661.

P. P. Josephi, Francisci, et Pauli Metzger Historia Salisburg. 1692. Unter dem größeren Titel: Historia Salisburgensis, hoc est, vitae Episcoporum et Archiepiscoporum etc. in fol.

Historia almae et Archiepiscopalis Univerfitatis Salisburgenfis fub cura PP. Benedictinorum. Prodit nunc primum opera et studio R. P. ** Presbyteri et Monachi Benedictini e congregat. S. Blasii in filva nigra. Bonndorfii 1728 in 4. (Von P. Roman Sedelmayr

verfaßt, und nach deſſen Tode von P. Joſ. Porta in
Druck gegeben.)

Der allerneueſte Staat des Erzbißthums Salzburg und der
darunter gehörigen vier Mediatſtifter. Halle. (von J.
J. Schmauß.)

Aktenmäßige Geſchichte der berühmten Salzb. Emigration
von J. B. Cáſparis, überſetzt von F. X. Huber. 1790.
Salzb. in der Mayr. Buchhandlung.

J. G. Schellhornii de Religionis evangelicae in Provincia
Salisb. ortu, progreſſu et fatis Comment. Hiſtorico-
Eccl. Lipſiae. 1732.

Der Salzbund Gottes mit der evangeliſch-Salzb. Gemeinde von Conr. Rieger. 1732.

Beytrag zur Kirchenhiſtorie des Erzbißthums Salzburg,
welcher nicht nur die großen Bewegungen anzeiget, ſo
ſchon A. 1528 und 63 in demſelben vorgegangen; ſondern auch, was ſich nur in vorigen Saeculo mit den
Tefferecker Thalleuten begeben. Von J. B. Hillinger
Superintendenten zu Salfeld. Jena, 1732.

Vollkommene Emigrationsgeſchichte von den aus Salzburg
vertriebenen Lutheranern von Gerh. Gottl. Günther
Göcking. II. Th. Frankfurt und Leipz. 1737.

Aktenmäßiger Bericht von der ſchweren Verfolgung der
Evangeliſchen in dem Erzbißthume Salzburg. Von
Joh. Jak. Moſer. Zwey Theile. 1732. in 8.

Salzburgiſche Emigrationsakta von Joh. Jak. Moſer.
12 Stücke. Frankfurt und Leipzig 1732 und 1733. 8.

Unparteyiſche Abhandlung von dem Staate des hoh. Erzſtifts Salzburg und deſſen Grundverfaſſung zur recht-
lich- und geſchichtmäßigen Prüfung des ſogenannten
juris regii der Herzoge in Bayern. 1770.

P. Gregor. Zallwein O. S. B. Principia Juris Ecclef. Aug.
Vindel. 1763. (De praerogativis et juribus fpec. Ecclef. Metropol. Salisburg. T. IV.)

Noviffimum Chronicon antiqui Monafterii ad S. Petrum.
Salisb. Auctore Rev. Abb. Beda. Aug. Vind. 1772.

Auszug der neuesten Chronik des alten Benediktiner Klo-
sters zu st. Peter, verfaßt von P. Placidus Berhands-
ki, Profeſſen daſelbſt. Augsburg 1782.

Saecularis memoria defunctorum, five compendium vitae
et mortis Religioforum, qui in Monafterio ad S.
Petrum Salisburgi Ord. S. Benedicti ab anno 1682
usque ad an. 1782 obierunt. Salisburgi 1782. 8.

Alma mater, Salisburgenfis Metropolitana fedes in filias
Seccovienfem et Lavantinam epifcopales Ecclefias
datis novis digniffimis fponfis feliciter beneficia.
1703 et 1704. Salisburgi 1704. fol. (von Franz
Ign. Woller, Lehrer des Codex ꝛc. an der Univerſi-
tät. Von ihm iſt eine ähnliche Rede auf die Confir-
mation des Bischofs von Sekkau, Grafen Jof. von
Lamberg. 1712. fol.)

Nachricht von der Salzburgischen Rechtslehrer Leben und
Schriften, in Daniel Nettelbladts Halliſchen Beyträgen zur juriſt. Gelehrten-Hiſtorie III. B. S. 65 —
100.

Nefrolog einiger in diesem Jahrhunderte verſtorbenen
Salzburg. Rechtslehrer in des Hn. Prof. Siebenkees
juriſt. Magazin I. B. S. 514 — 527 (von Licent. J.
Th. Zauner).

Applaufus comicus S. Ruperto Wormatia per injuriam
depulfo Juvavii excepto primo Epifcopo ad Tro-
phaeum de mundo reportatum editus *Paridi* illuftrif-
fimo Principi et Reverendiff. Archiepifcopo folem-
ni

ni ritu fuam metropolim ingreſſo. Salisburgi 1621
(von P. Andreas Vogt).

Nachrichten vom Zuſtande der Gegenden und Stadt Juvavia von und nach Beherrſchung der Römer bis zur
Ankunft des h. Ruperts, und von deſſen Verwand-
lung in das heutige Salzburg. Salzburg in der Wai-
ſenhausbuchhandlung. 1784. fol.

Basnage Chronic. Salisb. II. B. S. 97. Topograph.

Chronicon Reichersbergenſe.

Chronicon Lunaelacenſe.

P. Floriani Dalham Concilia Salisburgenſia.

Vindiciae adverſus Sycophantas Juvavienſes. Coloniae
apud Pet. Marteau. 1741. in 4. (von Joh. B. von
Caſparis.)

Memorabilia Eberhardi II. Juvav. quondam Archiepiſco-
pi &c. 1780 in fol. (Eine Confirmationsrede von Hn.
Prof. Johann Karl von Koſtern).

Chronik von Salzburg, von Jud. Th. Zauner. I. Th.
Salzburg 1796. bey F. X. Duyle in 8.

Die in den Archiven des Hofes, des Domcapitels,
des Kloſters zu ſt. Peter u. a. m. befindlichen codices ma-
nuſcripti ſind in den Nachrichten von Juvavia (am Eingange dieſer Schrift) genau angezeigt.

II. Statiſtik.

L. Hübners Beſchreibung der Haupt- und Reſidenzſtadt
Salzburg. Zweyter Band. 1794. 8.

— — Beſchreibung des Erzſtifts Salzburg. 3 Bände 1795
und 1796. 8.

J. Th. Zauners Auszug der wichtigſten hochf. Salzburg.
Landesgeſetze. III. Bände. Salzburg in der Mayr.
Buchhandlung. 8. 1785. 1787 und 1790.

J.

J. Th. Zauner Corpus Juris publici Salisburgensis, oder
Sammlung der wichtigsten, die Staatsverfassung des
Erzstifts Salzburg betreffenden Urkunden. Salzburg
in der Mayr. Buchh. 1792. 8.

— — biographische Nachrichten von den Salzburg. Rechts-
lehrern, von der Stiftung der Universität an bis auf
gegenwärtige Zeiten. Salzburg in der Waisenhaus-
buchh. 1789. 8.

— — Syllabus Rectorum. Salisb. 1792. 8.

Conspectus et status totius Archidioecesis Salisburgensis.
MDCCLXXII. Salisburgi.

Die jährlich herauskommenden Hofkalender oder Schema-
tismi des Salzb. Hofstaats rc.

Unpartheyische Abhandlung, ob den Herzogen in Bayern
das von so vielen hochgepriesene Jus regium in Ecclesiasticis zustehe rc. Frankfurt und Leipzig 1762. in 4.
(von I. C. Rathe, eigentlich von Hn. Prof. J. Phil.
Stainhauser von Treuberg.)

Vertheidigte unpartheyische Abhandlung, ob den Herzogen
in Bayern das von so vielen hochgepriesene Jus regium in Ecclesiasticis zustehe rc. Frankfurt und Leipzig 1763. in 4. (von dem nämlichen).

Lanndtäding des hochfürstl. Salzburg. Landgerichts Werfen vom J. 1534 (von Prof. Joh. Ant. von Schall-
hammer in Walchs vermischten Beyträgen zum deutschen Recht. II. Theil. S. 143 — 182.

Salzburgische Einstandsordnung vom 15. Nov. 1679 (von
ebendemselben in Walchs Näherrecht 1775). Ferner
von dem näml., Verordnung, den Einstand in den
Städten betreffend, vom 22. Aug. 1695 (einge-
druckt ebendaselbst S. 71.)

Die

Die bey dem R. Hofrath ventilirte Prozeß - Schriften in
  - caufa Berchtesgaden gegen Salzburg S. C. Sechs
    Punkten, als die Incorporation des Stifts Berchtes-
    gaden, deffen dem Erzftifte zu leiften fchuldiges Jura-
  . . . ment ꝛc. betreffend. 1626.

In caufa Archiepifc. Salisburg. et Epifcopi Paffav. fuper
  jure Metropolitico Ecclef. Salzb in ecclef. Paffav. &c.
    Romae 1691 — 93.

Die zwifchen Salzburg und Churbayern gewechfelte Salz-
  comprommiß - Schriften. Salzburg 1761.

Kurze Gefchichte und actenmäßige Anzeige, was dem hohen Erzftifte Salzburg auf erfolgten Todfall Kurfür-
  ftens Maximilian des III. in Bayern bey deffen Ver-
  laffenfchaft für Anfprüche und Forderungen ausftehen.
  Salzburg 1779.

Der gegen das in der bekannten Graf-Spauerifchen Ehe-
  und Präbendalfache fub Rubro in Sachen des kaiferl.
  wirkl. geheimen Raths, auch kaiferl. geh. Kammer-
  gerichts Kammerrichters Grafen von Spauer, Nahmens Dero Sohns Grafen Johann von Spauer con-
  tra den Erzbifchofen und Fürften zu Salzburg von
  dem k. k. Kammergericht am 23. Jäner 1782 erkannte Mandat. exhibitor. S. C. ergriffene Recurs an Kai-
  fer und Reich. 1782.

Aktenmäßige Darftellung des fowohl außer - als ingericht-
  lichen Verlaufs bey Verleihung der Erzftift-Salzbur-
  gifchen Dompräbende an Herrn Jofeph Grafen von
  Daun, und den dawider von Seite des Domkapitels
  wegen mangelhaftem Nebenftammbaume ftatutenmä-
  ßig erregten Anftänden, nebft Bemerkungen über die
  hierüber von dem kaiferlichen Reichshofrathe auf die
  Klage des Herrn Grafen von Daun gegen Seine hoch-
  fürft-

fürstlichen Gnaden Hn. Erzbischof zu Salzburg, und
deffen Domkapitel erkannte zwey höchstbeschwerliche Re-
scripte S. C. 1791. Föl.

Wahre Beschaffenheit des bey höchstpreislichem kaiserl.
Reichshofrath obschwebenden Rechtsstreites in Sachen
von Traun Graf als Vormund des minderjährigen
Herrn Grafen Joseph von Daun wider das Domkapitel, und den Herrn Erzbischof und Fürsten zu Salzburg die Erschwerung der Adelsprobe und anderweiti-
ge Verleihung der Präbende betreffend. Im Jahre
1791. gr. Fol. 35 S.

Sammlung der Salzburgischen Waldordnungen. 1796. in
4. in der Mayrischen Buchhandlung.

III Erdbeschreibung.

Itinerarium Antonini.	Genau nach dem Original abge- druckt in den Nachr. von Juvavia.
Tabulae Peutingerianae.	Letztere auch auf einer Mappe in den Concil. Salisb. P. Dalham.

Topographia Bavariae, das ist, Beschreib. und eigentliche
Abbildung der vornembsten Stätt und Orth in Ober-
und Niederbeyern, der obern Pfalz, und andern zum
hochlöbl. Bayrischen Craiße gehörigen Landschafften in
Truck gegeben und verlegt durch Matthäum Merian.
1644. Fol.

Joh. Georg Keyßlers neueste Reisen durch Deutschland,
Böhmen ꝛc. Hannover 1751. (S. 41 u. folg. nebst
Abbildung des Passes Lueg.)

Bernoulli Sammlung kurzer Reisebeschreibungen (XII. u.
XIII. B. nebst einer Abbildung des neuen Thores).

Physik. Arbeiten der einträchtigen Freunde in Wien. Von
J. E. v. Born. II. Jahrg. III. Quart. Wien 1788.

Plü-

Plümike Litterarische Reise durch Deutschland.

L. Hübners Beschreibung der Haupt ﹣ und Residenzstadt Salzburg. II. Bände. 1793 und 1794. 8. (Auszug davon 1794. im Verlage der Mayr. Buchh. 8.)

— — Beschreibung des Erzstifts Salzburg. III. Bände. 1795 und 1796. 8.

— — Reise durch das Erzstift Salzburg zum Unterricht und Vergnügen. 1795. 8.

— — physikalisches Tagbuch. IV. Bände, 8. (Beschreibungen des Salzb. Lungau von B. Huber, des Pinzgau von A. Reisigl, des Wildbades Gastein von J. Barisani, und der Fossilien, von C. Schroll. Alle 4 Beschreibungen sind auch einzeln gedruckt worden). Darin befindet sich auch ein naturhistorischer Kalender von D. E. von Helmreich.

R. Kleinsorgs Geographie für Schulen. Anhang. Geographie des Erzstiftes.

Geographie von Salzburg für die deutschen Schulen. Von M. Vierthaler. 1796. in der Mayrischen Buchhandlung iu 8.

IV. Naturbeschreibung.

Naturhistorische Briefe über Oesterreich, Salzburg, Passau und Berchtesgaden von Fr. v. P. Schrank und R. E. R. von Moll. II. Bände. Salzburg in der Mayr. Buchhandl. 1785. 8.

Reise durch die norischen Alpen physikalischen und anderen Inhalts, unternommen in den Jahren 1784 bis 1786 von Hacquet. I. Th. Nürnberg in der Raspischen Handlung. 1791.

Fr.

Fr. de P. Schrank Primitiae Florae Salisburgensis. Francofurti ad Moen. apud Varrentrapp et Wenner. 1792. 8.

Oberdeutsche Beyträge zur Naturlehre und Oekonomie für das Jahr 1787. Gesammelt und herausgegeben von K. E. von Moll. Salzburg in der Mayr. Buchhandl. 1787. 8.

Abhandlungen einer Privatgesellschaft von Naturforschern und Oekonomen in Oberdeutschland. Herausgegeben von Fr. v. P. Schrank. I. B. München bey Jos. Lindauer. 1792. 8.

Hacquets physikal. politische Reise. II. B. (Lungau betreffend.)

Jars metallurgische Reisen III. B. (Zillerthal betreffend.)

Le Noble in den Böhmischen Abhandlungen (vom Salzwerke in Hallein).

Adam Lebwald Damographia, oder Gemsenbeschreibung. Salzburg 1693. 4. (Liber rarissimus.)

In Fueßlys Magazin (K. E. von Moll. Salzb. Entomologie.)

Lithophylacium Mitisianum.

Borns Index Fossilium.

Hofmann Abhandl. von Eisenhütten. II. Th. S. 91.

Von der Reise durch das Erzstift zum Unterricht und Vergnügen ist seit der Zeit der Inhaltsanzeige ein eigenes kleines Bändchen im Verlage dieser Beschreibung erschienen, worauf wir unsre Leser hiermit verweisen.

Be=

Berichtigungen und Zusätze.

I. Band.

S. 52. Anm. Die Verbindlichkeit der Rindzungen-Lieferung ist nicht nur zu Waging; sondern auch zu Werfen und in mehreren Orten eingeführt.

Im Pfleggerichte Waging ist kein Forstpersonal angegeben, obgleich im Markte ein eigenes hochfürstliches Jägerhaus sich befindet, das von einem Meister Jäger und dessen Knechten bewohnet wird. Eben so verhält es sich in dem Pflegger. Tittmoning, wo ebenfalls das Jägerpersonale anzugeben vergessen worden ist.

S. 119 ist die Hofmark Triebenbach betreffend folgende nähere Bestimmung beyzusetzen:

„Die geschlossene Hofmark Triebenbach, die sich zum Theil durch die Landstrasse und durch die Naufahrt von dem Pfleggerichte Laufen scheidet, besteht eigentlich in den 3 Dörfern Triebenbach, Mairhofen und einem Theile von Fillern sammt übrigen Zugehörden. Der Großvater des dermaligen Besitzers hat dieselbe nach den Herren Grafen von Lamberg laut hochfürstl. hofräthlicher Urkunde im J. 1707 käuflich erhalten. Die Hofmarks-Gemeinde, welche in weltlichen Angelegenheiten ihrem Hofmarksrichter untergeben ist, der deßhalb von den hochfürstlichen Hofstellen seine Weisungen erhält, ist in geistlichen Angelegenheiten der Pfarre Laufen unterworfen, nicht aber die in dem Schlosse zu Triebenbach gelegene Herrschafts-Kapelle, in der nur von der Pfarre Laufen die gestifteten Gottesdienste versehen werden. Diese Kapelle besitzt auch in der Stadt Laufen das vorhin sogenannte Liepertische Haus.“

G.

S. 129. Der Pfarrvikar zu Stezenheim hat immer zwey Helfpriester. Ferner befindet sich auch ein Schullehrer zu Viehhausen; also sind 11 im ganzen Pfleggerichte.

S. 137. im Pflegger. Staufeneck ist die einem Bauer zugehörige Drathzieherey unweit Wals nicht angegeben.

Zu S. 147. u. ff. unter Teisendorf sind folgende Bemerkungen beyzusetzen: Zu den 502 Vierteläckern gehören die seit dem J. 1788 bis Ende 1795 verliehenen 245 Tagbaue, oder 9,800,000 Quadratfuß oder Moorplätze nicht, welche innerhalb dieser 8 Jahre urbar gemacht worden sind, und durch deren Anbau das Gericht in den Stand gesetzt ist, nicht nur, wie ehmahls das Gegentheil war, keines fremden Getreides zu bedürfen, sondern sogar auch einiges verkaufen, und zugleich mehr Vieh halten zu können. Bey der 1789 geschehenen Gränzberichtigung zwischen Waging und Teisendorf hat letzteres Gericht 5 hofurbarische Bauerngüter, und 55 neue Holztheile oder einzelne anleitbare Iteme zugetheilt erhalten. Der Magistrat im Markte besteht nebst seinen Führern oder Bürgermeistern nur aus 12 Mitgliedern oder Ausschüssen. Das Haus des Pflegers ist mit Einschluße der Erd- und Dachgeschosse 4 Geschosse von vorne hoch, und 3 auf den Seiten. Die nöthigen Gebäude zu einem kleinen hierzu gehörigen Lehen, welches der Pfleger gegen jährliches Bestandgeld zu genießen hat, stehen seitwärts in einiger Entfernung. Das hochfürstl. Bräuhaus im Markte hat die Wirthe von den 5 Gerichten Teisendorf, Staufeneck, Waging, Laufen und Tittmoning, auch einige vom Stadtgerichte Salzburg zu versehen, so daß jährlich 24 — 25000 Eimer Bier gebrauet werden müssen. Das alte Schloß Raschenberg ist vor einigen Jahren an die adeliche Eigengewerkschaft im Achthale verkaufet worden, die noch immer mit Abbrechen fortfahren, und die Steine mit großem Gewinn verkaufen läßt, so daß nur noch ein Theil des Thurmes, und die äußeren Mauern stehen. Zu den Gewerben außer dem Markte S. 157 gehört auch eine Nagelschmiede, die sich bey dem Eisenhammer hinter dem Schloße Raschenberg befindet, und sehr stark betrieben wird. Unter die Erzeugnisse des Ackerbaues S. 157 gehört auch der Flache.

Flachs. Die Teferecker allein führen jährlich von den gröberen Leinwanden über 60 Stücke gegen Pässe aus: die feinere (härbene) wird im Gerichte verbraucht, oder den Landeskrämmern überlassen. Obst wächst hier ebenfalls sehr vieles und schönes. Mancher Bauer löset daraus in guten Jahren über 100 Fl. durch Verkaufen an Fragner, oder Lieferung in die Hauptstadt.

Zu Seite 164 sind folgende Berichtigungen und Zusätze einzuschalten: Das Gericht Koppel, oder wie es in den vorfindlichen alten Landrechten genannt wird (Frey-gericht Koppel), gehört dem Bißthum Chiemsee; ist aber unter den Original-Stiftungs- oder Dotationsgütern desselben nicht begriffen; sondern erst in spätern Zeiten, und, den in dasiger Registratur aufbewahrten Schriften nach zu schließen, zu Anfange des XVten Jahrhunderts hinzugekommen. Es ist bis auf eine kleine Strecke gegen Westnorden, wo es an die hochfürstl. Pfleggerichte Glaneck und Thalgau gränzet, ringsum von dem hochfürstl. Pfleg-gerichte Neuhaus umgeben, hat gegen 6 Stunden im Um-kreise, und enthält ungefähr 1/4 Quadratmeile am Flächen-Inhalt. Ueber die Eigenschaft dieses Gerichts-Bezirkes, und einige andere Jurisdictionsstreitigkeiten mit dem Pfleg-gerichte Neuhaus ist bereits seit geraumer Zeit der Prozeß bey dem hochlöbl. Hofrathe anhängig, welcher einem hohen Befehl vom 2ten Sept. 1794 zu Folge vermuthlich durch gütliche Ue-bereinkunft wird beygeleget werden. Dieses Gericht wurde indeß zu voreilig eine Hofmark genannt, da es sogar in den hofräthl. Befehlen und Entschließungen mit dieser Benen-nung verschonet wird, und mit dem Pfleggerichte Neuhaus in keiner andern Verbindung steht, als daß die daselbst eingekommenen Malefizverbrecher nach dem ersten Consti-tut (doch nicht gerade nach 3 Tagen, wie bey anderen Hofmarken), sondern nach einer unbestimmten Zeit zur Vollführung der Inquisition ausgeliefert werden müssen. Da man vor Alters dergleichen Verbrecher nach Beschaf-fenheit der Umstände daselbst oft 2 bis 3 Mahle constituirt, und erst dann der Stadthauptmannschaft ausgeliefert hat-te. Gewiß ist es, und Urkunden beweisen es, daß das Gericht Koppel in den ältesten Zeiten die höhere Gerichts-

barkeit

barkeit besessen haben müsse *). Dieses Gericht wird über=
haupt in 4 Rügate, sonst Obmannschaften eingetheilt,
näm=

*) In einem auf Pergament geschriebenen Landrechtsbuche
vom Jahre 1405 heißt es in einer Anmerkung: „Nota:
aber hinter dem Nochstain (wo nämlich das Koppler=
Gericht seinen Anfang nimmt) hat der Richter ganze
volle Gewalt zerichten tief morde, und das plut, und
um all sach, und wenn man einen schedlichen man in
der Chopel überwindet, den antwurt man auf das mos
gen Salzburg dem Züchtiger, als er mit Gürtel umb=
vangen ist." Oder wie sich darüber ein jüngeres Land=
rechtsbüchl ausdrückt: „Hinter dem Nockstein hat der
Richter ganzen und völligen Gewalt zu richten über
Todschläge und blutige Schlägereyen, dann die übrigen
Rauf und Rumorhändl, wenn aber eine schädliche Ma=
lefizperson in der Koppl eingebracht wird, so soll diesel=
be mit Vorwissen der Landeshauptmannschaft auf einem
bestimmten Tag, wovon dem Landgerichte Neuhaus Wis=
senschaft zu ertheilen ist, über das Neuhauser Feld durch
das enge Gäßl zu der Linde, darbey man zu der Stras=
se kommt, zu der Marter = Säule daselbst, an einen
Seiden=Faden, den kein Bub abreissen mag, gebunden
werden, und soll der Chiemseeische Richter dem Neuhau=
ser Gericht dreymahl laut rufen, die schädliche Person,
wie sie mit Gürtl umfangen ist, zu übernehmen. Wenn
nun hierin das Landgericht sich säumig zeigen sollte, ist
solches dem Koppler Gericht ohne Schaden, oder (sol=
ches ist hierüber außer aller Schuld gesetzt), so aber das
Malefizverbrechen dermassen greulich und offenbar wäre,
so wird die That unverzüglich an die Landeshauptmann=
schaft berichtet, und die Person zugleich dahin mit aus=
geliefert." Heut zu Tage geschieht die Auslieferung der
Kriminal=Verbrecher an das Pfleggericht Neuhaus bey
der sogenannten kalten Kendl, als der Gränzscheidung
des

lich 1stens in das Koppler, 2tens Hapacher, 3tens Wink-
ler: und 4tens Ebenauer Rügat, wovon jedes seinen Rüg-
mann hat, mit welchen bey Abhaltung des Landrechts alle 2
Jahre gewechselt wird, und deren Geschäfft ist, die Landre-
partitionsgelder von den übrigen zu sammeln, und zu Roba-
then anzusagen. Die Rügate theilen sich wieder in ganze und
halbe Anschläge, dann Kleinhäuschen. Von den ersteren zählt
dieses Gericht 50, von den zweyten 13, und von der dritten
Gattung 23. Alle diese Güter zusammen enthalten nach der
in der Koppel vorgenommen Kataſtral-Beschreibung 225 Gebäude und 343 Feuerstätten. Dieses Gericht, welches dem
Fürstl. Chiemseeischen Hofrichteramte einverleibt ist, steht
unter dem dasigen Hofrichter, dem ein Amtsschreiber, Ac-
ceſſiſt und Amtmann untergeordnet sind. Geistliche daselbst sind der Vikar und itzt ein Coadjutor. Das Vika-
riat

des Koppler und Neuhauser Gerichtes. Eben so ist auch
in dem zwischen Erzbischof Marx Sittich, und Bischof
Ernfried zu Chiemsee am 23ten Juny 1613 über verschiedene Spiritualia errichteten Receſſe unter andern einge-
ſloſſen: „was aber in temporalibus im Landgericht
Koppel, Hofmark Fischorn und Bischofshofen ein Bischof zu Chiemsee von Alters her berechtiget, und befugt gewesen, wird er bey voriger Gerechtigkeit und
wohlhergebrachten Inhaben belassen, doch auf den
einschichtigen Gütern mehr Freyheit und Gewalt, als
ein hochwürdiges Domkapitel gehabt, nicht zugelassen"
woburch dem Gerichte Koppel die Kriminaljurisdictions-
befugnisse, oder die Ausübung höherer Gerichtsbarkeit
so zu sagen neuerdings bestätiget worden ist. Daß aber
dem Gerichte Koppel auch in den neueren Zeiten ein höherer Grad der Gerichtsbarkeit, als andern Hofmarken
zugestanden wurde, erhellet selbst aus dem Capitular-
Receß vom Jahre 1645, in welchem Koppel ein Gericht,
und dessen Beamte, oder Verwalter daselbst ein Richter
genannt wird, woraus man auch heut zu Tage noch Anlaß nimmt, in den dießseitigen Amts-oder Missivschrei-
ben Fürstl. Chiemseeisches Gericht Koppel zu setzen.

riat steht, wie schon in dem erſten Bande S. 163 ange=
merket worden, unter der Pfarr Seekirchen, und dem De=
kanate Keſſendorf. Der Seelenſtand dieſes Bezirkes be=
läuft ſich mit Einſchluß von ungefähr 150 Köpfen, welche
vom Pfleggerichte Neuhaus dahin eingepfarret ſind, auf 581
Menſchen, worunter ſich von dem männlichen Geſchlechte 120
wehrhafte befinden. Real = und Perſonal = Gewerbe ſind hier
folgende, und zwar von erſterer Gattung 1 Wirthstafern,
3 Mühlen, 2 Schmieden, und 1 Krämmerey; von letzterer
aber 3 Schneider=, 1 Schuhmacher=, 1 Webers = und 1
Wagners=Gerechtigkeit. Grundherrſchaften zählt es 11,
worunter ſich 6 befreyte und 5 unbefreyte befinden; Außer
dieſen ſind in dieſem Gerichte auch 8 hofurbariſche Unter=
thanen. Merkwürdige Gebäude gibt es in der Koppel au=
ßer dem St. Jakobs Gotteshauſe, der Schnuren=Kapel=
le und der Vikariatswohnung keine.

Von dem im erſten Bande S. 169 beſchriebenen Geis=
berge liegt beynahe die ganze Rückſeite in dem Kopplerischen
Gerichtsbezirke, auf welcher ſich 3 Bißthum = Chiemſeeiſche
nnmittelbare Holztheile, nämlich das Herren = Zehend = und
Wieland = Holz befinden, woraus jährlich zum Gebrauche des
Biſchöflichen Hofes 45 Klafter größten Theils Fichtenholz ge=
nommen werden. Außer dieſen liegen an demſelben auch noch
einige Chiemſeeiſche Unterthan = Hölzer.

S. 221 Z. 13. muß es heißen: die Gegend umher
wird von beyden Seiten mit klaren Wäſſern durchfloſſen,
anſtatt das Dorf ſelbſt ꝛc.

S. 223 am Ende ſind noch bey Hinterſee 11 männ=
liche und 11 weibliche Austragleute beyzuſetzen, ohne wel=
che ſich die Summen nicht herauswerfen.

S. 228 ſind unter den Gewerben 19 Schuhmacher
ausgelaſſen.

Zu S. 231 Z. 14 iſt beyzuſetzen: „In einer kleinen
Entfernung von dem Wohnhauſe der Hammerſchmiede, et=
was näher am Dorfe hat der Vater des detmahligen Be=
ſitzers, Matth. Poſchinger im J. 1783 ein ganz niedliches
viereckichtes, 1 Geſchoß hohes, oberhalb mit einer Mezza=

S s s   nine

nine, und einem mansardischen Dachstuhle versehenes Stöckchen ganz von Mauer erbauet."

Die Angabe S. 247, daß im Thalgauer Gerichte niemand auswandere, ist zu allgemein: daß einige aus: wandern, bezeugen die bey dem hochfürstl. Hofrathe jähr: lich ertheilten Auswanderungs: Bewilligungen.

II. Band.

S. 329 ist zu bemerken, daß nur der Paß Strub allein an Tyrol gränzet; der Kniepaß, und Thurm: oder Luftenstein hingegen nur inländische Zwischenpässe sind. Der Paß Steinbach aber befindet sich am Ein: gange des Gebirglandes an der bayrischen Gränze. Uebri: gens sind auf dem Hirschbühel ein Blockhaus, und im Pfleggerichte Mitterfill der Paß Thurm.

Seite 343 sind die drey Unterwaldmeister zu Wer: fen, in Blühnbach und im Mühlbache beyzusetzen.

Seit. 344 ist zu bemerken, daß der Burgfriede des Marktes Werfen nur ein Theil des Vikariats Werfen ist; letzteres schließt auch 1 bis 2 Stunden weit entlegene Bauernfamilien noch in sich, und die angeführte Summe von 1199 Seelen ist also von dem ganzen Vikariate zu ver: stehen.

S. 371 soll es Lonicera alpigena, und nigra L. an: statt Xylosteum alpinum und nigrum L. heißen.

Seit. 406 unter Goldeck ist bey den Geistlichen zu le: sen 1 — 2 der Pfarrvikar nebst seinem Helfpriester.

S. 411 ist zu bemerken, daß das Gut Urfahr nur erst dann hofurbarisch werde, wenn es die Mission zu Schwarzach nicht mehr besitzt; itzt ist es freyeigen.

S. 429. Das Pfleggericht St. Johann gränzet ge: gen Süden auch an das Landgericht Großarl, und an der ganzen nördlichen Seite auch beträchtlich an Werfen.

S. 454 letzte Z. Die Coadjutorey im Wildbade wird seit dem J. 1623 von einem Ortsvikar versehen.

S.

S. 456. Die außerhalb des Marktes befindliche hofurbarische Wirtstafern und Kalkbrennerey liegen 3 ganze
Stunden unterhalb des Marktes an der sogenannten Bränd-
stätte zunächst an der Klamm. Der zweyte Freymarkt ist
nicht am Sonntage vor Allerheiligen; sondern am Sonntage nach Allerseelen. S. 463 ist ein häßlicher, chro-
nologischer Fehler eingeschlichen. Das Haus des Verwe-
sers in Böckstein ist 1782 unter dem itztregierenden Landesfürsten erbauet worden. Aller übrige Zusatz ist falsch.
S. 468 in der letzten Zeile sind die Worte, worin nebst
den übrigen 20 bis 24 damit zu e i n e r Fahrt ver-
bundenen Säcken oft ꝛc. einzuschalten. S. 459. Nicht
zu Dorf wohnt der Meßner im unteren Theile des Vika-
riathauses, sondern zu Böckstein. In ersteren Orte
hat er ein abgesondertes erst unlängst aus dem Kirchen-
vermögen ganz neu aufgemauertes niedliches Häuschen
zwischen dem Vikariathause und der Kirche. S. 471.
Z. 6. ist anzumerken, daß mit der Gasteiner Ache eine
sehr beträchtliche Ueberwerfung des Rinnsahles vorgenommen worden ist, deren Endzweck die Austrocknung des
Sumpfes in der Gegend von Dorf bis gegen Hof war.
Zu S. 473 Z. 29 ist zu wissen, daß jeder Branntweinbren-
ner ein ordentliches, gerichtlich bewilligtes Kesselrecht haben muß, und daß erst den 29. Dec. 1794 eine allgemeine
Kammeral-Verordnung die Branntweinbrennerey betreffend ergangen ist.

S. 582. Z. 22. Prielau liegt 1 Stunde von Fischorn
in einer Diagonallinie über den See. S. 587 in der
Anmerkung ist zu berichtigen, daß der Schoßtennbach
sich in der Gegend der Bürgeräcker dießseits des Sees in
diesen ergießt; der Seegraben aber jenseits oder östlich
bey Fischorn sich befindet, und daß der See durch diesen
gegen Bruck zu in die Salzache ausfließt. S. 588 Z. 2.
ist unrichtig angegeben, daß hier die Salza große Stein-
massen wälze: sie ist hier zu seicht dazu, und die hinein-
gerollten Steine müssen daselbst mit Zangen herausgeho-
ben werden.

S. 591. Auch in Mittersill besteht die Freyheit, mit
allem zu handeln, was der klingende Pfenning vermag,
das Tuch zu verschneiden u. d. gl. — S. 603 Z. 3. Das hochfürstliche Urbar zählt 1304 1/4 Iteme, und es gibt hier
nur 80 Grundherrschaften. Sss 2 Gek.

S. 605. in der Anmerkung ist folgendes zu berichtigen. Der hier genannte Berchtold war nicht Erzbischof, sondern Bischof in Chiemsee. Dieser, genannt Berchtold Pirstinger dankte, als er bey Erzbischofe Wolf Dietrich in Ungnade fiel, selbst von seiner Würde ab, begab sich nach Saalfelden, und bereitete da ein Haus —, jetzt das Spital genannt, — zum einstmahligen Ruheplatz für alte verdiente Pfarrer. Allein diese Stiftung kam nicht ganz zu Stande, und er starb nach Hinterlassung großer Stiftungen. In der Pfarr= und Dekanalkirche befindet sich ein Stein mit folgender Aufschrift:

Rdo. Praesuli
BERTHOLDO PIRSTINGER
juris pontificii Doctori, pauperum parenti, et salveldensis Xenodochii divo Joanni consecrati fundatori, qui cum Episcopatui Chiemensi XVII annos magna cum laude praefuisset, ut temporalium rerum curis se liberaret, libere resignavit, ac tandem XIX Julii die, anno a Christo nato MDXLIII, aetatis vero suae LXXVIII pia ac sana mente ex hac vita migravit, Monumentum, quod aspicis, positum.

S. 611. Die Schlösser Farmach und Grub werden nur von Bauern besessen.

S. 614. Z. 19 soll es Wienerische Privat=oder Reichshofraths=Kanzley=Kobaltgewerkschaft zu Wien, anstatt kaiserliche heißen; und S. 618 Z. 22 Berchtesgaden anstatt Tyrol.

Zu S. 642 in der Anmerkung ist zu erinnern, daß auch in Hopfgarten die Leibeigenschaft nebst dem Jus bastarticum noch bestehe. Die sogenannte Todfallskuh ist auch in Mittersill üblich, wo doch niemahls die Leibeigenschaft war; ist also nicht immer ein Merkmahl derselben.

III. Band.

Hier sind zu den von Seite 834 bis 858 angeführten Alpenpflanzen beyzusetzen: Hypnum Halleri Hedw. bey Böckstein, Frölich; und Hypnum molluscum Hedw. Ebend. Frölich. Ferner Gentiana glacialis (auf der Höhe des Gebirges, wo man von den Naßenfelder Alpen auf die Höhe des Rauriser Tauerns kommt) und Gent. nana (neben dem ewigen Schnee an der Gränze des Rauriser Tauerns mit Gent. glac.); beyde von Frölich.

Druckfehler.

Seite Zeile · I. Band.

48   10 von unten lies Osten anstatt Westen.

65   10 Nunreit anstatt Neunreit.

67   3 Dorf Pietlling anstatt Dorf und 2c.

69   19 eine Schule. Zu Loigendorf an der Grän=
     ze 2c. anstatt eine Schule zu Loigendorf.
     An 2c.

130   14 Gols anstatt Gold.

237   5 5 anstatt 3 Kühe.

248   8 u. 9 in kein Bette; anstatt in keine Hütte.

279   11 Schmauß anstatt Schmaiß.

306   11 20 — 24 anstatt 20 — 25.

225   — unter den Gewerben bleibt einmahl Wagner
     aus.

NB. Der S. 63 in der vorletzten Zeile stehende, aus den
Nachrichten von Juvavia S. 351 genommene Zu=
satz, Tittmoningen, oder „Deutingen an der Alz" wird
von einem unserer Leser als unrichtig widersprochen; und
ein Dorf Teunting im Bayr. Pfleger. Trostberg (S.
S. 80. 6. u. 7. Z.) dafür angenommen. Die später
eingelaufenen Zahlen der Dörfer, Einöden (oder der iso=
lirten Orte von weniger als 3 Häusern) und aller Häuser
überhaupt im Pfleger. Tittmoning sind von den S.
93 gedruckten verschieden. Der spätere Einsender zählet
ohne die 4 Hofmarken dieses Gerichts 173 Dörfer,
206 Einöden und 1483 Häuser.

Seite Zeile   II. Band.

346   27 Hier befindet sich auch kein Marktschreiber.
     anstatt ein 2c.

358   17 1647 anstatt 1674.

368   5 von unten. Bevölkerungsstand des Vikariats
     Werfen, anstatt des Marktes Werfen.

390   14 Schnuraus anstatt Schnur.

463   4 von unten. 1762 anstatt 1782.

532   21 in Muhrau, anstatt wegen 2c.

532   21 größen anstatt geringeren.

562   11 1567 anstatt 1767.

573   23 Mautschreibers anstatt Marktschreibers.

587   21 Schoßtennbache anstatt Schloßtennbache.

607   letzte. 1300 anstatt 1500.

613   8 Rettenwerth anstatt Rattenwerth.

686   Strophe 4. V. 7. Schlimm anstatt Schun. Stro=
     phe 5. V. 4. Dui anstatt Vei.

691   28 Frösche anstatt Fische.

Allgemeines
Verzeichniß der Ortschaften.

(Die römische Zahl I. II. III. bedeutet die Zahl der Bände, die arabische die Seitenzahl.)

A

Altenmühldorf I. 37.
Ampfing I. 37.
Aschau I. 37. III. 712.
Au I. 37. 127. 129. 130.
Assing I. 55.
Anbauer I. 55.
Angerpoint. I. 55.
Alterfing I. 56.
Arring. I. 56.
Amstelgraben. I. 56.
Aichberg. I. 56.
Abfalten. I. 57.
Abtenham I. 64.
Allerfing I. 64.
Aesten. I. 65.
Aspetsham I. 66.
Autschöring I. 69.
Asen I. 69.
Anthering I. 100. 102. 115. 118.
Abbtsdorf I. 101. 114. 118.
Arnstorf I. 101. 113. 116.
Asten I. 101. 115.
Aharting I. 102.
St. Alban I. 117.
Aufham I. 126. 129. 131.
Anger I. 128. 131.
Ainring I. 128. 129. 130. 132.
Adeistätten I. 135.
Allerberg I. 147. 152.
Aich und Wintern I. 147.
Außereck I. 205.
Absmann I. 262.
Astätt I. 262.

Anif I. 293. 298.
Aign I. 298.
Altengutrath I. 298.
Abnet I. 321.
Abbtenau II. 332.
Altenmarkt II. 424.
Aßmannsdorf II. 518.
St. Andrä II. 518.
Althofen II. 518. III. 754. 755.
Aßing II. 579.
Aufhausen II. 579.
Alm II. 608.
Almdorf II. 608.
St. Andre III. 754. 757.
Arnstorf III. 761.
Arnbach III. 712.
Besitzungen ursprüngliche des Erzstiftes. I. 8.

B

Buchbach I. 37. 38.
Burgstall I. 51. Edelf. 60.
Biburg   )
Buchberg)
Bramberg) I. 55.
Blumthal)
Buch   )
Brandhofen   )
Buchwinkeln) I. 56.
Barschalln   )
Brunnstatt   )
Bergham I. 65. 67.
Burg I. 69.
Berg I. 102. 115. 129. III. 699.
Bruck I. 115.

Bu

Büheln I. 130. 132. II. 504.
518. 594.
Bruch I. 130.
Brobhausen I. 130.
Babaschern I. 152.
Bruckmos I. 205.
Berndorf I. 261. 262.
Babenham I. 263.
Buchheim I. 293.
Buchstein I. 297.
Bischofshofen II. 344.
Böckstein II. 458.
Breitenberg II. 458.
Bücklen   ⎫
Babbrück   ⎬ II. 458.
Bischelsdorf II. 504.
Boldesdorf II. 518.
Bruggdorf II. 518.
Bruck II. 553.
Bergern II. 579.
Bramberg   ⎫
Burg   ⎬ II. 594.
Britzen III. 741.
Bayrdorf III. 759.
Bergl III. 699.
700.
Brucken, Feld und Raut III.
Brandberg III. 712.
Christani = Schloß I. 297.
Diepolting I. 55.
Dankerting I. 55.
Doppel = Ober = Mitter = und
und Unter = I. 56.
Dippolting I. 65.
Dorf I. 67. II. 458. 594.
608.
Dorfbeuern I. 102. 113. 115.
116.
Dürrenberg I. 303.
Dienten II. 408. 608.
Dietersdorf II. 458.
Dobersbach II. 595.
Dorfheim II. 611.
Döllach III. 699.
Distelberg III. 712.

Eintheilung des Erzstiftes.
I. 32.
Erharting I. 36. 37.
Eggerbacher = Viertel I. 50.
Eggerbach I. 56.
Eging I. 55.
Eich I. 55. 56.
Einöd I. 55.
Enzersdorf   ⎫
Egelsee   ⎬ I. 56.
Eck   ⎭
Enichham I. 64.
Eberting I. 66.
Ellham I. 66.
Engelschalling I. 67.
Ehing I. 101.
Eisping I. 102.
Enteroichten I. 102.
Erlach I. 115.
Eisbling I. 115
Eichet I. 130.
Eheheim I. 130
Eigendorf I. 164.
Elsawang I. 222.
Ebenau I. 222.
Eisbethen I. 293.
Emölieb I. 297.
Ermannsdorf II. 518.
Embach   ⎫
Eschenau   ⎬ II. 553.
Eysdorf II. 595.
Eyring   ⎫
Ecking   ⎬ II. 608.
Fisching I. 55.
Fügling I. 55.
Fritzenweng   ⎫
Forst   ⎬ I. 56.
Fürst   ⎭
Feuchten I. 57.
Freytsmoos I. 65.
Fridorfing   ⎫
Falting   ⎬ I. 66.
Froschham   ⎭
Feldkirchen I. 129. 130. 132.
Freylassing I. 130.
                        Freib=

Kreidling I. 147. 152.

Fischach I. 164.

Kuschl I. 222.

Freysahl I. 297.

Frohburger-Hof I. 297.

Flachau II. 424.

Felding II. 458.

Fegendorf II. 504.

Fell II. 504.

Flatschach II. 518.

Fanning II. 518.

Fischhorn II. 554.

Friedensbach)

Fürt   ) II. 579.

Fusch   )

Felben II. 594.

Farmach II. 611.

Feichten III. 741.

Friesach III. 754.

— — Hofkastenamt III. 754.

— — Mauthamt III. 755.

Fohnstorf III. 759.

Finkenberg)

Fügen   ) III. 712.

Fügenberg)

Gränzen des Erzstiftes I. 31.

Garsch, Oberamt Mühld. Pfleger. I. 36.

Grumetenkirchen I. 36.

Gadner Viertel. I. 50.

Gärschheim)

Gräben   )

Gepping   ) I. 55.

Grenbach   )

Großreut   )

Greinach I. 56. bey Weiß-
   haufen I. 56.

Gaden   )

Gänsberg   ) I. 56.

Geyersnest)

Guckenberg I. 57.

Gigling I. 57.

Geßelberg, Vorder- u. Hin-
   ter- I. 57.

Geßenberg, Schloß I. 59.

Gastag, Edelsitz I. 60.

Göbming I. 101.

Geizeberg I. 102.

Georgen, st. I. 103. 117.

Großgerstätten I. 114.

Gurain I. 126. 129. 133.

Gmein I. 130.

Gerstpeunt I. 130.

Gold I. 130.

Gols I. 133.

Grafenberg I. 147.

Gschwendt I. 147.

Gstocka 206.

Gnigl I. 164.

St. Gilgen I. 277.

Gredig I. 293.

Glas I. 293.

Gols I. 296.

Glaneck I. 297.

Gartenau I. 297.

Goldenstein I. 298.

Golling I. 320. 321.

Goldeck II. 408. 141.

Großarl II. 443.

Gastein (Markt Hof in) II. 455.

Gadoukern II. 458.

Geisbach II. 477.

Gruben II. 504.

Gräbendorf II. 518.

Gries   )

St. Georgen) II. 553.

Gummerhofen)

Griesen   ) III. 608.

Gerling   )

Grub II. 611.

Guttaring III. 754.

Gröbming III. 760.

Gänz   )

Grüben   )

Glanz   ) III. 699.

Gsaritzen   )

Gritzen   )

Gassen III. 700.

Gerlos III. 712.

Ger-

Gerlosberg. III. 712.

Holzhausen I. 36. 50. 55. 104. 115. 117. 129. 147. 152.

Höllenstein I. 36.

Halmberg I. 50. Schloß 59.

Hergassing)

Haunerting)

Höhenberg)

Däbing) I. 55.

Hausleiten)

Häseneck)

Hausstätten)

Helmansberg)

Hirschhalm)

Hocken)

Hirschau) I. 56.

Heinrichsdorf)

Haslach)

Höllenhaslach)

Hinterbuch I. 57.

Heimstatt I. 57.

Harmoning I. 64.

Hainbuchreit)

Hasing) I. 65.

Heilham)

Hennthal)

Hörr)

Hintermayr) I. 66.

Haß)

Hüpfham)

Haunsberg. Pflegger. I. 100. 102.

Heining I. 101.

Haus L. 101. II. 579. III. 760.

Helmberg I. 101.

Hochberg I. 102.

Hofbeuern I. 102. 115.

Hinterholzen I. 102.

Hausmoning I. 115. 130.

Högl I. 126. 129.

Hofheim I. 127.

Högelwerth I. 129.

Hadermarkt I. 129.

Hammerau I. 130.

Hofham I. 130.

Haberland I. 130. 132.

Hayn I. 130.

Högl I. 147.

Hieraffing)

Horn) I. 147.

Helming)

Hierolfing I. 152.

Henndorf I. 180.

Hagern I. 205.

Hüttenstein Schloß. I. 283.

Hellerbrunn I. 296.

Haunsberg I. 297.

Hallein I. 303.

Heumoos II. 458.

Haarbach II. 458.

Hundsdorf II. 458. 478.

Heßing II. 458.

Hintering II. 518.

Dummersdorf II. 579.

Hirzbach II. 583.

Haback II. 594.

Hollersbach II. 594.

Hauptmannsdorf II. 595.

Hütten II. 608.

Harham II. 608.

Hof II. 608. III. 699. 741.

Hopfgarten in Differeden III. 701.

Hopfgarten Pflegg. III. 737. Markt III. 739.

Holzham III. 741.

Hüttenberg III. 754. 755.

Hofhaus (hochfürstl.) zu Klagenfurt III. 756.

Hintereck III. 699.

Hinterburg III. 699.

Huben III. 699.

Oppach III. 713.

Hainzenberg III. 712.

Helfenstein III. 712.

Holdernach am Hartberge. III. 712.

Igels=

Igelsbach I. 56.
Jauchsdorf I. 101.
Inneberg I. 129.
Jechling I. 129.
Johanneshögl I. 129. 131.
Itzling I. 164.
Irrstorf I. 205.
St. Johann II. 431.
Jesdorf II. 579.
Juden = oder Uttenhofen II. 608.
Kirchberg I. 50. 56. III. 741.
Kühnhausen I. 50. 46.
Kräutenberg   )
Kammering   )
Krautenbach   ) I. 55.
Kohlbrennt   )
Kirchhalling   )
Kleeheim   ) I. 56.
Kirchhof   )
Kropfsberg, oder Köpfels=
   berg I. 56.
Knall I. 57.
Kirchham I. 64.
Knibing I. 66.
Kräll I. 66.
Keichham I. 67.
Kay I. 68.
Koßmann I. 69.
Kreutz, heil. I. 69.
Kießling I. 101.
Kemeting I. 101.
Kirchgödming I. 116.
Kapell I. 147.
Koppel I. 164.
Kerchham 262.
Kaiserburg I. 297.
Karlsberg I. 297.
Kuchl   )
St. Kolomann   ) I. 321.
Krispl   )
Kötschach II. 458.
Kendlbruck II. 518.
Kirchheim II. 579.
Kaprun II. 579. 582.

Kammer II. 582.
Klausen II. 594. III. 699.
Kehlbach II. 608.
Keichsau III. 741.
Klausen III. 741.
Kapfing III. 712.
Kaltenhaus III. 699. Kal=
   tenhausen Bräuhaus. S.
   Hallein.
Klaunz III. 699.
Kaltenbach III. 712.
Land, das flache, des Erz=
   stiftes. Abth. I. 33.
Lohkirchen I. 36.
Lauterbach I. 37. 113. 116.
Lohham I. 37.
Lauter I. 50. 56.
Lehen I. 50. 56. im Weiß=
   bach 56.
Limberg I. 55.
Leiten I. 55.
Leonhard St. am Wonne=
   berg I. 56.
Lemperholzen I. 57.
Lochen I. 64.
Leitgering I. 65.
Lampoding I. 67.
Lindach I. 69.
Loigendorf I. 69.
Lebenau, Ober= und Unter=
   I. 100.
Lambrechtshausen I. 100. 101.
   113. 115. 116.
Leobendorf I. 104. 115.
Laufen, Pfl. St. u. L. Ger.
   I. 99.
— — Stadt I. 104.
Leystätten I. 114.
Lohen I. 130.
Loig I. 130.
Liefering I. 133.
Lacken I. 147.
Loachen I. 261. 262.
Lassereck I. 298.
Lappendörfel II. 440.

Luckau)
Ladering) II. 458.
Lafaren)
Lungau II. 486.
Litzldorf II. 504. II. 595.
Lessach)
Lasa) II. 518.
Lietsching)
Lend II. 560.
Lånnthal II. 579.
Lengdogf II. 595.
Lenzing II. 608.
Letting II. 608.
Lichtenberg II. 609.
Lofer II. 619. 622.
Lofererthal II. 628.
Lengberg III. 705.
Lauterbach III. 741.
Landsberg III. 758.
Landersdorf III. 760.
Lerch III. 699.
Laimach III. 712.
Laimersbach in Tur III. 712.
Lemperbühel III. 712.
Mühldorf, Pfleg- u. Stadt-
  gericht I. 35.
— — Stadt III. 36. 41.
— — Voit- oder Vogtge-
  richt I. 36.
Mössling I. 36. 37.
Mettenheim I. 36 37.
Möbling, Propst I. 37.
Mittergarsch I. 38.
Mauerheim I. 55.
Moosmühl I. 55.
Mühlberg I. 56. im Lehner
  Viertel I. 56.
Mußbach)
Mürenberg) I. 65.
Moospeunt)
Mattreit)
Mandelberg I. 57.
Mühlham I. 64.
Moos I. 101. III. 699.
Michaelbeuern I. 103. 112.

Mosen I. 114. 118.
Moßham I. 114.
Mauthausen I. 129. 132.
Muckheim I. 130.
Mehring I. 147. 152.
Mattsee I. 261. 262.
Müllbach I. 262.
Morzg I. 293.
Mayrhofen II. 458. 579.
  608.
Michael St. II. 494.
Mauterndorf II. 497.
Martin St. II. 504.
Margarethen II. 504.
Muhrwinkl II. 504.
Mörtlsdorf)
Mariapfarr) II. 518.
Miesdorf)
Moßheim II. 519.
Mitterhof II. 579.
Maishofen II. 579.
Mittersill II. 591. 595.
Mühlbach II. 594.
Maria Saal III. 756.
Mättersberg III. 699.
Niederbergkirchen I. 36.
Nirnantinger Viert. I. 50.
Neunreit I. 65.
Niedernbach I. 66.
Notelbächel I. 67.
Nußdorf I. 100. 102. 115.
  118.
Ropping I. 101.
Neuhaus I. 102. 164.
Niederehing I. 104. 115. 117.
Neukirchen I. 147.
Neumarkt I. 180.
Neuhofen I. 205
Niederalm I. 293.
Neudeck I. 297.
Neußeß II. 504.
Niederweißburg II. 504.
Neggerndorf II. 518.
Rothdorf II. 593.
Neukirchen II. 593. 595.

Nie

Niedernsill II. 595.
Niederhaus II. 608.
Nörsach III. 707.
Nickelsdorf III. 707.
Oberntauffkirchen)
Obernbergfkirchen)
Ohrnau   } I. 37.
Oberhöltenstein)
Ober= u. Niederwald, Propst.
  I. 38.
Otting I. 50. II. 608.
Ober= und Untertaching I. 55.
Oberhelling   )
Oberau   } I. 56.
Oetz   )
Oed I. 57. 130. II. 608.
Obernbuch I. 66.
Oehling I. 101.
Oberlebenau   )
Obersurham   } I. 114.
Oberheining   )
Oberhalben   )
Oberehing I. 115. 117.
Ottmaning I. 130.
Oedhof I. 133. 136.
Offenwang I. 147. 152.
Oberteisendorf I. 147. 152.
Oberreit I. 147.
Oberntorf I. 152.
Oberholz I. 206.
Obertrum I. 261. 262.
Oberweißau I. 262.
Oberalm I. 293.
Oberndorf II. 424.
Oberschweighof II. 440.
Oberbayrdorf II. 504.
Ober= und Unterreit II. 579.
Ober= und Unterkrimml II.
  593.
Ober= und Unter= Weickers=
  bach II. 608.
Oberwölbling III. 760.
Oberleoben III. 762.
Pleißkirchen I. 36.
Petting I. 50. 56.

Pertenheim   )
Plasau   } I. 55.
Paser   )
Plattenberg I. 56. 57.
Putzham I. 56.
Panohl I. 56.
Pröderleuten I. 56.
Palling   )
Polsing   } I. 65.
Prünning   )
Pletling I. 67.
Pinswang I. 102.
Pankratzenschlößchen I. 104.
Pinswang I. 115.
Pankratz= Kapelle I. 118.
Piding I. 126. 129. 132.
Pfaffendorf I. 129.
Prästing I. 129.
Perach I. 130. 132.
Plain I. 133. 134.
Pundschern I. 147.
Prüning I. 147. 152.
Patting I. 152.
Pfenninglanden I. 205.
Petersham I. 262.
Plankenau II. 434.
Pegorlach II. 504.
Penk II. 518.
Peunt II. 579.
Piesendorf II. 579.
Prielau II. 582.
Pirtendorf II. 595.
Pirzbühel   )
Pfässing   } II. 608.
Pfaffenhofen)
Pening III. 741.
Pesendorf III. 741.
Pockern III. 741.
Pichl III. 699.
Prosseck III. 699.
Pätergassen, Ober= und Un=
  ter= III. 699.
Plan III. 699.
Pankrazenberg III. 712.
Ratenkirchen I. 36.

Reinetsberg I. 36.
Reichersham I. 37.
Renkersheim I. 38.
Rambücheln I. 55.
Reichwein I. 56.
Rudersdorf I. 56.
Reit I. 64.
Roltham I. 65.
Rånham I. 65.
Reinberg I. 101.
Riedelkam I. 101.
Reinharting I. 102.
Roding I. 115.
Riedelkam I. 115.
Ragging I. 130.
Ringham I. 147. 152.
Relten I. 147.
Roßdorf I. 147. 152.
Rückstätten I. 152.
Raschenberg I. 154.
Ratensam I. 205.
Richling I. 205.
Reitzing I. 205,
Rif I. 296.
Ritter = oder Kreutzhof I. 297.
Radstadt II. 421.
Reitdorf II. 424.
Remsach II. 458.
Ramingstein II. 518.
Rosenthall II. 593.
Ramseiden II. 608.
Rein II. 608.
Ruhgassing II. 608.
Rittersfeld III. 761.
Råneburg III. 699.
Ratzell III. 699.
Ranach III. 699.
Ramsberg III. 712.
Rohrberg III. 712.
Schönberg I. 36. 37. 102.
Stephanskirchen I. 37.
Schönhofen I. 55.
Salling I. 55.
Springenberg I. 55.

Scheerhausen, Klein = und Groß = I. 55.
Stößling, Ober = und Un = ter = I. 55.
Siehharting   )
Schneidergräben) I. 55.
Sterfling   )
Stopferting I. 56.
Strailach I. 56.
Schmalzreut I. 56.
Stegbach I. 56.
Seeleuten I. 56.
Schwaighausen I. 56.
Stätten im Vogelsang I. 56.
Sondershausen I. 56.
Schärling I. 56.
Starz I. 57.
Schubeck I. 57.
Surberg I. 57.
Speck I. 57.
Sendern I. 57.
Schmerbach I. 64.
Schnitzing I. 65.
Schilling I. 65.
Schrottantschöring I. 67.
Surham I. 101.
Saaldorf I. 101.
Sching I. 101.
Schwerting I. 101.
Stockham I. 101.
Schloß I. 102.
Saaldorf I. 114. 118.
Sillersdorf I. 114. 118.
Schign I. 114.
Steinbrinning I. 114. 118.
Sur I. 114.
Schwerting I. 115.
Stockham I. 115. 205.
Steinbach I. 115.
Staufeneck I. 124. 133.
Stoißberg I. 126. 129.
Straß I. 127.
Sur I. 127. 129. 130. 132.
Salzburghofen I. 127. 128. 129. 130. 132.
Sie=

Sietzenheim I. 127. 129. 130. 133.

Steinhögl. I. 129. 131.

Straß I. 130. 132.

Stiftskirche zu Högelwerth I. 131.

Schouram I. 147. 152.

Stribersberg I. 147.

Surberg I. 147.

Schnait I. 147.

Seekirchen I. 180.

Straßwalchen I. 204.

Stauden I. 205.

Schleedorf I. 261. 262.

Seeham I. 261.

Steffel I. 262.

Schalkham I. 262.

Schwarzach II. 408.

Schernberg II. 411.

Stein II. 458. III. 699

Sauerfeld II. 518.

Seethal II. 518.

Sonndörfel II. 518.

Seitling II. 518.

Steindorf II. 518.

Stranach II. 518.

Saalbach II. 579.

Sulzau II. 593.

Schönbach II. 594.

Stuhlfelden II. 594.

Steindorf II. 595.

Salfelden II. 606.

Sinning II. 608.

Schinking II. 608.

Schmahlbergham II. 608.

Schmieding II. 608.

Schwendt III. 741.

Spertendorf III. 741.

Sachsenburg III. 754. 757.

Stall III. 757.

Sausahl III. 758.

Schwainern III. 760.

Schweinach III. 699.

Seblaß III. 699.

Stemberg III. 700.

Schwendtau III. 712.

Schwendberg III. 712.

Tettelheim A. I. 50. 55. Schloß 59.

Taching I. 50.

Tettenberg I. 55.

Thal I. 56.

Teichting I. 56.

Tachen, oder Waginger See. I. 61.

Tittmoning Pfl. u. L. G. I. 163.

— — Stadt I. 69.

Törring I. 64. 67.

Tirlaching I. 65.

Tirlbrunn I. 65.

Thannsberg I. 67.

Tettenhausen I. 67.

Tengling I. 67.

Thal I. 101.

Trainting I. 10?.

Traiting I. 115.

Triebenbach I. 116. 119.

Thundorf I. 129. 130. 132.

Thennloch I. 129.

Tarach I. 130.

Teisendorf I. 146.

Thalhausen I. 147. 152.

Thalgau I. 220.

Thalgaudorf I. 221.

Thannberg 262.

Thurn I. 298.

Triegen II. 504.

Tweng II. 504.

Tafern II. 518.

Thomathal II. 518.

Taxenbach II. 551.

Taggenbrunn III. 756.

Traßmauer III. 760.

Tur III. 713.

Tefferecken III. 699.

Untertauffkirchen I. 36.

Volking, Ober- und Unter- I. 56.

Voitswinkeln I. 56.
Vormosen I. 56.
Unterholzen I. 57.
Unverzug I. 57.
Unterhalden I. 101.
Vorau I. 102.
Unterlebenau I. 115.
Unterehing I. 115.
Unterarmstorf I. 115.
Unterthalhausen I. 115.
Viehhausen I. 127. 130. 133.
Urbis I. 129.
Ulrichhögl I. 129. 132.
Vachenlueg I. 133. 135.
Ufering I. 147.
Unfrieding I. 152.
Ursprung I. 164.
Vogelhueb 205.
Unterweißan 262.
Urstein I. 298.
Vigaun I. 321.
St. Veit II. 407. III. 701.
Urpaß II. 408.
Urreiting II. 434.
Unterschweighof II. 440.
Unterberg II. 458.
Vorstand II. 478.
Unterbayrdorf II. 504.
Vorder- und Hinterdorf II. 518.
Uttendorf II. 595.
Unken II. 637.
Weilkirchen I. 36. 37.
Weng I. 38.
Waging Pfl. u. L. G. I. 48.
— — Urbaramt I. 50.
— — Markt I. 52.
Weitgassing I. 50. 55.
Wonneberger Viert. I. 50.
Wintermanning I. 55.
Vollstätten I. 55.
Windach I. 55.
Weibhausen I. 56.
Wald I. 56.

Wendling im Gadner Viertel. I. 56. Ober- und Unter- I. 56.
Wartstein I. 56.
Wüstenreit, Vorder- und Hinter- I. 56.
Wolfsberg I. 56.
Wimmenreut I. 57.
Walchen I. 57.
Waldering I. 64.
Weilham I. 64.
Wiesmühl I. 64.
Wolferting I. 66.
Willertsham I. 66.
Winkel I. 66. 102.
Wolfersdorf I. 67.
Weidach I. 115.
Weitwerth I. 119.
Wals I. 117. 129. 130. 133.
Weng I. 130.
Werg I. 130.
Wimmern I. 147. 152.
Weildorf I. 147. 152.
Wiesenroid I. 205.
Winkel I. 205.
Wartenfels I. 237.
Wiesbach I. 297.
Winkl I. 297.
Werfen II. 344.
Werfen-Pfarr II. 344.
Werfen Dorf II. 357.
Weng II. 408.
Wagrain II. 440.
Wildbad II. 458.
Wieden II. 458.
Wörth II. 478.
Wölting II. 518.
Walchen II. 579.
Wald II. 593.
Wilhelmsdorf II. 594.
Wißbach II. 608.
Wieserberg II. 608.
Windischmatterey III. 701.
Westendorf III. 741.
Weyer III. 699.

Ytter

Ytter III. 741.
Zell L. 36. im Pinzg. II. 574.
   577. im Zill. III. 710.
Zetzenberg I. 57.
Ziegel I. 65.
Zebhausen L. 67.

Zederhaus II. 504.
Zankwarn II. 518.
Zillerthal III. 710.
Zedlach III. 699.
Zellberg III. 712.

Nachtrag.

Von dem Pfleggerichte Tittmoning sind folgende Ortschaften von 7 und mehreren Häusern nachzutragen (die arabische Zahl bedeutet die Zahl der Häuser). Abtenham 10, Kirchham 13, Holzhausen 10, Törring ohne die in der Hofmark gelegenen Häuser 12, Mühlham 17, Kay 10, Pietling 35, Schrotautschering 15, Kirchantschering 17, Tetzenhausen 31, Bergham 13, Tirlaching 35, Grassach 13, Palling 10, Polsing 14, Prining 28, Gengham 10, Tirlbrunn 10, Freytsmas 24, Niedernbuch 12, Obernbuch 11, Fridorfing 116, Untergeisenfelden 11, Haiden 32, Wiesmühl, Leutgering, Oberroidham, Mitterroidham, Dieding, Haag, Froschham, Kulbing, Muttering (alle von 9), Hausmoning, Saling, Hohenbergham, Härpfelsham, Lambertsham, Engertsham, Niedernau, Straß, Eschelbach (alle von 8), Aspetsham, Geiselfring, Fromholzen, Eberting, Aessen, Zaißham, Katzwalchen, Heilham, Gessenhausen (ohne die Hofmarkhäuser), Kelcham, Berg, Eich (alle von 7). Uebrigens zählt dieses Pflegger. 176 Ortschaften von 6 bis 2 Häusern, und 144 Einöden.